普通高等学校"互联网+"立体化教材

# 高职体育立体化教育教程

主编　丁勇春　等

北京体育大学出版社

策划编辑：吕常峰
责任编辑：宋志华
责任校对：文 茜
版式设计：李宇霞

图书在版编目（CIP）数据

高职体育立体化教育教程/丁勇春等主编 . -- 北京：
北京体育大学出版社 , 2018.4（2022.8 重印）
　　ISBN 978-7-5644-2881-5
　　Ⅰ.①高… Ⅱ.①丁… Ⅲ.①体育－高等职业教育－
教材 Ⅳ.① G807.4

中国版本图书馆 CIP 数据核字 (2018) 第 075330 号

高职体育立体化教育教程　　　　　　　　　　　　丁勇春　等　主编
GAOZHI TIYU LITIHUA JIAOYU JIAOCHENG

出版发行：北京体育大学出版社
地　　址：北京市海淀区农大南路 1 号院 2 号楼 2 层办公 B-212
邮　　编：100084
网　　址：http://cbs.bsu.edu.cn
发 行 部：010-62989320
邮 购 部：北京体育大学出版社读者服务部 010-62989432
印　　刷：三河市东方印刷有限公司
开　　本：787mm×1092mm　　1/16
成品尺寸：185mm×260mm
印　　张：18.5
字　　数：485 千字
版　　次：2018 年 4 月第 1 版
印　　次：2022 年 8 月第 4 次印刷
定　　价：35.00 元

# 《高职体育立体化教育教程》编审委员会

主　审　徐金双

主　编　丁勇春

副主编　丁　香　尹　宁　叶　清

　　　　张文华　陈　霞　陈燕翼

　　　　柯　伟　廖冰源　戴立平

# 前　言

为了更好地贯彻落实"健康第一"的指导思想，加强高职院校体育课程的建设工作，提高体育课程的教学质量，促进阳光体育运动与体育课教学相结合，通过体育教学引导学生熟练掌握一至两项运动技能，使学生走向操场、走进大自然、走到阳光下，切实有效地提高高职院校学生的体质健康水平，编者编写了本教材。

本教材旨在使学生充分认识到体育的重要性和树立终身体育思想，并力求使高职体育教学与学生未来所要从事的职业结合起来。编者在编写本教材的过程中从高职教材建设着手，紧扣教学指导纲要，吸收了国内外体育与健康相关理念的精华，借鉴了我国高职体育课程建设和教学改革的成功经验。本教材在整体结构方面进行了整合，力求使在校学生能系统地学习和掌握相关运动技术，使学生通过学习把体育与健康的理论科学地运用到实践中，以达到全面培养高素质创新人才的目的。

本教材共 11 章，体育理论与实践相结合。学生通过学习理论知识可了解和掌握体育与健康的基础知识、营养与健康的关系、体育卫生保健的相关知识。同时，根据高职体育学习的需要，本教材还加入了职业体能锻炼的相关内容。本教材主要讲解了田径运动、大球运动、小球运动、形体塑身、武术与搏击、健身气功等实践内容，并精选了一些特色体育项目。

本教材的网络教学视频资料以二维码的形式呈现，作为对文字内容和图片讲解的补充。作为互联网技术与体育教学相结合的一种尝试，编者希望这种形式能够为课堂教学和学生课后的延伸性学习提供帮助。

本教材由丁勇春担任主编，负责全书的统稿和组织工作；由丁香、尹宁、叶清、张文华、陈霞、陈燕翼、柯伟、廖冰源、戴立平担任副主编。具体编写分工如下：丁勇春编写第一章、第二章、第九章、第十章，及整理附录；丁香编写第四章和第十一章第二节；陈霞编写第十一章第三节和第四节；张文华编写第五章和第七章第二节；戴立平编写第八章第一节和第十一章第五节；叶清编写第三章和第六章第一节；陈燕翼编写第十一章第一节和第六章第二节；柯伟编写第七章第一节和第八章第二节；尹宁编写第六章第三节；廖冰源编写第七章第三节。

由于编写人员水平所限，本教材中若有不妥之处，恳切广大读者给予批评与指正，以便我们对本教材进行修订和完善。

# 目　录

# 第一章
## 高职体育与健康概述

## 第一节　高职体育教育的特点

　　高职教育是我国高等教育的重要组成部分，肩负着为国家培养高素质的专业技能型人才的重任。它作为高等教育的一种类型，不仅具有高等教育的共同规律，同时也有它自身的特殊规律。其特征主要表现为它是以培养在生产、建设、管理、服务等第一线职业岗位的实用型、技能型的高素质专门人才为主要目的的教育；它按照特定的培养目标而设计教学过程，尤其注重理论与实践相结合，注重学生实践能力的培养；高职教育强调用人单位的参与。

　　高职教育以服务为宗旨，以就业为导向，工学结合，突出实践能力的培养，具有很强的职业性、技术性、地方性、行业性、灵活性、前瞻性的特点，加之现代社会对人才的要求不断提高，使得高职教育面临着巨大的压力和挑战。高职院校的体育教育是素质教育的重要内容，结合高职教育的特点，高等职业技术院校的体育教学在课程性质、课程结构、教学目标、教学内容和教学形式上也要做出相应的调整，以更好地促进职业技术教育的发展。高职体育在增进学生健康、增强学生体质和培养学生体育素养的同时，应针对高职院校职业型、应用型人才培养和以就业为导向的目标定位，积极开展职业实用型体育课程设置与建设工作，根据学生所学专业和未来所要从事职业的特点与需要，选择对身体影响全面、实践性强、趣味性强的教学内容，以培养职业人才所需要的实用体育技能。

# 第二节　高职体育的目标与功能

## 一、高职体育的目标

### （一）高职体育的基本目标

#### 1. 运动参与领域目标

积极参与各种体育活动并基本形成自觉锻炼的习惯，基本形成终身体育观念，能够制订可行的个人锻炼计划，并具有一定的体育文化欣赏能力。

#### 2. 运动技能领域目标

熟练掌握两种以上健身运动的基本方法和技能；能科学地进行体育锻炼，提高自己的运动能力；掌握常见运动损伤的处理方法。

#### 3. 身体健康领域目标

能测试和评价体质健康状况，掌握有效提高身体素质、全面发展体能的知识和方法；能合理选择人体需要的健康营养食品；养成良好的行为习惯，形成健康的生活方式；具有健康的体魄。

#### 4. 心理健康领域目标

根据自身的能力设置体育学习目标；自觉运用体育活动改善心理状态，克服各种心理障碍，养成积极乐观的生活态度；运用适宜方法调节自己的习惯；在运动中体验运动乐趣和成功的感觉。

#### 5. 社会适应领域目标

表现出良好的体育道德和合作精神，正确处理竞争和合作的关系。

### （二）高职体育的特殊目标

#### 1. 提高学生的劳动就业能力

传统高等教育以精英型为主，向高发展；高职教育以大众型为主，向广发展。精英型以学科设置专业，大众型按职业岗位设置专业，培养目标有明确的职业针对性。高职教育实质就是服务市场的就业教育，是一种以服务市场为宗旨，以就业为导向，为不同行业培养专门人才和高素质的劳动者，以提高学生的劳动就业竞争能力为培养目标的教育形式。

高职院校的学生专业性很强，各专业特点迥异，分类很多。也就是说，学生今后将从事与这些专业相关的职业。每一种职业，因各自的劳动特点，它对从业人员的体能都有特定的要求。那么在高职院校的体育教学中，就应紧紧扣住专业的特点，分析其职业的要求，发展学生今后从事职业的身体活动能力和适应能力。例如，从事计算机、通信、电子工程类职业的人员，要求有很好的手指协调性、动作准确性、触觉敏感性、专注意识和反应速度等，那么在体育教学中，就应侧重发展这方面的能力，进行专门的辅助性训练。

高职院校的体育教学作为职业教育的一个重要组成部分，其指导思想和教学体系本质上应与高职总体培养目标一致，突出职业特色，把促进学生的劳动就业和学生职业生涯的可持续发展作为出发点与归宿。在进行共性体育教育的基础上，突出与学生劳动就业和社会发展需要相匹配的身心素质的培养，充分体现高职体育教学在学生今后劳动就业中的使用价值。通过体育锻炼培养学生劳动就业能力，为学生的职业生涯发展打下良好的身心素质基础，真正实现高职体育教学从课堂向未来延伸。

### 2. 培养大学生个性化和多元化的职业技能

社会的进步、经济的发展，使学校教育思想和办学条件有了极大的进步与改善，学校体育教育越来越重视个性化教育，加上学生体育主体意识的增强，尊重学生人格，承认个体差异，提高学生参与的积极性，从各自的不同需要出发，最大限度地发挥学生的创造性，将对学校体育课程教学提出新的多种多样的要求。体育作为教育的重要组成部分，对大学生的个性和意志品质具有特殊的作用。体育教育与教学活动内容丰富，形式多样，有着深刻的寓意与趣味，富有挑战性的魅力，能满足大学生的需要，这些对塑造大学生的人格具有一定的影响，并能缓解来自学业、就业各方面的压力。很多行业的职业能力离不开较强的运动能力，特殊行业对运动能力也有特殊的要求，很多职业技能既是职业的需要，其本身也是体育运动项目。例如，航海类专业的课程教学和训练，学生需掌握跳水（直体，脚先下水）、操艇等急救（求生）技术，以及相关的游泳、潜泳、爬绳（杆）、攀登（云梯）等技能。而体育课程教学正可以配合专业教学的需要，集健身、实用等多种功能于一体。高素质的人才不但要有高素质的职业技术，还必须具备良好的心理素质和顽强的意志品质。这是与人才培养相一致的目标，而通过结合职业特点的运动训练能达到更好的效果。

### 3. 提高学生的综合素质

体育除了具有竞赛性、技能性、娱乐性以外，还具有教育性、实践性、文化性、社会性等特性，这些特性有助于培养学生的综合素质。体育因其开放性，可充分展示学生的个性和挖掘学生的潜力，可以说是为当代学生各方面能力的培养搭建了一个广阔的舞台。与其他学科教育相比，体育教育的形式又具有灵活性、多样性等特点，展示的是"快乐体育""健康体育"，从而极大地提高了学生参与体育活动的兴趣。学生也可通过参与或组织各种竞赛活动来锻炼自己的才干，如编排比赛规程、学习竞赛规则，担任裁判，做好宣传工作，统计成绩等；也能在竞技项目中展示运动才干，成为用人单位欢迎的人才；还可以走出校门与其他院校进行各项活动的交流，不断提高人际交往能力，加深彼此的情感，为今后走向社会打下扎实的基础。因此，体育课是提高学生综合素质的一条很重要的途径，也为学生的顺利就业打下了基础。

### 4. 适应终身体育的需要

随着学校体育课程教学改革的不断深入和终身体育思想的逐步普及，青年学生们在继续重视追求学校体育课程现实的健身效益的同时，也开始重视追求学校体育课程的长远效益，即注意培养和提高自己的体育文化素养与特长，学习与掌握体育健身、体育健美和体育娱乐的知识，以适应将来就业的需要，并为终身体育奠定基础。

## 二、高职体育的功能

### （一）健身功能

体育健身的理论基础是运动能促进人体的新陈代谢，加强同化和异化作用，增强人的生命力。合理的体育运动，能够促进人体神经系统的发育，提高其灵活性；能使心肌发达，心脏搏动有力；能使肺功能提高，肺活量增大，呼吸深度加深；促使机体生长发育良好，提高运动器官的机能；使人心情舒畅，精神愉快，充满朝气和活力等。

学生通过直接参与运动，身体各器官系统在一定的强度和量的刺激下，发生了形态结构和生理机能的一系列适应性反应，从而提高了学生的身体健康水平和适应能力。体育运动形式多样，可使人体进行全面的活动，因此对人体可产生较为全面的影响。

### （二）教育功能

各个历史时期的教育家都把体育作为培养后代的重要手段。马克思赋予体育以更高的地位与作用，指出："生产劳动同智育和体育相结合，不仅是提高社会生产的一种方法，而且是造就全面发展的人的唯一方法。"

高职体育是高职教育的一部分，是造就全面发展的人的一个重要手段。现代科学研究表明，体育运动与人的智力活动能够相互调剂，促进体力与智力的恢复。同时，体育运动也是个体智力发展的重要途径。体育运动能改善和提高中枢神经系统的工作能力，使人头脑清醒，思维敏捷。

### （三）娱悦身心功能

随着现代社会的发展，社会竞争激烈，而高职学生是即将进入社会的一类群体，面对日益严峻的就业压力，应该采取适当的方式来缓解压力。学生学习高职体育之后，将提升体育技能和欣赏能力。学生通过观看体育表演和参与体育竞赛，体会和谐的韵律、鲜明的节奏、巧妙的配合、完美的动作带来的美感和享受，感受激烈的情景、成功的欣喜带来的紧张和欢娱。高职体育使得学生在紧张的学习之余有良好的娱乐方式，生活更加丰富多彩。

高职体育还可以调节人的心理，促进个体心理健康。从事运动能使人心情舒畅，精神愉悦，缓解人的某些不健康情绪和心理。美国心理学家德里斯发现，跑步能成功地减轻大学生在考试期间的焦虑情绪。人们还发现有紧张、烦躁情绪的人，只要散步 15 分钟，紧张的心理状态就会松弛下来。现代运动心理学的研究表明：焦虑和紧张的心理状态会随着身体运动的加强而逐渐好转；激烈的情绪往往会在体能的消耗中逐渐减弱其强度，最后平静下来。

大学生在休闲时间积极参与体育运动，也会为校园生活增添无穷的乐趣，如跑步使人感到有快感，精神振奋；练太极拳使人悠然自适……

体育活动能够扩大学生之间的情感交流，增进人与人之间的相互了解，改善人际关系，建立健康、合理的生活方式，创造文明、和谐的学校生活环境。

# 第三节　高职学生的体质现状与健康促进

## 一、健康的内涵

### （一）健康的定义

联合国世界卫生组织（WHO）对健康的定义："健康不仅为疾病或羸弱之消除，而系体格、精神与社会之完全健康状态。"这就是人们所指的身心健康，也就是说，一个人在躯体健康、心理健康、社会适应良好和道德健康四个方面都健全，才是完全健康的人。

**1.躯体健康**

躯体健康一般指人体生理的健康。按照一般理解，躯体健康是指人体结构完整和生理功能正常，同时用目前的仪器进行检查，没有明显的异常和疾病，能够顺利完成日常工作，具有良好的健康行为和习惯。躯体健康是心理健康的基础。

**2.心理健康**

心理健康指整个心理活动和心理特征相对稳定、相互协调，没有意识障碍、感知觉障碍、思维障碍、注意障碍、记忆力障碍与智能障碍。心理健康一般有三个方面的标志：① 具备健康的心理的人，人格是完整的，且自我感觉良好，积极情绪多于消极情绪，有较好的自控能力，能保持心理平衡，有自尊、自爱、自信心，有自知之明。② 一个人在自己所处的环境中，有充分的安全感，且能保持正常的人际关系，能受到别人的欢迎和信赖。③ 健康的人对未来有明确的生活目标，能切合实际、不断进取，有理想和追求。

**3.社会适应良好**

社会适应良好指一个人的心理活动和行为表现，能适应复杂的环境变化，为他人所理解，为大家所接受。

**4.道德健康**

道德健康最主要的是不以损害他人利益来满足自己的需要，能辨别真伪、善恶，有荣辱、美丑、是非等观念，能按社会公认的规范、准则来约束和支配自己的行为，能为人类的幸福做贡献。

### （二）衡量健康的标准及各类人群的健康注意事项

**1.衡量健康的标准**

（1）世界卫生组织提出的标准。

对健康的定义，除了上述四个方面之外，世界卫生组织还提出了十条衡量个人是否健康的标准：① 精力充沛，能从容不迫地应付日常生活和学习的压力而不感到过分紧张；② 处事乐观，态度积极，乐于承担责任，事无巨细、不挑剔；③ 善于休息，睡眠良好；④ 应变能力强，能适应环境的各种变化；⑤ 能够抵抗一般性感冒和传染病；⑥ 体重得当，身材均匀，站立时头、肩、臂位置协调；⑦ 眼睛明亮，反应敏锐，眼睑不发炎；⑧ 牙齿清洁，无空洞，无痛感；齿龈颜色正常，不出血；⑨ 头发有光泽，无头屑；⑩ 肌肉、皮肤富有弹性，走路轻松有力。

上述十条标准包括肌体和精神健康两个部分，具体可用"五快"（肌体健康）和"三良好"（精神健康）来衡量。

（2）"五快"和"三良好"标准。

"五快"：① 吃得快：进餐时，有良好的食欲，不挑剔食物，并能很快吃完一顿饭；② 便得快：一旦有便意，能很快排泄完大小便，而且感觉良好；③ 睡得快：有睡意，上床后能很快入睡，且睡得好，醒后头脑清醒，精神饱满；④ 说得快：思维敏捷，口齿伶俐；⑤ 走得快：行走自如，步履轻盈。

"三良好"：① 良好的个性人格：情绪稳定，性格温和；意志坚强，感情丰富；胸怀坦荡，豁达乐观；② 良好的处世能力：观察问题客观、现实，具有较好的自控能力，能适应复杂的社会环境；③ 良好的人际关系：助人为乐，与人为善，对人际关系充满热情。

当然，我们不能将健康的标准进行教条性的理解，对于不同性别、不同年龄的人，应有不同程度的要求。

### 2. 大学男生的健康要点

（1）吃得正确。知道吃什么和什么时候不吃。

（2）喝得正确。每天喝适量的水。

（3）拒绝吸烟。吸烟是健康的大敌，对本人和周围的人都能造成严重的危害。

（4）适当放松。参与运动、艺术活动和读书，与其他人交谈，有助于成为兴趣广泛、备受欢迎的人。

（5）积极自信。要积极自信和富有创造性，要珍惜青春。

（6）自信。心胸开放，举止大方。微笑可以沟通感情。

（7）事事小心。无论是外出还是在家里，都要做到安全第一，避免疲劳，保持警觉。

（8）运动。运动对生理和心理健康都有好处。

### 3. 大学女生的健康要点

（1）吃得正确。大学女生处于青春期向成熟期过渡的人生阶段，营养特别重要，尤其月经期间，更要保证补充足够的维生素和矿物质，尽量避免冷饮及刺激性食物。

（2）喝得正确。每天喝适量的水。

（3）快走。要尽可能地经常快走。

（4）安排闲暇。在每天的经常性活动以外，培养多种兴趣。

（5）乐观的心态。保持乐观心态，经常微笑，微笑易沟通感情，有助于建立良好的人际关系，还能够缓解压力、促进健康。

总之，社会成员的健康是人类宝贵的财富，是人类生存发展的基本要素。不科学、不健康的生活方式是损害健康的罪魁祸首。只有树立正确的健康观，培养科学的生活习惯，保护和创造和谐的生存环境，才能保证个人和社会的健康与和谐发展。

## 二、高职学生的体质健康现状

2014 年国民体质监测结果表明，与 2010 年相比，我国城乡学生身体形态发育水平，即身高、体重和胸围等的发育水平继续提高。肺活量继 2010 年出现上升拐点之后，继续呈现上升的趋势。城乡学生营养不良检出率进一步下降，且基本没有中、重度营养不良。但是，大学生身体素质继续呈现下降趋势，视力不良检出率仍然居高不下，继续呈现低龄化倾向，各年龄段学生肥胖检出率持续上升。

本次调研结果显示，大学生身体素质呈现继续下降趋势。与 2010 年相比，19～22 岁年龄组男生在速度、爆发力、力量、耐力、柔韧性等身体素质指标方面有所下降，女生身体素质指标则有升有降。与中小学生相比，大学生更缺乏体育锻炼意识且体育锻炼时间严重不足。本次问卷调查结果显示，84.16% 的大学生每天体育锻炼时间不足 1 小时，有 15.99% 的大学生不做课间操；有 28.22% 的大学生偶尔做课间操，不做或偶尔做课间操的比例明显高于中小学生；26.94% 的大学生不愿意参加长跑锻炼，分别比小学生、初中生和高中生高出 15.73、8.69、0.18 个百分点；另外，大学生静态活动时间明显长于中小学生。

## 三、影响健康的因素

影响健康的因素多种多样，世界卫生组织公布的十种影响健康的因素：运动不足、不安全性行为、高血压病、吸烟、饮酒、不洁饮水、缺乏公共卫生条件、铁缺乏、室内污染、高胆固醇及肥胖。概括起来主要可分为生物因素、环境因素、卫生服务因素、行为与生活方式因素四大类，其中生物因素占 15%，环境因素占 17%，卫生服务因素占 8%，行为与生活方式因素占 60%。

### （一）生物因素

生物因素包括遗传、个体生物学特征和病原微生物等。

#### 1. 遗传

遗传不仅与人体各组织器官的生理功能有关，而且与人的性格、免疫功能、智力状态及体质状况（包括身高、体重）也有密切联系。迄今，医学研究已发现 4000 多种遗传疾病，其中与遗传有关的癌症有 50 多种。另外，许多危害人类健康的常见病，如高血压、糖尿病、哮喘等，也已被一些研究证实与遗传因素有关。

#### 2. 个体生物学特征

个体生物学特征包括性别、形态、健康状况等。不同的人处于同样的疾病流行环境，可能有的人会感染得病，有的人仍然健康，这与个体生物学特征有关。个体生物学特征受遗传影响，并与后天环境及社会行为习惯等有密切关系。

#### 3. 病原微生物

病原微生物包括细菌、病毒、寄生虫、原虫、螺旋体等，是威胁人体健康的主要因素。几乎每个人每年都会多次受到病原微生物的危害。

## （二）环境因素

世界卫生组织公共卫生专家对环境下的定义："在特定的时刻，由物理、化学、生物及社会各种因素构成的整体状态，这些因素可能对生命机体或人类活动直接或间接地产生现实或远期作用。"环境包括自然环境与社会环境，自然环境是环绕在人们周围的大气、水、植物、动物、土壤等自然因素的总和，社会环境则包括政治制度、经济水平、文化教育、人口状况、科技发展等诸多因素。污染、人口和贫困是当今世界面临的严重威胁人类健康的三大社会问题。社区的地理位置、生态环境、住房条件、基础卫生设施、人员就业情况、邻居的和睦程度等都不同程度地影响着人们的健康。

**1. 自然环境**

自然环境包括阳光、空气、水、气候、地理等，是人赖以生存和发展的物质基础，是人类健康的根本。另外，细菌、病毒、寄生虫、生物毒物及其他致病源等，是传染病、寄生虫病和自然疫源性疾病的直接致病源。这些疾病原因清楚，具有明显的地方性流行特征，在局部地区仍然是影响人群健康的主要疾病，在生态环境恶劣时，这种影响尤其显著。随着人类社会现代化的发展，物理性因素（如噪声、振动、电离辐射、电磁辐射等）和化学性因素（如各种生产性毒物、粉尘、雾霾、农药、交通工具排放的废气等）都成为影响人类健康的严重问题。

**2. 社会环境**

社会环境是与自然环境相对而言，包括社会制度、法律、经济、文化、教育、人口、民族、职业等。社会环境对人的健康有重大影响。具体来说，社会制度决定与健康相关的政策和与健康相关的资源保障。法律法规决定人的健康权利的维护，经济决定着与健康密切相关的衣食住行，文化决定着人的健康观及与健康相关的风俗、道德、习惯，教育决定着个人与健康相关的知识行为水平，人口数量与分布等因素决定着健康问题的规模与强度，民族习惯影响人的食物结构、生活方式，职业确定人的劳动强度、方式、环境等。

## （三）卫生服务因素

卫生服务因素包括预防性保健、治疗性保健、康复性保健、社会医疗保障制度、医疗卫生设施及其利用，以及社区内外医疗健康服务组织的数量和质量。卫生服务的范围、内容与质量直接关系到人的生、老、病、死及由此产生的一系列健康问题，因而直接影响人群的健康。

## （四）行为与生活方式因素

行为与生活方式因素是指人们受文化、民族、经济、社会、风俗、家庭和同辈影响而形成的生活习惯和行为，包括危害健康的行为与不良生活方式。生活方式是在一定环境条件下所形成的生活意识和生活行为习惯的统称。不良生活方式和有害健康的行为已成为当今危害人们健康的主要原因。

**1. 行为因素**

行为因素是指由自身行为方式而产生的健康相关因素，也称自创性因素。健康相关行为是指个体或团体的与健康和疾病有关的行为，一般可分为促进健康的行为和危害健康的行为两大类。

促进健康的行为是个人或群体表现出的客观上有利自身和他人健康的一组行为，可以分为以下几类：① 日常健康行为，如膳食平衡、睡眠适量、锻炼积极、作息有规律等；② 保健行为，如定期体检、预防接种等合理应用医疗保健服务的行为；③ 避免有害环境行为，"有害环境"既指自然环境（环境污染），也指紧张的生活环境；④ 拒绝或戒除吸烟、酗酒等不良嗜好；⑤ 求医行为，觉察自己有某种病患时寻求科学的医疗帮助的行为，如主动求医、真实提供病史和症状、积极配合医疗护理、保持乐观向上的情绪；⑥ 尊医行为，发生在已知自己确实患病后，积极配合医生、服从治疗的行为。

危害健康行为是个人或群体在偏离个人、他人、社会期望的方向上表现的一组行为，包括经常性危害健康的行为，如吸烟、酗酒等；不良饮食习惯，如饮食过度，高脂肪、高糖、高盐、低纤维素饮食，偏食，挑食和过多吃零食，嗜好含致癌物的食品（烟熏火烤、长时间高温加热的食品、腌制品），不良进食习惯（嗜好过热、过硬、过酸食品）；不良疾病行为，如求医时瞒病行为。

**2. 不良生活方式**

人的行为和生活方式受家庭、文化、社会、风俗的影响。另外，个人精神和心理状态等，也对人的健康有直接的影响。健康的生活方式可以维护健康，不良生活方式会直接或间接导致疾病或机体衰弱。例如，糖尿病、慢性支气管炎等都与生活方式的不良因素密切相关。有些行为因素如吸烟、饮酒、不合理膳食、缺乏体育锻炼、摄入过量盐、长时间静坐等都是诱发各种疾病的行为因素。

另外，不规律的生活和工作习惯，如作息时间不规律、超负荷工作、缺少社会活动等，不良的精神心理状态和道德观，如消极、被动、情绪不愉快及自私、贪婪等，也会对人的健康产生不良甚至严重的影响。

# 第四节　体育锻炼的益处

## 一、体育锻炼对生理健康的影响

### （一）体育锻炼对运动系统的影响

体育锻炼能够预防骨骼肌、韧带、关节等器官的损伤和退化，使运动系统功能得到改善。

#### 1. 体育锻炼对骨骼的影响

体育锻炼时骨骼的血液供给得到改善，骨骼的形态结构和性能都会发生良好的变化。体育锻炼使骨密质增厚，骨骼变粗，骨小梁的排列更加整齐而有规律，骨骼各表面肌肉附着的突起更加明显，这些变化可使骨骼变得更加粗壮和坚固，从而提高了骨骼的抗折、抗弯、抗压缩和抗扭转性。

### 2.体育锻炼对关节的影响

体育锻炼既可增强关节的稳固性，又可提高关节的灵活性。关节稳固性的提高，主要是由于体育锻炼增强了关节周围肌肉力量的结果，同时与关节和韧带的增厚也有密切关系。关节灵活性的提高，主要是关节囊韧带和关节周围肌肉伸展性加大的结果。例如，游泳时肩、肘、手、足等关节运动幅度都会加大，从而提高灵活性。人体柔韧性的提高，肌肉活动协调性的加强，有助于各种复杂动作的完成。

### 3.体育锻炼对肌肉组织的影响

（1）体育锻炼能使肌纤维变粗，肌肉体积增大，因而肌肉显得发达、结实、健壮、匀称、有力。正常人的肌肉占体重的 35%～40%，而经常从事体力劳动和体育锻炼的人，肌肉可占体重的 45%～55%。

（2）体育锻炼能使肌肉组织的化学成分发生变化，如肌肉中的肌糖原、肌球蛋白、肌动蛋白和肌红蛋白等含量都有所增加。肌球蛋白、肌动蛋白是肌肉收缩的基本物质，这些物质的增多能提高肌肉收缩的能力。体育锻炼能使三磷酸腺苷分解酶的活性增强，使磷酸的分解速度加快，从而促进肌肉能量的供给。肌红蛋白具有与 ATP 结合的功能，肌红蛋白含 CP 增加，则肌肉内的氧储备量也增加，这有利于肌肉在氧供不足的情况下继续工作。

（3）体育锻炼能使肌肉中线粒体数量增多，体积增大，毛细血管开放数量增多，有助于肌肉耐力的增强。线粒体的大小和数量成倍增加，毛细血管大量开放，能使肌肉得到更多的能量供应（安静时肌肉每平方毫米开放的毛细血管有 80 条左右，剧烈运动时可增加到 2000～3000 条）。长期坚持体育锻炼，可使毛细血管的形态结构发生变化，出现囊泡状结构，从而可增加肌肉的血液供应量，增强肌肉的耐力。（图 1-4-1）

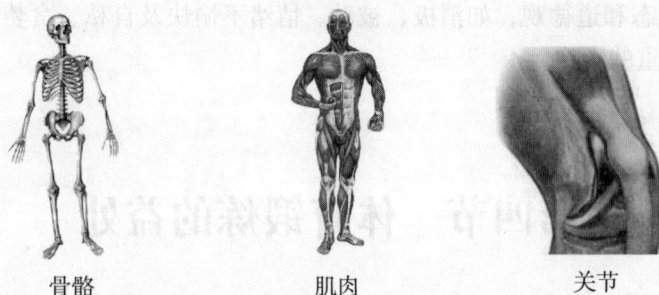

骨骼            肌肉            关节

图 1-4-1

## （二）体育锻炼对心血管系统的影响

（1）体育锻炼能提高心血管机能，体育锻炼对心血管的形态结构和机能有着积极的影响。体育锻炼时，心脏的工作量增加，心肌的血液输送过程加强。运动员心肌纤维增粗、心壁增厚、心脏增大，这些现象中以左心室增大最为多见，而且训练水平越高，这种变化越显著。因此，经常参加锻炼，不但可使心脏具有更大的收缩力，而且还能增加心脏的容量，从而使心脏的每搏输出量和每分钟输出量增加。心容量可由一般人的 756～785 毫升增加到 1015～1027 毫升，每搏输出量由安静时的 50～70 毫升增至 100 毫升左右。

（2）体育锻炼可影响血管的形态结构，改变血管在器官内的分布状况。动物试验证明，体育锻炼可使动脉血管壁的中膜增厚，平滑肌细胞和弹力纤维增加；体育锻炼能使骨骼肌的毛细血管分布数量增加，分支吻合、丰富。以上变化都有利于改善器官的供血，增强机体物质与能量交换的能力。动物试验研究还证明，体育锻炼能反射性地引起冠状动脉扩张，使冠状动脉口径增粗，改善冠状动脉循环，使心肌的毛细血管数量增多；另外，体育锻炼使心肌中肌红蛋白含量增高，可以增强心脏在缺氧条件下的工作能力，对预防冠心病有着重要的意义，也是延缓冠心病发展的有效手段。

（3）体育锻炼可以促使大量毛细血管开放，这对于人体组织细胞的物质代谢过程，特别是脂质代谢起着良好的促进作用，是身体健康的保证。

（4）体育锻炼可显著降低血脂含量（胆固醇、甘油三酯），这会使低密度脂蛋白减少，高密度脂蛋白增加，它对防治动脉硬化有着重要意义。另外，从事体育锻炼还可增强血液抗凝血系统的功能，降低血中尿酸含量，预防血小板的聚集，避免发生血管栓塞。

（5）体育锻炼还可以使安静时脉搏徐缓、血压降低。通常人们安静时的脉搏为 70～80 次/分，经过长期体育锻炼后，安静时的脉搏可减慢到 50～60 次/分。脉搏频率的减少能使心脏收缩后有较长的休息时间，为心脏泵血功能提供储备力量。这样，当人体进行激烈运动时，心脏就能承受更大的运动负荷。在进行运动时，经常锻炼的人每分钟脉搏次数增加较少，而且恢复较快；不常进行体育锻炼的人脉搏次数增加较多，恢复也慢。正常人轻度运动时，脉搏增加越慢，恢复时间越短，说明循环机能越好。

（6）血液具有维持内环境的相对稳定、运输以及防御的作用。在体育锻炼的影响下，血液的成分可发生变化。体育锻炼可使血红蛋白和红细胞数量增加，这就增加了血液的氧容量。苏联学者研究证实，长期锻炼可使机体的碱储备增加，因而也增强了血液对乳酸的缓冲能力。在进行剧烈的肌肉活动时，虽有大量的酸性代谢产物进入血液，血液也能在较长时间内保持正常，不会因酸性产物过多而对各组织器官造成不良影响。

## （三）体育锻炼对呼吸系统的影响

体育锻炼能提高呼吸系统的机能，其主要表现为体育锻炼可使呼吸肌发达，收缩力增强，最大通气量变大，肺活量增大，呼吸加强。安静时，一般人呼吸浅而快，男子每分钟为 16～20 次，女子要比男子快 1～2 次。而经常锻炼者呼吸深而缓，每分钟 8～12 次。一般成人肺活量为 2500～4000 毫升，而经常锻炼者的肺活量可达 4500～6500 毫升。

此外，长期坚持锻炼可使人的缺氧耐受力增强，对氧的吸收利用率提高，使机体调节呼吸节奏的能力增强。

## （四）体育锻炼对消化系统的影响

体育锻炼对消化器官机能有良好的作用。它能使胃肠的蠕动加强，消化液的分泌增多，因而使机体消化和吸收的能力增强，从而增强食欲。但饭后立即进行比较剧烈的运动或在比较剧烈的运动后立即进食，都对消化系统有不良影响。因为在剧烈运动时，大脑皮层运动中枢处于兴奋状态，以致减弱和抑制了其他部位的活动，使消化中枢处于抑制状态，因而减弱了胃肠的蠕动，并减少了消化液的分泌。

## （五）体育锻炼对人体中枢神经系统的影响

体育锻炼可以改善和提高中枢神经系统的工作能力，使中枢神经及部分大脑皮质兴奋增强，抑制加深，使得兴奋和抑制更加集中，从而改善中枢神经系统的均衡性和灵活性，提高大脑分析综合能力，增强机体适应变化的能力和工作的能力。经常从事体育锻炼的人或运动员灵活性高、反应速度快、反应时间短。

表1-4-1列出了不参加体育锻炼者与经常参加体育锻炼者的生理指标的对比状况，从表中可以看出，经常参加体育锻炼者各器官系统的功能明显高于不参加者。

表 1-4-1　不参加锻炼者与经常参加锻炼者的生理指标对比

| 生理系统 | 不参加锻炼者 | 经常参加锻炼者 |
| --- | --- | --- |
| 神经系统 | 灵活性低、反应时间长、反应慢 | 灵活性高、反应时间短、反应快 |
| 运动系统 | 肌肉重量占体重的35%～40%<br>股骨的承受力为300千克 | 肌肉重量占体重的50%左右<br>股骨的承受力为350千克 |
| 血液循环系统 | 心脏重量为300克<br>心容积为600～700立方厘米<br>心容量为765～785毫升<br>心横径为11～12厘米<br>每搏输出量为50～70毫升，极限运动时为100～120毫升 | 心脏重量为400～450克<br>心容积为1000立方厘米<br>心容量为1015～1027毫升<br>心横径为13～15厘米<br>每搏输出量为80～100毫升，极限运动时为200毫升 |
| 呼吸系统 | 安静时脉搏为70～80次/分<br>肺活量男子为3500毫升<br>肺活量女子为2500毫升<br>呼吸频率安静时为12～18次/分<br>呼吸差为5～8厘米 | 安静时脉搏为50～60次/分，运动员达40次/分<br>肺活量男子为4000～7000毫升<br>肺活量女子为3500毫升<br>呼吸频率安静时为8～12次/分<br>呼吸差为9～16厘米 |

## 二、体育锻炼对心理健康的影响

对大学生来讲，保持积极的情绪状态，正确对待生活中不可避免的困难和挫折，充分发挥自己的潜能，对其一生来说是十分重要的。但如何保持良好的心理健康状态呢？可以有诸多的应对措施，如主动参与社会交往，建立良好的人际关系，增进自我了解，正确地评价自己，培养健全的人格等。其中，参加体育活动是促进心理健康发展的重要手段之一。体育锻炼对心理健康的作用主要有以下几个方面。

### （一）调节情绪

情绪是人对客观事物是否符合自己需要而产生的态度体验，是心理健康最主要的指标。大学生常因学习的压力、同学之间的竞争、人际关系的复杂以及对未来前程的担心而持续产生紧张、焦虑、压抑和不安等情绪。通过体育锻炼可以转移个体不愉快的意识、情绪和行为，使人从烦恼和痛苦中摆脱出来。

### （二）有助于形成和谐的人际关系

现代社会生活节奏的加快使人们越来越趋向封闭的状态，从而使人与人之间感情交流缺乏、人际关系疏远。体育活动则打破了这种封闭状态，让不同职业、年龄、性别、文化素质的人相聚在运动场上，增加了互动的机会，使平等、友好、和谐的交往成为可能，人们互相之间产生信任感，能有效进行情感和信息的交流，互相之间产生一种默契和交融。研究表明，增加与社会的联系，会给个体带来心理上的益处。美国有一项研究显示：25%的女性和18%的男性认为，与同伴一起练习是坚持体育锻炼的重要原因之一。由此可见，人们可通过体育活动来认识更多的朋友，并且与之和睦相处，友爱互助，这种良好的人际关系将令人心情舒畅、精神振奋。

### （三）有助于确立良好的自我概念

自我概念是个体主观上对自己的身体、思想和感情的整体评价，是由许许多多的自我认识组成的。自我概念与身体表象（指头脑中形成的身体图像）和身体自尊（个体对自己运动能力及身体外貌、身体抵抗力和健康状况的评价）有关。无论男性还是女性，对身体表象的不满意都会使个体自尊降低，并产生不安全感和抑郁症状。研究表明，肌肉力量与身体自尊、情绪稳定、外向性格、自信心正相关，并且加强力量训练会使个体的自我概念显著增强。坚持体育锻炼可使人体格强壮、精力充沛，有效地改善人的身体表象和身体自尊，有助于人们确立良好的自我概念。

### （四）有助于形成良好的意志品质

意志品质指一个人的自觉性、果断性、坚韧性和自制力，以及勇敢顽强和独立自主的精神，是一个人行为特点稳定因素的总和。意志品质需要在克服困难的实践过程中培养。体育活动本身就要不断克服客观困难（气候条件的变化、动作的难度或外部障碍等）和主观困难（如胆怯和畏惧心理、疲劳和运动损伤等），从而取得成功。体育活动参与者努力克服主、客观方面的困难，获得意志锻炼的直接经验，可培养自身良好的意志品质。任务越困难，对个体意志锻炼的作用就越大。良好的意志品质对于人的活动（尤其是体育活动）效果具有重要的意义。

### （五）预防和治疗各种心理疾病

社会竞争的日趋激烈和生活压力的加大可能会使许多人产生悲观、失望的情绪，进而导致忧郁、孤独、焦虑等各种心理障碍的产生。一个人参加某个运动项目并坚持锻炼，他的生理机能、身体素质将会得到改善，并能掌握和发展一些运动技能和技巧。由此，个体会以自我反馈的方式将成就信息传递至大脑，从而获得自我成就的认知和情感体验，产生愉快、振奋的情绪和幸福感。因此，适宜的体育锻炼能使有心理障碍的个体获得心理满足感，产生积极的成就感，从而增强自信心，摆脱压抑、悲观等消极情绪，并消除心理障碍。

## 三、体育对社会适应能力的影响

### （一）增进友谊，促进交往

人是社会中的人，要适应社会就应处理好各种人际关系。在体育锻炼和各种竞赛中，由于人与人、队与队之间的交往频繁，不仅增进了友谊，促进了交往，更重要的是提高了人的交际技巧和处理人际关系的能力。

### （二）适应环境，与时俱进

环境是人类赖以生存的场所，人们只有适应自己所处的各种环境，才得以生存和发展。而体育对提高人体适应自然环境和社会环境的能力，均有明显的效果。例如，在篮球比赛中，运动员所处的角色和位置是不断转换的。经常参加锻炼，可以提高人们对社会环境和角色转换的适应能力；长期坚持体育锻炼，还可以提高人体体温调节能力，使人体更快、更好地适应风雨寒暑等自然环境的变化。

### （三）积极向上，奉献社会

当今社会，竞争无处不在，竞争标志着人类社会的进步和发展。体育比赛由于其鲜明的竞争性特征，决定了竞赛的双方运动员都要全身心地投入，动员机体发挥最大的机能潜力，并充分发挥技术、战术水平去奋力拼搏，争取胜利。经常参加各种体育比赛，会使人们逐渐形成一种不断进取、勇于拼搏、积极向上的精神，从而以积极的心态去面对生活，迎接挑战，奉献社会。

## 四、体育对道德健康的影响

### （一）激发爱国热情，振奋民族精神

在当今世界，体育竞赛具有群众性、国际性、礼仪性等特点。通过体育竞赛，各国运动员切磋了技艺，各国和各民族之间增进了团结和友谊。同时，体育竞赛能振奋人们的民族精神。2008年我国成功举办了北京奥运会，受到世界各国人民的关注。在奥运会上，一个国家的运动员在国际比赛中的表现和他们所取得的成绩是一个国家形象的反映。北京奥运会使中华民族的精神得到升华，爱国激情得到弘扬。

### （二）培养勇敢顽强、朝气蓬勃的意志品质

体育在很大程度上是和困难、艰辛、挑战、征服联系在一起的。在体育运动中，人要向自己挑战，要向别人挑战，要征服自己，要征服别人。这种对自我、对他人的征服与战胜，是一种自我能力的实现，需要有不怕困难、勇敢顽强的意志品质，还应该有诚实、谦虚、冷静的优良作风。

### （三）培养遵守纪律、尊重规则的良好道德风范

体育比赛情况千变万化，个人之间、集体之间发生着频繁的互动，对运动员和裁判员在思想品德方面提出了严峻的考验，因此必须遵守赛场纪律和竞赛规则，尊重裁判，尊重对方，公平竞赛，提倡人与人之间的友爱。这些规范要求不仅适用于体育活动，同时也是我们应具备的道德品质。

# 第二章

# 营养与健康

## 第一节　营养对健康的影响

### 一、促进生长发育

生长是指细胞的繁殖、增大和细胞间质的增加，表现为全身组织、器官和系统的大小、长短和质量的增加。发育是指身体各组织、器官和系统功能的完善过程。营养是影响生长发育的主要因素。蛋白质是构成人体细胞的主要成分，细胞的繁殖和增大都离不开蛋白质。此外，碳水化合物、脂类、维生素、矿物质和水等营养素也在生长发育中扮演着重要的角色。

### 二、提高智力

婴幼儿和儿童时期是大脑发育最快的时期，需要足够的营养物质，如蛋白质、二十二碳六烯酸、卵磷脂等，特别是二十二碳六烯酸，如摄入不足，就会影响大脑发育，阻碍大脑智力的开发。

### 三、促进优生

在影响优生的因素中，营养是一个重要的因素。在怀孕期，如果孕妇膳食营养不良，可能造成胎儿畸形、流产或早产。例如，孕妇膳食中长期缺乏锌，可能会引起胎儿中枢神经系统出现畸形；若膳食中长期缺乏维生素，可能会导致胎儿的骨骼先天畸形。

# 第二节　平衡膳食

## 一、平衡膳食的概念

平衡膳食又称合理膳食，是指膳食中所含有的营养素种类齐全、数量充足、比例适当，膳食中的营养素供给量与机体的消耗量保持平衡。平衡膳食由多种食物构成，可提供足够的热能和各种营养素，以满足人体正常的生理需要。

## 二、中国居民平衡膳食宝塔

中国居民平衡膳食宝塔（以下简称"宝塔"）（图 2-2-1）是根据《中国居民膳食指南（2022）》的准则和核心推荐，把平衡膳食原则转化为各类食物的数量和所占比例的图形化表示。中国居民平衡膳食宝塔形象化的组合，遵循了平衡膳食的原则，体现了在营养上比较理想的基本食物构成。宝塔共分五层，各层面积大小不同，体现了五大类食物和食物量的多少。五大类食物包括谷薯类、蔬菜水果、畜禽鱼蛋奶类、大豆和坚果类，以及烹调用油盐。食物量是根据不同能量需要量水平设计，宝塔旁边的文字注释标明了在 1600 ～ 2400 千卡（1 千卡 ≈ 4.2 千焦）能量需要量水平时，一段时间内成年人每人每天各类食物摄入量的建议值范围。

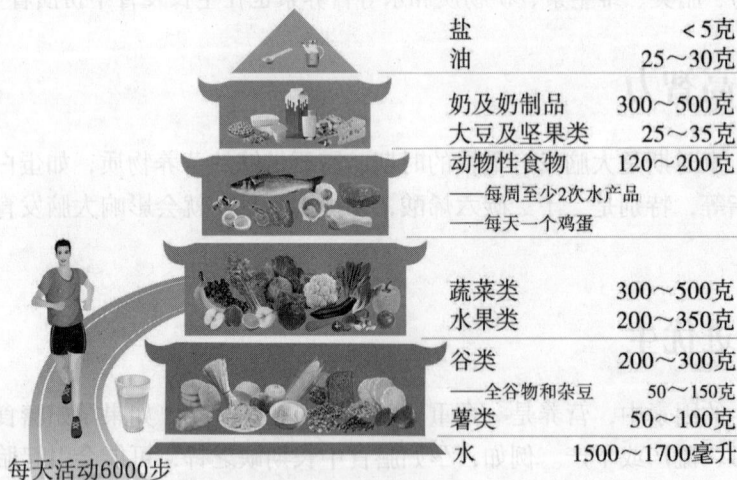

| 盐 | <5克 |
| 油 | 25～30克 |
| 奶及奶制品 | 300～500克 |
| 大豆及坚果类 | 25～35克 |
| 动物性食物 | 120～200克 |
| ——每周至少2次水产品 | |
| ——每天一个鸡蛋 | |
| 蔬菜类 | 300～500克 |
| 水果类 | 200～350克 |
| 谷类 | 200～300克 |
| ——全谷物和杂豆 | 50～150克 |
| 薯类 | 50～100克 |
| 水 | 1500～1700毫升 |

每天活动6000步

图 2-2-1
（资料来源：中国营养学会官方网站）

## 三、中国居民平衡膳食餐盘

中国居民平衡膳食餐盘（图 2-2-2）按照平衡膳食原则，描述了一个人一餐中膳食的食物组成和大致比例。餐盘分成四部分，分别是谷薯类、鱼肉蛋豆类、蔬菜类和水果类。餐盘旁的一杯牛奶提示其重要性。按照中国居民平衡膳食餐盘安排膳食，人体的营养需求将很容易达到。

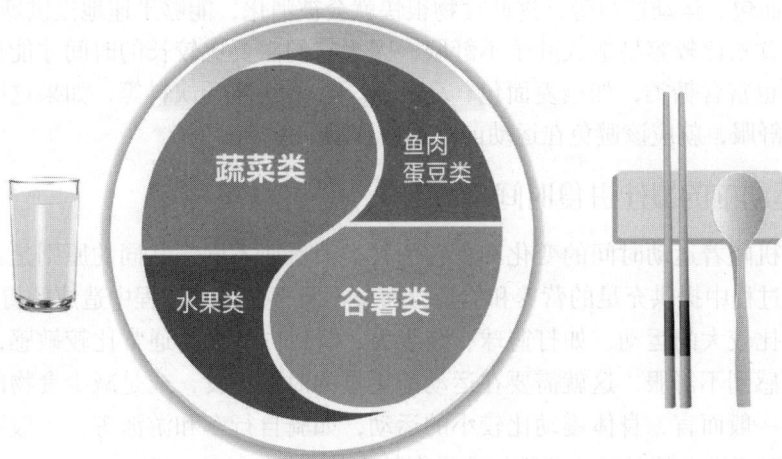

图 2-2-2

（资料来源：中国营养学会官方网站）

## 四、平衡膳食准则

准则一：食物多样，合理搭配。

准则二：吃动平衡，健康体重。

准则三：多吃蔬果、奶类、全谷、大豆。

准则四：适量吃鱼、禽、蛋、瘦肉。

准则五：少盐少油，控糖限酒。

准则六：规律进餐，足量饮水。

准则七：会烹会选，会看标签。

准则八：公筷分餐，杜绝浪费。

# 第三节 运动与营养

## 一、运动前的营养

### （一）运动前的食物选择

运动前应以高糖、低脂肪的食物为主，如面包、米饭、面条和水果等，这些食物既容易消化，又能提供糖类来作为运动时的能量来源。如果运动时间为 60 ～ 90 分钟，可以选择升糖指数较低的食物，如水果、脱脂牛奶、米饭、豆类等，这些食物可以缓慢地被消化成糖类，能够长时间地供应糖类给运动中的肌肉使用。如果运动时间少于 60 分钟，可以选择高升糖指数的食物，如面包、运动饮料等，这些食物很快就会被消化，能够迅速地提供糖类。

高纤维的食物比较容易造成肚子不舒服，因为它们需要比较长的时间才能被消化。有些高纤维的食物也富含糖类，如全麦面包、高纤饼干、某些高纤饮料等，如果这些食物使你在运动中感觉不舒服，就应该避免在运动前吃这些食物。

### （二）运动前的最佳进食时间

进食的时机随着运动时间的变化和食物的种类而有所不同，共同的原则是：吃进去的食物可以在运动过程中提供充足的营养和能量，而又不至于在运动过程中造成肠胃不适。

身体震动比较大的运动，如打篮球、跑步等，对胃内的食物通常比较敏感，少量的食物可能就会令人感到不舒服，这就需要在运动前更早的时候进食，或是减少食物的摄取，以减轻这些症状。一般而言，身体震动比较小的运动，如骑自行车和游泳等，一般不会受到胃中食物的影响，对于进食的时间和食物的选择有较大的弹性。

#### 1. 上午 8 时的运动

前一天的晚餐和夜宵必须富含糖类，喝充足的水。经过一夜后，肝脏中糖原的含量已经降低，而在运动前补充糖类可以提高运动能力。在运动前 90 ～ 120 分钟应吃少量的早餐，如面包加果酱或水果避免食用含多脂肪的食物，如包子、油饼，它们不易消化，在胃里停留的时间比较长，也无法提供足够的糖类。有时牛奶也会造成一些人的肠胃不适。若是习惯吃丰盛的早餐，就需要在运动前两三个小时进食，这样机体才有足够的时间消化。如果无法早起，在运动前 10 ～ 30 分钟也可以用运动饮料或一两片面包补充前一天晚上消耗的体内糖原。

#### 2. 上午 10 时的运动

前一天晚餐须富含糖类，喝充足的水。在当天 7 时左右吃丰盛而高糖类的早餐，3 小时的时间足够消化这些食物，这样既补充了糖原，又不会造成肠胃不适，但应该避免摄入油腻食物。

#### 3. 午间 12 时的运动

前一天晚餐必须富含糖类，喝充足的水。当天吃丰盛而高糖类的早餐，若是 8 时吃早餐，在 11 时左右可以再吃少量的高糖类点心，如面包、果汁或水果等。若是 9 时吃早餐，运动前 10 ～ 30 分钟可以再补充一些运动饮料。

#### 4. 午后 4 时的运动

前一天晚餐必须富含糖类，喝充足的水。当天早上 8 时吃丰盛的早餐，中午 12 时吃高糖类的午餐，下午 3 时吃少量高糖类的点心，同时在一天中必须摄取充足的水分。也可以从早上开始每一两个小时喝一大杯果汁，补充并维持体内糖原的含量，运动前 20 ～ 30 分钟再以运动饮料作为最后的补充。

#### 5. 晚间 8 时的运动

当天吃丰盛而富含糖类的早餐和午餐，下午 5 时吃丰盛而富含糖类的晚餐，或是下午 6 时吃少量但是高糖类的晚餐，避免吃高脂肪的食物，如油炸的食物、肥肉等。运动前 20 ～ 30 分钟喝 200 ～ 300 毫升运动饮料或果汁。在一天中都要摄取充足的水。

## 二、运动后的营养

### （一）糖类的补充

研究显示，在运动后的 2 小时内，身体合成糖原的效率最高，2 小时后则恢复到平常的水平，因此，如果在运动后迅速补充糖类，就可以利用这段自然的高效率时段迅速地补充体内消耗的糖原。如果下次运动是在 10 ~ 12 小时之内，这段高效率时段则特别重要，因为如果错过这个时段，即使在后续的时间补充了足够的糖类，身体也可能没有足够的时间完全补充消耗的糖原，使得体内的糖原存量一次比一次低，运动后身体越来越容易感觉疲劳。若是下一次运动是在 24 ~ 48 小时之后，即使错过这段时间，接下来只要着重于摄取高糖类的食物，仍然有足够的时间补充所有消耗掉的糖原。

建议在运动后 15 ~ 30 分钟之内进食 50 ~ 100 克的糖类（大约每千克体重需要补充 1 克糖类），然后每两小时再吃 50 ~ 100 克糖类。正餐以及其他运动期间的饮食也应该以摄取富含糖类的食物为主。

### （二）肌肉和组织的营养恢复

即使没有身体接触的运动也会造成肌肉纤维和结缔组织的伤害，而身体接触性的运动，（如篮球、足球等）会造成更多的肌肉损伤。运动后迅速地补充蛋白质有助于修复受伤的肌肉和组织，受伤的肌肉合成和储存肝糖的效率也会提高。因此身体接触性运动或是比赛后受伤的运动员，需要补充更多的糖类，更需要把握运动后 2 小时的高效率时段有效地补充体内消耗掉的糖原。

常见食品的蛋白质含量见表 2-3-1。此外，一般计算蛋白质的质量时，还要考虑蛋白质必需的氨基酸与氨基酸总量的比值问题。一般认为，成年人所摄入的氨基酸总量中至少需要20%的必需氨基酸（表 2-3-2）。

表 2-3-1 常见食品的蛋白质含量

| 食品名称 | 蛋白质含量 | 食品名称 | 蛋白质含量 |
|---|---|---|---|
| 猪肉 | 13.3%~18.5% | 面粉 | 11.0% |
| 牛肉 | 15.8%~21.7% | 大豆 | 39.2% |
| 羊肉 | 14.3%~18.7% | 花生 | 25.8% |
| 鸡肉 | 21.5% | 白萝卜 | 0.6% |
| 鲤鱼 | 18.1% | 大白菜 | 1.1% |
| 鸡蛋 | 13.4% | 菠菜 | 1.8% |
| 牛奶 | 3.3% | 油菜 | 1.4% |
| 稻米 | 8.5% | 黄瓜 | 0.8% |
| 小麦 | 12.4% | 橘子 | 0.9% |
| 玉米 | 8.6% | 苹果 | 0.2% |
| 高粱 | 9.5% | 红薯 | 1.3% |

表2-3-2　单一食物与混合食物的氨基酸值及缺少的必需氨基酸

| 食物 | 氨基酸值 | 缺少的必需氨基酸 |
|---|---|---|
| 母乳 | 100 | 无 |
| 牛奶 | 95 | 蛋氨酸、谷胱氨酸 |
| 鸡蛋 | 100 | 无 |
| 牛肉 | 100 | 无 |
| 鱼肉 | 100 | 无 |
| 精米 | 67 | 赖氨酸 |
| 花生 | 65 | 赖氨酸、苏氨酸 |
| 甘薯 | 63 | 赖氨酸 |
| 木薯粉 | 56 | 亮氨酸 |
| 一般豆类（不包括大豆） | 54 | 蛋氨酸、谷胱氨酸 |
| 玉米 | 49 | 赖氨酸 |
| 精白面粉 | 38 | 赖氨酸 |
| 绿豆 | 35 | 蛋氨酸、谷胱氨酸 |
| 混合食物米（3份）＋绿豆（1份） | 83 | 苏氨酸 |
| 甘薯（3份）＋豆类（1份） | 73 | 蛋氨酸、谷胱氨酸 |
| 甘薯（8份）＋鱼（2份） | 84 | 赖氨酸 |

注：根据食物每克氨基酸的毫克量计算

# 三、运动与补水

## （一）运动与补充水分的重要性

激烈的运动使身体大量流汗，体内液体流失，电解质也随汗液流失。若运动前和运动中不补充水分而运动中又大量出汗，就很容易发生脱水现象。体内缺水主要表现在尿量和体液减少。大约占体重1%的水分流失会使运动时的体温和心率明显上升。脱水量约占体重的2%为轻度脱水，主要是细胞外液减少，身体会丧失调节的能力，若没有补充流汗所失去的水分，体温可能会持续上升，进而导致体力丧失。脱水量占体重的4%～6%时，则肌力及耐力减少，同时引起热痉挛，令长时间活动能力下降20%～30%，亦会影响体内无氧代谢的供能过程。脱水对心血管方面的影响，亦会使血浆容量下降和血液渗透压升高。低血浆容量则会导致心排血量下降、排尿量减少、体温升高、血液黏稠度增大及中暑危险增加。水分流失占体重的6%以上时，则有严重热痉挛、热衰竭、中暑、昏迷症状甚至有死亡的可能。这些数据说明，排汗提高了散热能力，但水分及电解质的流失应立即补充，因此，必须防止或降低脱水程度，而立即补充水分就能改善运动能力。

## （二）补充水分的原则和途径

运动中水分的补充应以保持水分的平衡为原则，调整体内水分及电解质平衡的唯一途径是喝水或饮料。由于体液是低渗透液，相比之下，运动期间补充水分比补充电解质更重要。在热环境下，正常人不自觉的脱水量为每小时 275 毫升。长时间进行耐力锻炼的人在热环境下脱水时间拖得越长，对运动能力的影响就愈严重，因此，在脱水之前就应补充水分。千万不要等到口渴时才喝水，因为当口渴时身体已处于脱水状态。

在水分吸收方面，胃排空的最大正常速度是每小时 600 ~ 800 毫升；冷水或温水在胃内排空速率明显高于体温，运动时喝低温的水对降低体温的效果优于运动前摄取等量水的效果；纯水或低渗透压饮料的胃排空速率高于高渗透压的饮料，因此，在热环境下激烈运动时，补充水分的重要性大于补充糖类及电解质。在持续时间短的运动中，不必特别在饮料中补充电解质，因为运动中补充电解质会提高由运动引起的高渗透程度，所以在 30 ~ 60 分钟的运动时间中，水可谓是最经济实用的补充液体。

### （三）运动不同阶段的补水方法

#### 1. 运动前的正确补水方法

运动饮料主要是为训练和比赛过程中的运动员补充能量、水分、电解质和维生素等，以预防运动员在高强度运动训练下消耗能量过多而引起低血糖现象，并用以维持身体在大量出汗情况下体内水分和电解质的平衡，防止体内电解质的流失而引起的运动能力降低、心律不齐或肌肉抽筋等现象的发生。另外，有些特殊的运动饮料还可增强体力、耐力及消除疲劳，进而有助于提高运动成绩。目前研究指出，饮用等渗透压运动饮料比较适宜，其在体内吸收十分迅速，而且能使运动员有效地保持运动机能。

在较长的运动过程中，每小时流汗量可能达 2 ~ 4 升，由于缺水将使身体失去散热作用，所以在耐力性运动前的 2 小时最好饮用 600 毫升左右的水（可分两次喝）。

#### 2. 运动中的正确补水方法

研究者认为，在运动及比赛期间每隔 15 ~ 20 分钟喝 200 ~ 300 毫升的饮料较合适。

#### 3. 运动后的正确补水方法

在运动后的恢复期补充水分和运动前的准备同样重要，即使在运动员休息时正常地补充水分，体内水分依然会以汗水的形式大量流失；而肌肉糖原浓度可能也会降低一些，身体会感到虚弱、衰竭，此时正是恢复过程开始的时候。研究表明，运动后愈早开始恢复愈好，此时正确补充水分有助于体力的恢复。可在饮料中添加葡萄糖聚合物及麦芽糊精（其为容易消化的复合碳水化合物），以增加糖类补充肌肉糖原的含量，促使恢复期缩短。

# 第三章
# 体育卫生保健

## 第一节　体育锻炼的卫生常识

体育锻炼卫生是指为达到增强体质、增进健康的目的，改善合乎生理要求的体育锻炼条件与环境所采取的卫生措施和要求。在医学知识的指导下锻炼身体，不仅能够实现自我保护，还能提高锻炼效果。

### 一、体育锻炼环境卫生

体育锻炼环境也就是进行体育活动时的外界条件，包括空气、水、场地和运动设施等方面，通常可分为自然环境和室内环境。无论在什么环境中进行体育锻炼，都应该符合空气清新、光线充足和水质洁净等卫生条件。

### （一）自然环境

我们在室外进行体育锻炼的时候，应该避开人口稠密地区、交通繁忙的街道和工厂，最好是选在运动场、湖边、海滨或树木比较浓密的地方。这些地方不仅空气质量较好，而且空气中负离子的数量也比较多，这对增进健康和振奋精神都会有较大的好处。

在中度污染以上的天气里，我们应该尽量避免室外活动。雾霾天气对人体的伤害是全方位的，对人的呼吸系统、心血管系统都有比较明显的伤害。戴口罩虽然可以减少有害物质的吸入，但同时也有碍呼吸，而呼吸不畅同样也是有害的，所以在雾霾天气的时候，应尽量不要外出锻炼。

空气污染一般每天有两个高峰期：一个为日出前，一个为傍晚。特别是冬季，早晨和傍晚在冷高压的影响下往往会有气温逆增现象，地面上的有害污染物不能向大气上层扩散而停留在下层呼吸带，这时，有害气体要高出正常情况的 2～3 倍。每天上午 10 点与下午 3 点左右为空气质量相对较好的两个时间段，室外运动最好在此时进行。

锻炼的时候，最好选择气温适宜的环境，并且让身体先有个适应的过程。在适应之后，也要尽量避免在大风天、过冷或过热等异常条件下锻炼身体。

室外锻炼要避免强烈阳光过度照射，防止紫外线和红外线伤害身体。在烈日下活动，特别是在高原地区，必须注意减少太阳射线对头部和眼睛的直接照射，应该戴上遮阳帽和太阳镜。在不影响体温调节的情况下，要尽量减少皮肤被阳光直接照射的面积，或涂抹一些防晒霜来保护皮肤。

### （二）室内环境

在室内进行体育锻炼，我们应该把地点选在温度恒定、光线明亮的地方，室内温度应该保持在 23 ～ 25℃。锻炼场所还要有良好的自然通风条件或人工通风设备，这样才能保证室内空气的清新，从而维持我们在锻炼时的正常生理活动。雾霾天气下可以改在室内进行锻炼，但在严重的空气污染下，室内的空气也会受到一定的影响；如果室内锻炼场所只有通风条件而没有配备专门的空气净化设备，在室内也不建议进行太多的高强度运动。在室内进行游泳锻炼，游泳池的水应当是透明的，不应该有颜色和异味。

## 二、体育用品的卫生要求

体育用品是指从事体育锻炼所需的运动服装、运动鞋袜等运动辅助物品，以及为保证安全而由个人准备的防护用品。体育用品必须符合卫生要求。

运动服装是体育锻炼必备的物品，应具有美观大方、质地柔软和不易沾污等性能，规格要合体，并以穿着舒适、便于活动为原则。夏季服装面料应具有良好的透气性和吸湿性，最好选择针织内衣，外套则选用浅色泽、稍宽松的棉织品运动服；冬季气候较冷，运动服装应以保暖性较好的棉织品为最佳，织物厚度则可依当地温度及运动需要而定。

运动鞋袜要注意与从事运动项目的特点相适应，与自己的脚码、脚型相一致，切忌穿得过紧或过松。应根据不同的运动类型选择运动袜。参加球类运动时，为了保护小腿，一般穿长袜；长跑用的袜子要柔软且具有透气和吸汗功能，最好是由棉毛材料制成。运动鞋袜要经常洗涤、晾晒，以保持清洁卫生。

## 三、体育锻炼过程的卫生常识

体育锻炼过程包括锻炼前、锻炼中、锻炼后三个阶段。为了使锻炼效果有利于身体健康，在保证适当运动负荷的同时，还必须遵循一般的卫生学原则，懂得处理与卫生要求有关的细节问题。

### （一）准备活动的注意事项

剧烈运动前一般至少 1 个小时内不应进食，否则由运动引起交感神经高度兴奋，不但妨碍消化、有害健康，而且肠胃负担太重，也不利于运动能力的发挥。如果运动前已感到十分饥饿、睡眠不足或情绪低落，最好暂停运动，或只做轻微的体育锻炼。在运动前根据训练课或复习课的内容进行准备活动，其目的是做好运动前的热身活动，在生理上和心理上动员身体各部分的机能，以适应锻炼的要求。

准备活动的作用：提高神经兴奋性，使人体在运动时迅速进入工作状态；克服内脏器官的生理惰性，有助于达到稳定的工作状态；预防运动损伤，提高肌肉的温度和代谢强度，使关节活动的灵活性增强。

### （二）锻炼中的注意事项

锻炼中必须合理安排运动负荷，使健身锻炼过程符合生理卫生的客观规律，才能收到预期的锻炼效果。

运动中不宜短时间大量饮水，宜采用少量多次的方式补水。因为水分过多渗入血液，不仅会增加心脏和肾的负担，还会使胃部膨胀，妨碍膈肌活动而影响呼吸。如果天气过热，排汗太多，可临时用湿毛巾擦汗降温，并补充少许淡盐水。在寒冷的天气跑步，应尽量采用鼻呼吸的方法，以避免冷空气直接刺激咽喉或尘埃进入呼吸道。

### （三）锻炼后的注意事项

运动时所发生的一系列生理变化，在运动后需要有一个恢复过程，以消除留在肌肉中的代谢物，并且改变因重力关系而使血液不易流向脑部的现象。因此，要认真做好整理活动。如果剧烈运动后突然停止、突然坐下或者蹲下，不仅会加重疲劳，更会有晕倒的危险。

整理活动的内容有放松慢跑、踏步、走步、舞蹈步、按摩放松、体操等，运动量要逐渐下降，剧烈运动后还要做深呼吸，以加大肺通气量，提高气体交换功能，这对神经系统有良好的调节作用。

运动后同样不应大量饮水，特别在排汗较多、体内盐分浓度降低的情况下。如果立即大量饮水，还会因继续排汗使盐分损耗，乃至产生水中毒现象和头晕目眩等不良反应。正确的方法是运动后应稍事休息，及时把汗擦干，换去被汗水浸湿的运动服装，以免着凉感冒；运动结束半小时后最好用热水洗澡、擦身，适当对身体各部位进行按摩，以加速体力的恢复过程；最后再饮水、休息，并外出做短暂散步，以便为进餐做好准备。

# 第二节　运动损伤的预防与处置

## 一、常见运动损伤

### （一）挫伤

#### 1. 损伤部位及征象

挫伤多发生在头部、胸部和四肢，受伤后局部红肿、疼痛，皮肤破裂的当时就出血，没有破裂的，会出现青紫淤血。

### 2. 发生挫伤的原因

运动前准备活动做得不够，肌肉关节没有得到充分活动；活动时用力过猛，超过了肌肉、关节、韧带的负荷限度；参加活动的人员过于拥挤或没有按正确的方法进行活动。另外，场地不平或器械设备不安全以及没有做好保护工作也可能导致挫伤。

### 3. 处理

发生了挫伤应根据情况及时处理。如果皮肤出血应立即停止运动，先用酒精或碘伏对伤口进行消毒，然后用净布包扎。如果受伤部位红肿、疼痛，可先用冷水或冰块进行局部冷敷，抬高受伤部位，必要时加压包扎，防止继续出血，24 小时后改用热敷、按摩来活血、消肿、止痛。经过治疗，待伤势减轻以后做针对性的活动，使关节、肌肉得以恢复功能，如做下蹲、弯腰、举腿等活动，可以避免伤后关节不灵或发生肌肉萎缩。

## （二）肌肉损伤

### 1. 损伤征象

肌肉损伤分主动收缩损伤和被动拉长损伤两种。主动收缩损伤是由于肌肉做主动的猛烈收缩时，其力量超过了肌肉本身所能承受的力量；而被动拉长损伤主要是由于肌肉被动拉伸时超过了肌肉本身的伸展程度。肌肉损伤如果是细微的损伤，则症状较轻；如果是肌纤维完全断裂，则症状较重。其一般表现为伤处疼痛、局部肿胀、压痛、肌肉紧张或抽筋，伤后肌肉功能减弱或丧失。

### 2. 发生肌肉损伤的主要原因

准备活动不充分，肌肉的生理机能尚未达到剧烈活动所需的状态就参加剧烈活动；体质较弱，运动水平不高；肌肉的弹性、伸展性和力量较差；疲劳过度；运动技术低、姿势不正确、动作不协调；用力过猛、超过了肌肉活动范围；气温过低或过高、场地太硬等都是发生肌肉损伤的原因。

### 3. 处理

肌肉损伤的治疗要依具体情况而定，少量肌纤维断裂者，应立即冷敷，局部加压包扎，并抬高患肢；肌肉大部分或完全断裂者应在加压包扎后立即送医院进行手术缝合。

## （三）关节、韧带损伤

### 1. 损伤征象

关节韧带损伤后，一般表现为压痛，自感疼痛，轻者发生韧带部分纤维的断裂，重者韧带纤维完全断裂，引起关节半脱位或完全脱位，从而出现关节功能障碍。

### 2. 关节韧带损伤部位及原因

上肢关节以肩关节、肘关节、腕关节损伤最为常见，例如，掷标枪引枪后的翻肩动作错误造成肩关节、肘关节扭伤。下肢关节以髋关节、膝关节、踝关节损伤较多，例如，从高处跳下，平衡缓冲不够使膝关节、踝关节受伤；做"下桥"练习时，过分提腰造成腰椎损伤等。

### 3. 处理

发生关节、韧带损伤时应当在 24 小时内采用冷敷，必要时加压包扎，24 小时后采用热敷、按摩、针灸治疗，待疼痛减轻后可增加功能性练习。对急性腰部损伤，如果出现剧烈疼痛，切不可轻易处理，可让患者平卧，并用担架送医院就诊。

### （四）骨折

#### 1. 骨折征象

骨折可分完全性骨折（骨完全断裂）和不完全性骨折（骨未完全断裂，如裂缝骨折）两种，是运动中一种比较严重的损伤。骨折后的症状主要表现如下。

（1）肿胀和皮下淤血：由骨折处血管破裂、骨膜下出血以及周围软组织损伤所造成。

（2）疼痛：因骨膜撕裂和肌肉痉挛引起，尤其在活动时更加剧烈，甚至可引起休克。

（3）功能障碍：骨折后肢体，丧失了原来的功能，再加上剧烈疼痛和肌肉痉挛，肢体多不能活动。

（4）出现畸形和假关节：因骨折端发生移位和重叠，伤肢变形以至缩短；完全骨折的地方可出现假关节，移位时可产生骨折摩擦音。

（5）压痛和震痛：骨折断端有明显的压痛，在远离骨折处轻轻捶击，骨折处往往出现震痛。

#### 2. 骨折原因

运动时发生骨折的原因是身体某部位受到直接或间接暴力，或肌肉强烈收缩所致。常见的骨折部位有肱骨、尺（桡）骨、手指、小腿、肋骨等。

#### 3. 处理

一旦出现骨折，暂勿随意移动患肢，应先用夹板或其他代用品固定伤肢，动作要轻巧、缓慢，不要乱拉乱拽，以免造成错位，影响整复。如果是上肢骨折，可用木板托住伤肢，用绷带扎紧骨折处的上、下两端。如果是下肢骨折，先将伤腿轻轻放好，然后用宽布条或褥单将两条腿缠在一起，慢慢抬到硬板担架上，送往医院救治。如果是头部、颈部或脊椎骨发生骨折，运送时就更要小心，以免损伤神经和脊椎而造成肢体瘫痪；搬运时头部用枕头或衣服塞紧，防止移动。固定好以后，患者不要扭动肢体。在送医院的路上也要迅速、平稳。

### （五）关节脱位

#### 1. 原因与征象

因受外力作用，使构成关节的上下两个骨端失去正常的位置关系，出现了错位的现象叫关节脱位，又称脱臼。关节脱位可分为完全脱位和半脱位（或称错位）两种。严重的关节脱位，伴有关节囊撕裂，甚至神经损伤。运动中发生的关节脱位大都是间接外力撞击所致。例如，摔倒时用手撑地，引起肘关节或肩关节脱位。关节脱位后常出现畸形，与健肢相比不对称，因软组织损伤而出现炎症反应，局部疼痛、压痛和关节肿胀，并失去正常活动功能，甚至出现肌肉痉挛等现象。

#### 2. 处理

用长度和宽度相称的夹板固定伤肢。如果没有夹板，可将伤肢固定在躯干或健肢上，防止震动，随后及时送医院治疗。

## 二、常见运动损伤的处理

在运动过程中所发生的各种损伤统称为运动损伤。运动损伤又可分为开放性损伤和闭合性损伤。对于运动损伤的处理一般分为前期、中期、后期处理原则。对于急性损伤前期（24

小时以内），处理原则是制动、止血、防肿、镇痛，即减轻炎症。处理方法可根据具体情况选用一种或几种并用。

## （一）一般处理方法

（1）一般先冷敷，然后加压包扎并抬高伤肢。这种方法应在伤后立即使用，有制动、止血、止痛及防止或减轻肿胀的作用。冷敷一般使用冰袋、自来水或喷氯乙烷。冷敷后，用适当厚度的棉花或海绵置于伤部，立即用绷带稍加压力进行包扎。

（2）伤后24小时打开包扎，可进行热疗、按摩、外敷活血化瘀和生新的中草药、贴活血膏等，也可用几种方法进行综合治疗。

（3）待损伤组织已基本恢复正常，肿胀和压痛已消失后，就要进行功能性的恢复治疗，这时仍以理疗以及增加肌肉、关节功能锻炼为主。如果是轻微、慢性的损伤，主要是改善伤部的血液循环，促进组织的新陈代谢，可以合理地安排局部的负荷量。

## （二）开放性软组织损伤的处理

常见的开放性软组织损伤有擦伤、切伤与刺伤及撕裂伤；局部皮肤或黏膜破裂，伤口与外界接触，常见组织液渗出或血液自伤口流出。紧急处理的要点是及时止血和处理伤口，预防感染。

### 1. 擦伤

擦伤多发生在摔倒时，对于伤口较脏的擦伤可先用生理盐水或干净的水洗净伤口，再用酒精棉球或碘伏消毒杀菌，伤口较浅、面积较小的擦伤无须包扎，待干后即可。

### 2. 切伤与刺伤

伤口往往较深、较小，如果伤口较脏，除了进行伤口的止血消炎、包扎外，还要注射破伤风抗毒素。

### 3. 撕裂伤

撕裂伤中以头、面部皮肤伤为多见，如拳击运动中眉弓被对方肘部碰撞而引起眉际皮肤撕裂等。若撕裂的伤口较小，经消毒处理后，贴上创可贴即可；若撕裂伤口较大，建议立即送医院就诊。

## （三）闭合性软组织损伤的处理

急性闭合性软组织损伤是运动损伤中较常见的一类损伤，如肌肉拉伤、挫伤、韧带拉伤等都属于这类损伤。

急性闭合性软组织损伤的特点是：皮肤黏膜完整；由于暴力而造成局部组织的撕裂、血管损伤等，引起出血、组织液渗出、肿胀。在急性闭合性软组织损伤发生后，首先要检查有无合并伤，如腹部挫伤后是否合并有内脏破裂；肌肉挫伤后有无断裂、有无明显血肿；头部挫伤后有无脑震荡等。应先处理合并伤，然后处理软组织损伤。在确定没有严重的合并伤后，在急性闭合性软组织损伤后应进行冷敷、加压包扎、制动和抬高患肢，24小时后解除包扎，并进行局部热敷、按摩等，以改善血液循环，促进局部代谢，加速损伤的修复。损伤基本恢复后，开始进行肌肉、韧带的伸展性练习以及加强局部力量练习，以恢复局部受伤部位的肌肉力量及肌肉、韧带的柔韧性。

# 第三节　运动性疾病的预防与处置

## 一、延迟性肌肉酸痛

### （一）产生原因和临床表现

延迟性肌肉酸痛是由运动时肌肉活动量过大引起局部的肌纤维和结缔组织的细微损伤，以及部分肌纤维的痉挛所致。这种酸痛不是发生在运动结束后的即刻，而是发生在运动结束后的 1～2 天，因此称为延迟性肌肉酸痛。因为这种酸痛只是局部肌纤维的细微损伤和痉挛所致，不影响整块肌肉的运动功能，所以，经过肌肉内部对细微损伤的修复，肌肉组织会变得更加强壮，以后同样负荷将不易再发生酸痛。

一般在运动后的 24 小时内出现肌肉僵硬、酸痛和自觉酸痛部位肿胀、压痛，多发生于下肢主要的伸屈肌群，肌肉远端和肌肉—肌腱移行处症状一般较重，严重者肌肉会发生疼痛，且以肌腹为主。24～48 小时内，酸痛达到高峰，之后可自行缓解，5～7 天酸痛消失。

### （二）处置和预防

（1）处置：可对酸痛部位进行热敷或按摩，还可配合做一些伸展练习，也可口服维生素C以缓解症状。另外，针灸、电疗等也有一定的缓解作用。

（2）预防：锻炼时，要充分做好准备活动，把握运动强度的递进性原则，根据自身的身体状况安排锻炼负荷，尽量避免局部肌肉负担过重。锻炼后，要对主要的工作肌肉进行推拿、按摩。

## 二、心血管意外

心血管意外是引起运动性猝死的主要原因。

### （一）原因

心脏结构异常（肥厚性心肌病、瓣膜病、心肌炎、传导系统异常）的人，在剧烈运动和比赛消耗体力过多时，心肌会缺氧、出血或坏死，引起心肌梗死和冠状动脉栓塞，或者导致严重的心律失常，造成运动猝死。

### （二）症状

心肌梗死发生前一般无典型的心绞痛，常常在剧烈活动时骤然发病，患者突觉呼吸困难、头晕、恶心、全身冷汗、意识模糊，昏倒在地，伴有抽搐等。

## （三）救治

在最短的时间内与急救中心联系，让病人就地平卧。如心跳停止，应立即采取心肺复苏措施。

## （四）预防

心血管病人是运动猝死的高危人群，通过体检和病史调查后，可采取预防措施，避免激烈运动引起心血管意外。对运动中或运动后出现的胸痛、胸闷、胸部压迫感、头痛、极度疲乏等症状应引起足够的重视。若症状明显，应及时中止运动，到医院检查。病发时，不可参加运动。

# 三、运动性贫血

## （一）产生原因和临床表现

当血液中红细胞与血红蛋白数量低于正常值时称为贫血。因运动引起的这种血红蛋白数量的减少，称为运动性贫血。

其发病的主要原因有如下两点。

（1）运动时肌肉对蛋白质和铁的需求量增加，一旦需要得不到满足，就会引起运动性贫血。

（2）剧烈运动时血流加速，易引起红细胞破裂，致使红细胞从新生到衰亡之间的平衡遭到破坏，从而导致运动性贫血。

运动性贫血发病缓慢，其临床表现有头晕、恶心、呕吐、气喘、体力下降、气促、脸色苍白等。

## （二）处置和预防

（1）处置：在运动中出现头晕、无力、恶心等现象时，应适当减小运动负荷，必要时暂停运动，并及时就医。

（2）预防：遵循循序渐进和个别对待原则，合理调整膳食。如运动时经常有头晕现象出现，应及时就医，以利于正常参加体育锻炼。

# 四、胫骨疲劳性骨膜炎

## （一）原因及征象

跑跳运动时间过长、强度过大或运动场地太硬均可引起胫骨疲劳性骨膜炎，其症状为小腿骨前两侧疼痛，多发于青少年。急性期多伴有局部肿胀，以小腿下端最为明显。

## （二）处置

胫骨疲劳性骨膜炎的初期症状较轻，无须特殊治疗，仅用弹力绷带将小腿裹扎，并减少下肢的运动负荷，休息时抬高患肢即可痊愈。如果病情较重，建议尽快去医院就诊。

## 五、过度紧张

本症是在训练或比赛时，运动负荷量超过了人体机能所能承受的量而发生的急性病理状态。过度紧张常发生在一次训练和比赛后，多出现在训练水平不足、运动经验较少、患病或长时间中断训练的中长距离竞赛运动员身上。

### （一）主要征象

（1）心血管型。可表现为运动后心悸、气喘、胸痛、头晕、脸色苍白或发绀、步态不稳、呼吸困难，有时伴有恶心、呕吐、咳嗽，严重者可感到右季肋痛，检查时可见心脏、肝脏的急性肿大，脉搏快而弱，节律不齐，血压降低，期前收缩，严重时可发生急性心力衰竭的猝死。

（2）脑血管型。运动中或运动后可出现一时性昏迷，昏倒前常会全身发软、头晕、耳鸣、眼前发黑、面色苍白；昏倒后手足发冷，出冷汗，脉快而弱，血压下降；清醒后病人无力、头晕，有的人出现逆行性健忘，有的人甚至出现一侧偏瘫，这是脑血流供应不足或脑血管痉挛所引起的。

（3）胃肠型。它主要表现为急性胃肠功能障碍，有恶心、呕吐、腹部疼痛等症状，也有人出现腹泻，是由肠血管痉挛及胃肠蠕动功能障碍所引起。若运动后呕吐咖啡样物或大便有黑色物，化验潜血阳性，则表示消化道有出血。这是由运动的应激引起消化道黏膜出血性糜烂或溃疡所致。

### （二）处理方法

过度紧张运动疾病的处理方法主要是：对于症状较轻的病人，要求其安静平卧，休息时要保暖，服用维生素C、维生素E、维生素K、葡萄糖和镇静剂，一般经短时间休息即可恢复。对于症状较重的病人或昏迷者，可掐人中、内关、足三里、关元、百会等穴，并及时送医院诊治。

# 第四章

## 职业体能

## 第一节　体能概述

### 一、体能的概念

"体能"一词在国内被关注始于中国足球甲级联赛开始后不久，国家体育总局规定：运动员体能测试不达标，将不能参加当年的联赛。后来，政法系统公务员的招考与培训中也出现了体能测试环节。

关于"体能"的概念，国内外有过多种不同的理解与论述，目前还没有统一的定义，但大多倾向于上海辞书出版社《体育大词典》中对"体能"的表述，即"体能是体质的重要组成方面，是人体各器官系统机能在身体活动中表现出来的能力，包括力量、速度、灵敏性、耐力和柔韧性等基本的身体素质，以及人体的基本活动能力（如走、跑、跳、投掷、攀登、爬越、悬垂和支撑等）。体能的发展程度是衡量体质水平的一个重要标志"。从体能的概念可以看出，体能包括两个层面：① 反映人体各器官系统机能的身体素质，主要包括力量、速度、灵敏性、耐力（心肺耐力和肌肉耐力）、柔韧性以及代谢能力等；② 人体的基本活动能力，主要包括走、跑、跳、投掷、攀登、爬越、悬垂和支撑等。身体素质与身体活动能力是一个有机整体，身体素质是身体活动能力的基础，身体活动能力是身体素质的外在表现，身体活动能力强弱直接反映身体素质的优劣。

### 二、体能与身体健康

#### （一）体能在促进健康中的地位和作用

体能的健康促进作用可以从体能与体质、健康的相互关系中得到充分的体现。

体质与体能一样，也是评价健康的一个综合性指标。它是指在遗传性和获得性的基础上，人体表现出来的人体形态结构、生理机能和心理素质的综合的、相对稳定的特征。其内容主要包括体格、机能和身体活动能力、适应能力及精神状态等。

从体质的内涵可以看出，体能是体质的核心内容。从一定意义上讲，增强体质就是提高体能。研究表明，体能与体质的相关程度最高，男性达 0.9119，女性达 0.8263。因此，体能就成了衡量体质水平的主要因素，而增强体质又是增进健康的更高阶段、更高标准。这是因为评定健康的水平，主要是看其各器官系统功能是否正常；而评定体质的水平，则是在各器官系统功能正常的基础上看其体能水平的高低。由此不难看出，加强体能锻炼，提高体能，不仅是促进健康、增强体质的有效手段，也是促进健康、增强体质的基本途径。

体能对于健康的促进作用，具体表现：良好的体能有助于降低慢性疾病（如冠心病）的危险性，以及预防其他慢性病的发生或发展，并能提高机体的免疫机能，抵御病毒侵害及细菌感染；良好的体能还可以使人拥有更多的生命激情，积极地享受生命和感受生活，有利于保持心理健康，促成健康的良性循环。而通过提高体能水平增进健康，主要是提高与健康有关的体能水平。

### （二）与健康有关的体能

健康体能主要包括心肺机能、肌肉力量和耐力、柔韧性、身体成分以及身体代谢能力等。这些与健康有关的体能因素从不同角度反映了机体的健康状况。

#### 1. 心肺机能

心肺机能是指心脏、血管与呼吸系统协同工作的能力。它提供肌肉工作的燃料，直接影响肌肉利用燃料长时间工作的能力。良好的心肺机能不仅能保证身体长时间有效的工作，同时也是机体工作后快速消除疲劳和机能有效恢复所必需的。

#### 2. 肌肉的力量和耐力

肌肉的力量是指肌肉抵抗外力或移动重物的能力。一定的力量可使机体胜任那些需要消耗体力的工作与娱乐活动。肌肉耐力是指肌肉重复工作的能力。肌肉耐力强的人可以长时间工作而不会过度疲劳。

#### 3. 柔韧性

柔韧性是指关节活动的可能范围，受肌肉长度、关节结构及其他因素的影响。良好的柔韧性可使关节在较大范围内活动。

#### 4. 身体成分

肌肉、脂肪、骨骼及其他机体成分的相对百分比被称为身体成分。其中，体脂是评价身体成分的主要方面，理想的体能应有适当的体脂百分比。

#### 5. 代谢性体能

与代谢性有关的体能主要包括血糖、血脂、血胰岛素、骨矿密度等。代谢性体能反映的是一种机能状态，它同许多慢性疾病的发生或发展直接相关，而且与运动锻炼的效果直接相关。通过运动锻炼降低血脂水平、控制血糖、提高骨矿物质密度等都能增强机体代谢性体能，减少各种运动不足性疾病的发生，并影响机体的体能水平。

# 三、体能与职业需要

## （一）体能在职业中的地位和作用

体能不仅与健康息息相关，而且与职业密切联系。实践证明，经常参加健身活动且体能强的人，不仅工作效率高，缺勤次数少，而且患职业病或由于其他造成体力衰竭的疾病而导致提前退休的可能性都小得多。在工作中，身体健康最简单、最实际的定义是：身体具备对日常需求做出反应的能力，有足够的能量储备应付突然的挑战。如果能满足每天的能量需要，能处理各种意想不到的问题，具有一种现实而积极的自我形象，并能主动预防潜在的健康问题，那这个人就是健康的。

研究表明，当工作繁重时，有氧健康值偏低的人只能以25%的能力工作8小时，普通健康状况的人能力可以维持在33%左右，而健康状况高于普通值的人则能够将40%的能力保持8小时之久。只有体能状况良好、热情有加的人才能在8小时中一直维持他们50%的能力。健康值相对较高的人的能力要高于健康值偏低的人。在有些工作中，健康的工人所干的工作量是健康状况欠佳的工人的4～6倍，而这种较高的健康值就来自于较高的体能。

精力充沛、积极热情的人更容易被雇用，这一点在目前来说已是公认的事实。由于健身活动带来的良好的体能，能够增进健康、有助表现、陶冶性情，使得那些精力充沛又热情积极的人有更多机会得以表现甚至得到晋升。因此，现代社会更应重视健康活动在工作领域的作用，重视体能对职业的积极影响。

## （二）与职业有关的体能

一般来说，与健康有关的体能，与职业也有关联，但是职业的性质对体能还有特别的要求，与一些体能指标有着更为密切的关系，主要有如下几点。

（1）神经肌肉协调性与反应时：神经肌肉协调性主要反映一个人的视觉、听觉和平衡感与熟练的动作技能相结合的能力；反应时是速度素质的一种表现形式，是指从给予刺激到开始发生动作之间的时间，反应时短，表示反应速度快；在职业方面，神经肌肉协调性与反应时对巩固技能定型、提高技能及判断力有明显作用。

（2）肌肉力量与耐力：良好的肌肉力量与耐力能有效地降低职业性损伤。

（3）灵敏性与平衡能力：灵敏性是指身体在活动过程中，既快速又准确地变化身体移动方向的能力；平衡能力是指运动或静止时，身体保持稳定的能力；对从事高空作业、交通运输等职业的人员，灵敏性与平衡能力是不可缺少的体能。

（4）柔韧性：良好的柔韧性对扩大身体活动范围、预防肌肉紧张、改善服务类职业人员的体态有明显的作用。

（5）应激与心理调节：应激是指个体对环境刺激的一种特异性生物学反应，积极的应激有助于职业人员更好地适应工作环境，并增强其心理调节能力与抗挫折能力。

# 第二节 体能的锻炼方法

## 一、提高身体素质的主要方法

身体素质是衡量一个人体质水平的重要标志之一。青少年正处于正常生长发育、身体素质和运动能力全面发展的时期，重视锻炼身体，提高身体素质，将对人的一生产生决定性的作用。

### （一）发展力量素质的方法

力量素质是肌肉在工作时克服阻力的能力。力量素质是人们日常生活、生产劳动和体育锻炼所必需的素质，也是速度素质、灵敏性素质等的基础。发展力量素质有以下几种方法。

**1. 静力性力量练习方法**

这种练习的主要特点是肢体不产生明显的位移，肌肉产生张力但不发生长度变化。其方法如下。

（1）身体处于特定位置站立或仰卧，推或蹬住固定重物，以肌肉的最大收缩力坚持几秒钟，或肩负一定重量使身体固定不变，例如，肩负杠铃半蹲，重复一定次数。

（2）静力性力量练习还可以用很慢的速度，不借助反弹力和惯性，单纯依靠肌肉的紧张收缩来完成，例如，肩负 80% ～ 85% 强度的重量，深蹲慢慢起立。

**2. 动力性力量练习方法**

动力性力量练习时，肢体或身体某部位产生明显的位移，或推动别的物体进行运动，如投掷各种器械、踢球等。

（1）绝对力量练习。

绝对力量是指用最大力量克服阻力的能力。绝对力量的练习一般采用次极限重量或极限重量的重物，在卧推杠铃、深蹲和半蹲举杠铃时经常使用。

（2）速度力量练习。

速度力量是指人体快速克服小阻力的能力。速度力量的练习一般采用中等或中小负荷，重复次数较少，以最快速度完成动作。

（3）力量耐力练习。

力量耐力是指长时间克服阻力的能力。它要求既要克服一定的阻力（约 50% 的强度），又能坚持较长时间的练习，以有一定的疲劳感为宜。

### （二）发展耐力素质的方法

耐力素质是指机体长时间工作抗疲劳的能力。耐力素质可分为心血管耐力和肌肉耐力，心血管耐力又分为有氧耐力和无氧耐力（通常为速度耐力）。耐力素质是健康者体能的最重要素质之一，也是一般竞技能力的基础素质之一。

### 1. 有氧耐力练习

发展有氧耐力主要是提高心肺功能水平，练习手段有跑步、跳绳、原地跑、球类、自行车、溜冰和划船等。

（1）负荷强度。

心率一般控制在 140 ～ 170 次/分，为练习者所能承受最大强度的 75% ～ 85%。如果负荷强度太低，心率在 140 次/分以下，心排血量达不到较大值，同时吸进的氧气也较少。如果负荷强度高于 170 次/分，机体就会产生氧债，不利于发展有氧耐力。有氧耐力练习持续时间最少为 5 分钟，一般多在 15 分钟以上。

（2）负荷方法。

发展有氧耐力，经常采用的负荷方法有两种：一种是连续负荷法，即在较长时间内速度保持不变；另一种是交换负荷法，是在连续负荷的基础上，短时间加大负荷强度，对机体的呼吸能力和血液循环能力产生良性刺激。

进行有氧耐力练习时，应注意速度由慢到快，距离由短到长，逐步增加运动强度和频率。

### 2. 无氧耐力练习

无氧耐力练习常采用短时间、最大用力和短暂休息的重复运动的方法进行，如快速的间歇跑、重复跑、400 米跑或对抗性球类比赛等。

## （三）发展速度素质的方法

速度素质是指人体快速运动的能力。速度素质可分为反应速度、动作速度和位移速度。

### 1. 反应速度的练习方法

利用一定信号，如哨声、击掌等，让练习者做出相应的反应动作，是最常见的方法。

### 2. 动作速度的练习方法

（1）减小练习难度，加助力法，如顺风跑、下坡跑等。

（2）加大练习难度，发挥后效作用法。例如，跳高前的负重跳，推标准铅球前的加重铅球练习，紧接着做跳高或推标准铅球的练习。

（3）时限法。例如，按一定的音响节拍或跟随在动作节奏快的人后面跑步，以改变自己的动作节奏和速度。

### 3. 位移速度的练习方法

（1）最大速度跑，如短距离重复跑、接力赛跑、让距追逐跑等。进行这类练习时，每次练习一般控制在 30 秒以内。

（2）加快动作频率的练习，如快频率的小步跑、计时计数的高抬腿跑、快速摆臂练习等。

（3）发展下肢的爆发力量，如负重跳、单脚跳、跨跳等。

## （四）发展柔韧性素质的方法

柔韧性素质是掌握运动技术的重要条件。发展柔韧素质的常用方法如下。

### 1. 静力性拉伸练习

采用静力性练习来拉伸肌肉、肌腱、韧带。拉伸力量的大小，应以感到酸、胀、痛为限，并保持 8 ～ 10 秒，重复 8 ～ 10 次即可。

### 2. 动力性拉伸练习

动力性拉伸练习，如踢腿、摆腿等，一般控制在 5～30 次，不宜用力过猛，以防伤害事故的发生。

实践中，经常把动力性练习和静力性练习结合起来，把主动练习和被动练习结合起来，可以收到更好的效果。发展肩部、腿部、臂部的柔韧性，可采用压、搬、摆、踢、蹦、绕环等练习；发展腰部柔韧性，可采用站立体前屈、俯卧背伸、转体、甩腰、涮腰、绕环等练习。

### （五）发展灵敏性素质的方法

发展灵敏性素质必须从专项特点出发，综合发展反应、平衡、协调等能力。以下是一些发展灵敏性素质的方法。

（1）听口令做动作或做相反动作。

（2）追逐模仿或互看对方背后号码。

（3）进行听信号或看手势急跑、急停、转身、变换方向以及各种姿势的起跑练习。

（4）进行叫号追人、抢占空位、打手心手背、摸五官、贴膏药等各种游戏练习。

（5）一对一相向站立，双手直臂相触，虚实结合，相互推，使对方失去平衡。

（6）绕障碍曲线转体跑。

（7）各种跳绳练习，如跳双飞、集体跳长绳等。

（8）模仿动作练习。

（9）以不习惯的方式做动作。

（10）改变动作的连接方式。

（11）各种滚翻，包括前滚翻、后滚翻、连续滚翻等。

（12）各种球类练习。

## 二、提高跑、跳、投能力的方法

运动能力是跑、跳、投、支撑、攀登、爬越、负重等身体基本活动能力的总和，它与人类的生存与生活有着极为密切的关系。尽管身体基本活动能力是人生来就有的活动能力，但人们为了适应生存的需要，仍必须通过后天的锻炼不断予以强化。

### （一）提高奔跑能力的方法

#### 1. 跑的分类

跑是人类生存与发展中最基本的身体活动能力之一。它是人们进行强身、健体、游戏、娱乐和竞赛活动时不可缺少的内容，是当今社会文化、校园文化活动的组成部分。跑的种类比较多，按跑的目的不同，可分为健身跑和竞赛跑两大类。前者是以健身为目的，具有一般体能的人，都可以进行健身跑。跑的动作没有严格的技术要求。经常参加健身跑，可以起到健身、健心的作用，具体表现在提高心血管系统功能，使心肌收缩有力和血管弹性好；加强呼吸系统功能；对自主神经的稳定、心理健康也有积极的促进作用。后者以获得比赛成绩为目的，根据竞赛的距离分为短跑、中长跑和长跑。这些跑除跨栏、障碍跑、接力跑有特殊技术要求外，其余技术结构均为起跑、加速跑、途中跑和冲刺跑四个部分。下面重点介绍发展跑的手段与方法。

**2. 练习手段与方法**

（1）发展快速跑的练习手段。

①采用立定跳远、立定三级跳远和多级蛙跳。

②30～60米后蹬和跨步跳、单脚跳与跨步跳。

③负重半蹲跳、交换步跳。

④30～40米的斜坡上、下快跑。

⑤原地快速高抬腿跑，听信号快速跑（或转身快速跑）。

⑥用蹲踞式或站立式起跑后，做30米加速跑。

⑦20～50米行进间加速跑。

⑧60～80米行进间加速跑。

（2）发展持久跑的练习手段。

①100～300米重复跑和间歇跑（70%～80%强度）。

②60～120米重复跑和间歇跑（85%～95%强度）。

③变速跑（根据年龄、性别、体能确定距离）。

④4分钟跑、8分钟跑、12分钟跑。

⑤越野跑（选择自然条件优越、道路安全的地区进行）。

## （二）提高跳跃能力的方法

**1. 跳跃的分类**

跳跃是人类在生存与发展过程中表现出来的基本能力之一。随着社会文明程度的发展，跳跃从生产劳动的形式转变为游戏，再从游戏发展成为今天的竞技体育项目。所以，跳跃可分为以生活、劳动、健身为目的的跳跃和以竞技为目的的跳跃两大类，前者是后者的基础，无严格的技术要求。经常从事跳跃活动，能促进人体的新陈代谢，协调神经系统与运动器官之间的关系，改善内脏器官的功能。无论是跳高或跳远，技术结构都由助跑、起跳、腾空（或过杆）、落地四个部分组成。要提高跳跃能力，必须从速度、力量、弹跳力和身体灵敏度等方面着手练习。

**2. 基本练习手段**

（1）发展助跑速度。

①30米、60米的加速跑与重复跑。

②15～30米的弯道加速跑、重复跑。

③80～100米的加速跑、重复跑。

④全程助跑的反复练习，提高助跑的准确性。

（2）发展起跳速度。

①原地下蹲跳、单脚跳、跳绳。

②立定跳、立定三级跳远、多级跳、蛙跳、跨步跳。

③负重半蹲起、半蹲跳。

④跳起收腿、前后分腿、背弓挺身。

（3）发展跳跃灵敏度。

① 跳跃栏架（5～10个，架高0.85～1.10米）。

② 改变速度和节奏的跑、跳结合练习。

③ 跳跃游戏。

### （三）提高投掷能力的方法

投掷是人类在生产劳动和生活过程中不可缺少的身体基本活动能力。投掷根据目的和形式的不同，可分为健身、娱乐和生产劳动与竞技投掷三大类。

健身、娱乐投掷，主要包括投飞盘、沙包、手球、篮球等；投掷形式有投中、投远。这类投掷活动老少皆宜，在技术上没有严格要求，容易掌握，对人的身心能起到一定的积极作用。而竞技体育中的投掷项目技术性很强，其完整的技术动作都由持器械、助跑、最后用力、器械出手四个部分组成。

#### 1. 提高投掷技术

（1）通过轻器械（实心球）的辅助练习，掌握合理的技术动作。

（2）在不断改变器械重量的条件下，做各种投准或投中的比赛练习。

#### 2. 发展速度力量

（1）利用杠铃、单双杠等器械发展上肢力量，并提高动作速度。

（2）原地单、双手前后扔实心球（投远），并提高出手速度。

（3）用杠铃做半蹲、半蹲跳、深蹲，发展下肢爆发力量。

## 三、提高支撑、悬垂、攀爬、负重能力的方法

### （一）提高支撑能力的方法

#### 1. 徒手练习方法

（1）综合支撑。

① 头手倒立：两手与头部支撑点成三角形，头部着地，脚向上伸直。（图4-2-1）

② 桥形撑：两手与两脚支撑成最大限度的背弓形。（图4-2-2）

图4-2-1　　　　　　　　　　　　　　　图4-2-2

（2）单纯支撑。

① 燕式平衡：单脚支撑，上体前倾，另一腿后举，两臂侧举。（图4-2-3）

② 后仰平衡：单脚支撑，上体后仰至水平，一腿前举，两臂体侧下垂。（图4-2-4）

③ 倒立支撑：两手支撑地面，身体成倒立姿势。（图 4-2-5）

图 4-2-3　　　　　　　图 4-2-4　　　　　　　图 4-2-5

④ 俯卧撑击掌：在做俯卧撑向上推起时，两手击掌，然后再支撑。（图 4-2-6）

⑤ 俯卧撑行：保持两臂撑直成俯卧式，然后有节奏地向前移动。（图 4-2-7）

⑥ 仰卧撑行：两手撑于地面，两手与双脚支撑推蹬地面，有节奏地向前、向后移动。（图4-2-8）

图 4-2-6　　　　　　　图 4-2-7　　　　　　图 4-2-8

### 2. 器械操练习方法

（1）低单杠练习方法。

① 跳上成支撑：直臂正握，两脚蹬地上跳成支撑，腹部靠杠，抬头挺胸。（图 4-2-9）

图 4-2-9

② 翻上成支撑：直臂正握，屈臂上体贴杠，单脚向前上方摆踢，倒肩用力使腹部靠杠，同时翻腕上杠，抬头挺胸。（图 4-2-10）

图 4-2-10

③ 骑撑前回环：反握，右腿骑撑，两臂伸直，重心前移；同时右腿前跨，上体挺直前倒。

让上体回环至杠后水平部分，左腿继续后摆，上体立腰，两臂伸直压杠，手腕握杠成骑撑。（图 4-2-11）

图 4-2-11

④ 骑撑倒挂膝上杠：两臂伸直握杠，上体后倒，当身体后摆、肩过杠下垂直部位后，迅速屈左腿挂杠，右脚加速后摆，同时两臂用力压杠，翻腕成骑撑。（图 4-2-12）

图 4-2-12

⑤ 后腿向前转体 180° 挺身下：右腿骑撑开始，上体重心右移，左手推杠，同时向右转 180° 成支撑，然后挺身下。

（2）双杠练习方法。

① 杠端支撑成分腿坐：杠端跳起支撑，两腿顺势前举，当超过杠面时用大腿内侧坐杠并挺直。（图 4-2-13）

② 分腿坐前滚翻成分腿坐：由杠端分腿坐开始，两手靠近大腿握杠，上体前倾，顺势提臀、收腹、团身。杠上做前滚翻，当臀部移过垂直部位时，两手前移握杠，两腿迅速分开压杠，两臂撑起成分腿坐。（图 4-2-14）

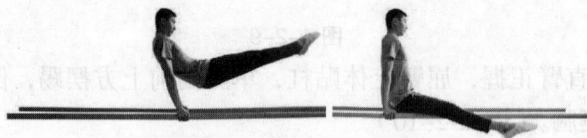

图 4-2-13

图 4-2-14

③ 挂臂屈伸上杠：由挂臂撑摆开始，前摆高出杠面成屈体，然后用力向前上方伸展髋，

两臂同时压杠，上体向上急振起肩成支撑。（图4-2-15）

图 4-2-15

④ 支撑摆前、后下杠（女生前摆下）：两臂支撑前摆，顺势后摆至最高点时，右手推杠换握左杠，重心同时左移，后推左手挺身跳下。

## （二）提高悬垂能力的方法

### 1. 肋木练习方法

（1）悬垂举腿：背靠肋木，两手正握肋木顶端横木成直体悬垂，然后屈体上举或直腿上举。（图4-2-16）

（2）勾木倒悬垂：面对肋木，上体前屈，两臂后上举反握横木，蹲地收腹，两腿上举，腿靠紧肋木，使身体倒悬垂。（图4-2-17）

### 2. 高单杠练习方法

（1）高单杠上做直臂或屈臂悬垂（可采取计时）。

（2）慢翻上成支撑：由正握悬垂开始，屈臂引体向上，屈髋，头后仰，两臂从杠后方伸出，使身体从杠上翻过成支撑。（图4-2-18）

图 4-2-16          图 4-2-17          图 4-2-18

（3）后摆下杠：由悬垂开始，前后摆动，当身体后摆超过垂直面后抬头梗颈，两臂压杠，两手推杠成后摆挺身下。（图4-2-19）

图 4-2-19

### （三）提高攀爬能力的方法

#### 1. 爬梯能力练习方法

（1）爬硬梯练习。

采用固定的木梯或肋木，一般为徒手攀行。在爬行过程中依赖两手、两腿的稳定支撑或正确移动爬梯，为保持身体稳定，应遵循"三点不动一点动"的基本要领，也就是在身体移动的过程中，始终有两手一腿或两腿一手起支撑作用。

（2）爬软梯（绳梯）练习。

两手握住软梯上部横杆，两脚脚掌踩住绳梯下部横杆。支撑要领与爬硬梯一样，但要注意软梯的摆动，要求两手抓握、两脚蹬踩有力而准确。

#### 2. 爬竿（绳）练习方法

根据爬竿悬挂方式，进行不同的悬垂攀爬练习，如竿的上端固定，下端离地 20 ～ 30 厘米的垂直竿（绳），手脚并用或仅用双手向上爬、倒爬；竿的两头分别固定，做挂膝和挂踵的爬行。

（1）"三拍"爬（竿法）。

第一拍，两腿前屈，两膝和两脚背夹竿，两臂微屈。

第二拍，两腿伸直，同时做屈臂引体向上。

第三拍，两腿夹竿动作不变，两手向上换握成直臂悬垂。（图 4-2-20）

（2）引体爬竿法。

直臂悬垂，两手紧握竿，然后用力上引，两手轮流向上换握，两腿伸直，不准夹竿，使身体仅靠双臂引体向上移动。（图 4-2-21）

图 4-2-20　　　　图 4-2-21

（3）倒悬爬横竿。

两手前、后依次握住竿，一腿在膝弯曲处挂竿，另一腿自然下垂成倒挂悬垂状，然后两手依次换握，使身体倒悬上爬。

（4）利用双竿做攀爬练习。

两手握一根吊竿，两脚蹬另一根吊竿向上攀爬；或两手各握一根吊竿，脚内侧蹬贴吊竿攀爬。（图 4-2-22）

图 4-2-22

## （四）提高负重能力的方法

提高负重与搬运能力应首先提高上、下肢和腰部的力量。

### 1. 器械练习方法

（1）哑铃或壶铃练习。（图 4-2-23）

① 两手握哑铃 2～5 千克，原地做上举、侧推、前推和跳举练习。

② 两手提握壶铃，两脚开立，与肩同宽，屈膝负重。

③ 屈体提拉壶铃，做壶铃划船，做 4 组 ×8 次。

图 4-2-23

（2）杠铃练习。

① 屈体提拉杠铃：左右分腿站立，上体前屈至与地面平行。两手稍比肩宽握杠铃，上提至胸前，然后放下。反复做，逐渐增加杠铃的重量和练习次数。（图 4-2-24）

② 负重单脚蹲：在肩上和颈后负适当重量的杠铃，两脚侧分大于肩宽站立，做两腿交替屈膝下蹲与起立。一腿屈膝下蹲时，另一腿伸直，腰背挺直，以维持平衡。单臂下垂持壶铃或哑铃，做单腿深蹲动作，或肩负杠铃做登台阶动作。（图 4-2-25）

图 4-2-24

图 4-2-25

③ 负重侧拉：两腿伸直，分开站立，一手提哑铃做体侧屈，两臂伸直，身体不要前屈，侧屈时身体尽量低些，两手交换做；也可肩负杠铃做左右侧屈动作。（图 4-2-26）

图 4-2-26

### 2. 肩、背负重练习方法

（1）肩负沙袋 10 ～ 20 千克爬台阶上下练习。

（2）背扛沙袋或其他重物爬楼梯上下练习（五层楼以上）。

（3）背负同伴比赛，根据场地大小确定比赛距离。

（4）30 ～ 50 米搬运重物接力赛。

# 第三节　坐姿类职业体能练习方法

从事不同的职业需要不同的体能。具体职业的身体活动部位是局部的、重复的、固定持续的，因此，完成各种动作时人体机能表现形式有所不同，其素质要求也就不一样。下面介绍坐姿类职业所应具备的身体素质及其练习方法。

## 一、力量练习方法

人体各种活动都是在身体各部位肌肉牵动着关节和骨骼并克服各种阻力的情况下实现的。因此，肌肉是维持身体各种姿势的基础。坐姿是一种静态姿势，坐姿时腰背部肌肉是主要的受力肌，维持该姿势的肌纤维长时间处于一定的静力性紧张状态。有目的地锻炼坐姿，可增强机体各部位主要受力肌群的肌肉弹性，改善组织，促进血液循环，增强新陈代谢，防止或降低组织疲劳。

针对坐姿类工作对体能的要求，应主要发展以下部位肌肉群的力量和耐力。

### （一）颈、肩部肌群力量练习

#### 1. 屈伸探肩

【准备姿势】坐姿，上背挺直，两手叉腰，眼睛正视前方。

【动作方法】头缓缓地向左偏，努力接近左肩，保持 6 ～ 8 秒，还原；以相同的姿势换方向做，还原。（图 4-3-1）

【练习要求】动作过程应缓慢进行，以防肌肉、韧带拉伤。

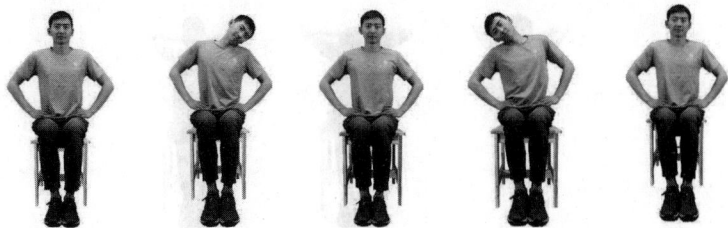

图 4-3-1

### 2. 摸耳屈伸

【准备姿势】坐姿，两手自然放于体侧，眼睛正视前方。

【动作方法】右手叉腰，同时将左手侧上举，越过头顶去摸右耳，同时头向左侧倾斜，还原；再用右手以同样的姿势去摸左耳，还原。（图 4-3-2）

【练习要求】动作过程应缓慢进行，以防肌肉、韧带拉伤。

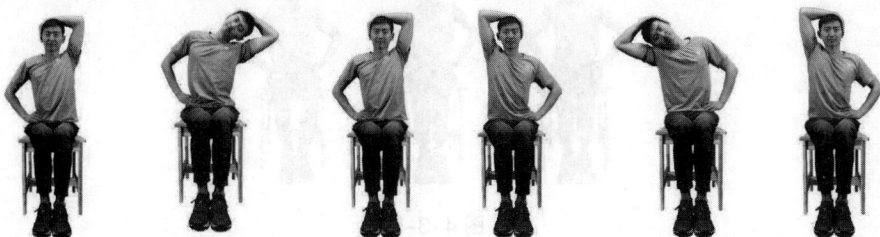

图 4-3-2

### 3. 手侧压颈屈伸

【准备姿势】坐立均可，上背挺直，眼睛正视前方。

【动作方法】右手叉在右侧腰间，左手按头左侧，左手用力把头向右侧推压，而颈部则用力顶住，不让手轻易压倒，但逐渐被压倒。然后，颈部用力把头向上、向左抬起，而左手则用力压住头部，不让其轻易抬起，但逐渐完全竖直。练完一侧，换练另一侧。（图 4-3-3）

【练习要求】不要用过大、过猛的抗力，前几次用力要小些，以后几次再逐渐加大，以避免颈部扭伤。切勿让颈部有任何旋转动作。

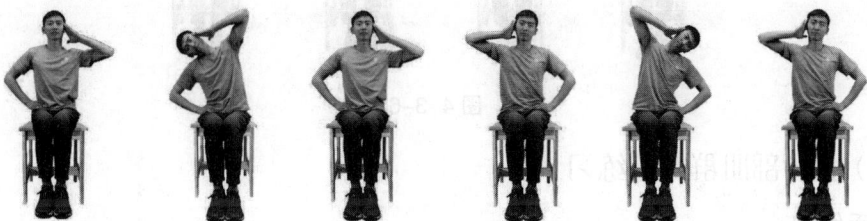

图 4-3-3

### 4. 双手正压颈屈伸

【准备姿势】坐立均可，上背挺直，眼睛正视前方，两手十指交叉，按在脑后。

【动作方法】两手用力压头部，使其向前下屈，颈部则用力顶住，不让其轻易下压，但逐渐被压倒，下颌触及胸骨。然后，颈部用力把头向上抬起，而两手则用力压住头部，不让其轻易抬起，但逐渐抬到原位。（图 4-3-4）

【练习要求】头部屈伸时，身体不要前俯后仰，不要用过大、过猛的抗力，前几次用力要小些，以后几次再逐渐加大，以避免颈部扭伤。切勿让颈部有任何旋转动作。

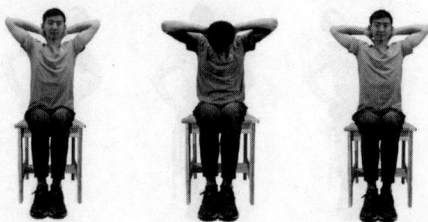

图 4-3-4

### 5. 耸肩

【准备姿势】坐立均可，上背挺直，两手叉腰，眼睛正视前方。

【动作方法】把两肩缓缓往上耸，尽力去碰耳朵，然后放下。（图 4-3-5）

【练习要求】动作过程应缓慢进行，最后尽最大努力完成动作。

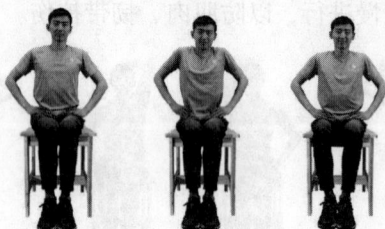

图 4-3-5

### 6. 肩绕环

【准备姿势】坐立均可，上背挺直，双手叉腰，眼睛正视前方。

【动作方法】两肩后展，以肩关节为中心做绕环动作。（图 4-3-6）

【练习要求】两肩充分后展，不要拱背。

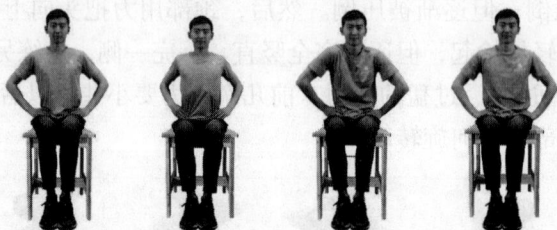

图 4-3-6

## （二）腰背部肌群力量练习

### 1. 徒手练习

（1）体后屈伸。

【准备姿势】身体俯卧在地上。

【动作方法】以髋部支撑，双脚固定，两臂前举，并连续做上体后屈伸动作。（图 4-3-7）

【练习要求】体后屈时，上体尽量抬高。前几次动作幅度应小些，以防腰背肌拉伤。

图 4-3-7

（2）俯卧背腿。

【准备姿势】身体俯卧在地上，两腿并拢伸直。

【动作方法】以髋部支撑，两臂自然伸直置于体侧，连续做两腿向上振起动作。（图4-3-8）

【练习要求】两腿尽量向上振起。前几次动作幅度应小些，以防腰背肌拉伤。

图 4-3-8

### 2.器械练习

（1）仰卧过顶举。

【准备姿势】身体仰卧在地上，两腿并拢伸直。

【动作方法】两手握住重物。开始时将重物提起，两臂伸直，重量承受在胸部上端，然后慢慢从头顶向下放，直至两臂能舒适地伸展到头顶的后下方，然后举回到原来的姿势。（图4-3-9）

【练习要求】下放时开始吸气，放至最低点时，肺部刚好充满气；开始上举时呼气，恢复到原来姿势时结束。

图 4-3-9

（2）哑铃单臂划船运动。

【准备姿势】两脚左右开立，身体前屈，一只手支撑于矮凳上，另一只手提起重物。

【动作方法】吸气用力，持重物手侧上提至胸部高度，再呼气放下。连续8～12次之后，再换另一只手练习。（图4-3-10）

【练习要求】动作节奏不宜太快，切勿用猛力。

图 4-3-10

（3）屈体划船运动。

【准备姿势】两手握住一定重量的重物（办公室内健身时，可以用装满水的矿泉水瓶代替），两手距离约同肩宽，上体前倾，头、颈及背部保持平直，两膝稍弯曲，以减轻下背部及腿后部的压力。

【动作方法】吸气，上拉重物至下腹部，同时身体成立正姿势。再慢慢放下，回到准备姿

势，同时伴随呼气。（图 4-3-11）

【练习要求】动作节奏不宜太快，切勿用猛力。

图 4-3-11

（4）屈体提拉。

【准备姿势】身体前屈，两腿自然开立。

【动作方法】两膝稍弯曲，上体前屈，两手握住重物，握距约同肩宽，两臂伸直，调整好呼吸后，吸气，用力慢慢提拉，此时头部及背部须保持平直，至腹部再放下。（图 4-3-12）

【练习要求】臀部低于肩膀，头、背保持平直，在适应后重量可逐渐增加。

图 4-3-12

## （三）腕部肌群肌肉力量练习

### 1. 屈伸腕动态练习

【准备姿势】立正姿势，一手持重物，掌心朝上。

【动作方法】一手持重物，另一手微托持重物手肘关节，手紧握重物，以 2 秒/次的频率做屈伸腕运动。（图 4-3-13）

【练习要求】每个动作的幅度都要尽量做到最大，切记不要太快。

图 4-3-13

### 2. 屈伸腕静态练习

【准备姿势】立正姿势，一手持哑铃，掌心朝上。

【动作方法】一手持哑铃，另一手微托持哑铃手肘关节，手紧握哑铃充分屈腕，静止

15 秒，休息 5 秒，再充分伸腕，静止 15 秒。（图 4-3-14）

　　【练习要求】每个动作的幅度都要尽量做到最大，切记动作不要太快。

图 4-3-14

### 3."8"字绕环

　　【准备姿势】立正姿势，一手持哑铃，女生可以两手持哑铃，掌心朝上。

　　【动作方法】持哑铃手做"8"字绕环运动。（图 4-3-15）

　　【练习要求】每个动作的幅度都要尽量做到最大，切记不要太快。

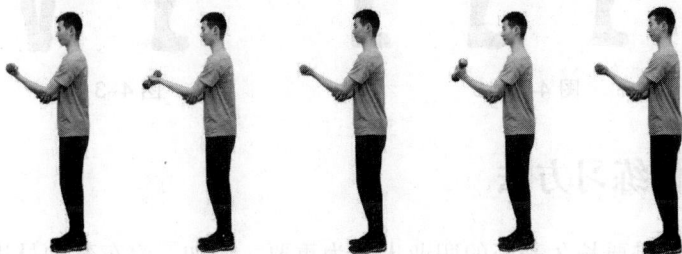

图 4-3-15

## （四）颈、肩、腰背肌群的自我放松与按摩练习

### 1. 按揉颈肌

　　【准备姿势】坐立均可，双目微闭。

　　【动作方法】两手十指交叉放于颈后两侧，自下而上用掌跟按揉颈肌。（图 4-3-16）

　　【练习要求】主要用两拇指大鱼际按揉颈肌，动作要有节奏，根据个人情况选择按揉力度。

### 2. 穴旋肩

　　【准备姿势】坐立均可，屈肘，双目微闭。

　　【动作方法】两手中指分别点按肩颈穴，前后绕环各 4 拍。（图 4-3-17）

　　【练习要求】找准肩颈穴，根据个人情况选择按揉力度。

图 4-3-16　　　　　　　　　图 4-3-17

### 3. 放松背部肌肉

【准备姿势】两腿直立，与肩同宽。

【动作方法】两手在背后十指交叉握住，肩膀打开，两手尽量往后伸。（图4-3-18）

【练习要求】两肩尽量打开，动作幅度由小到大。

### 4. 轻揉腰肌

【准备姿势】坐立均可。

【动作方法】先用两手轻揉腰部肌肉，至有发热感后再以两手掌根推拿腰肌10次，最后握空拳轻轻叩击腰部。（图4-3-19）

【练习要求】力度均匀，由小到大。

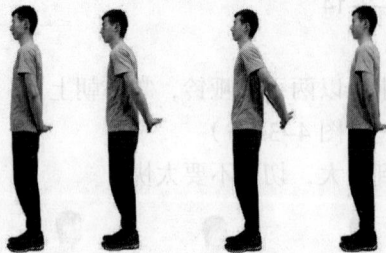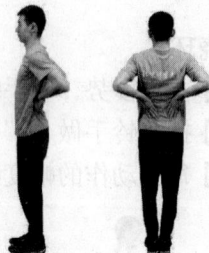

图4-3-18　　　　　　　　　　　　图4-3-19

## 二、柔韧性练习方法

柔韧性练习对于需要长久静坐的职业人尤为重要。例如，汽车驾驶员进行伸展性练习，有助于提高其关节的灵活性，使其头部转动自如，向后转越过肩部，可以观察到一些盲区，从而有助于完成停车以及倒车等动作。

下面简单讲述发展颈部、肩部及腰背部柔韧性练习的方法。

### （一）颈部柔韧性练习

#### 1. 扭转望月

【准备姿势】坐立均可，上背挺直，双手叉腰，眼睛正视前方。

【动作方法】头缓缓地向左后方旋转，目光注视前上方，尽最大努力，保持6～8秒，还原；以相同的姿势换方向做，还原。（图4-3-20）

【练习要求】动作过程要缓慢，切勿通过转体来带动颈部旋转。

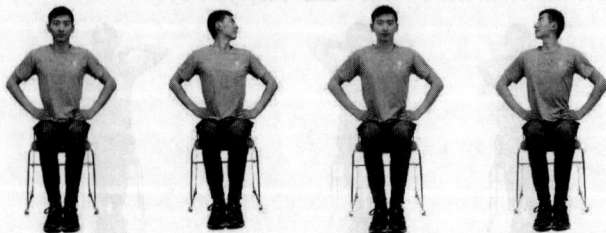

图4-3-20

## 2. 屈伸探肩

【准备姿势】坐立均可，上背挺直，两手叉腰，眼睛正视前方。

【动作方法】头缓缓地向左倒，努力接近左肩，到最大程度后保持 6 ~ 8 秒，还原；以相同的姿势换方向做，还原。（图 4-3-21）

【练习要求】动作过程要缓慢，以防肌肉、韧带拉伤。

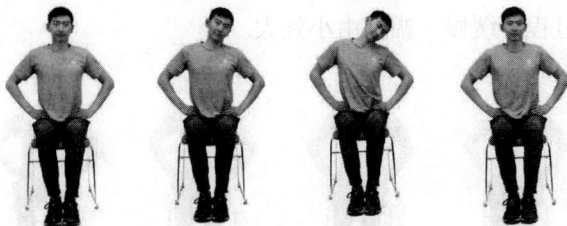

图 4-3-21

## 3. "米"字形弯曲

【准备姿势】坐立均可，上背挺直，两手叉腰，眼睛正视前方。

【动作方法】头部依次向前弯—复位—向左弯—复位—向后弯—复位—向右弯—复位；然后依次做左前弯—复位—左后弯—复位—右后弯—复位—右前弯—复位。（图 4-3-22）

【练习要求】动作过程要缓慢，幅度由小到大。

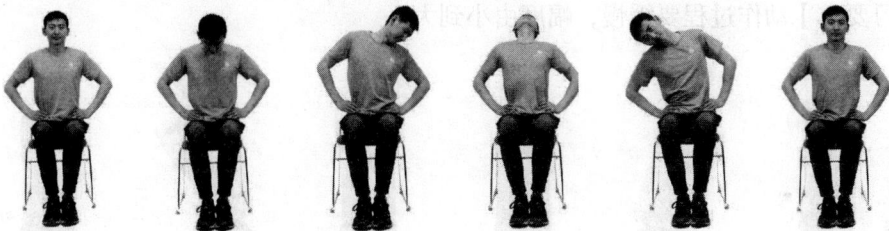

图 4-3-22

## 4. 前后摆头

【准备姿势】坐立姿势，上背挺直，两手叉腰，眼睛正视前方。

【动作方法】缓慢低头，下颌尽量靠近胸骨，拉伸颈部肌肉，保持 30 秒，还原；头向后屈伸，保持 30 秒，还原。（图 4-3-23）

【练习要求】动作过程要缓慢，幅度由小到大。

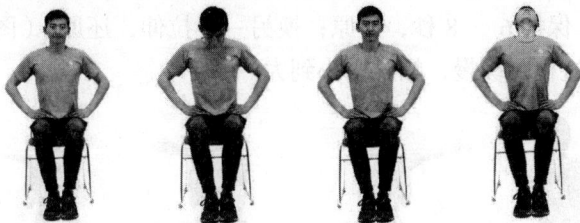

图 4-3-23

## （二）肩部柔韧性练习

### 1. 双肩绕环

【准备姿势】坐立均可，上背挺直，眼睛正视前方。

【动作方法】左肩先向前绕环，重复10次左右；右肩再向前绕环，重复10次左右。（图4-3-24）

【练习要求】动作过程要缓慢，幅度由小到大。

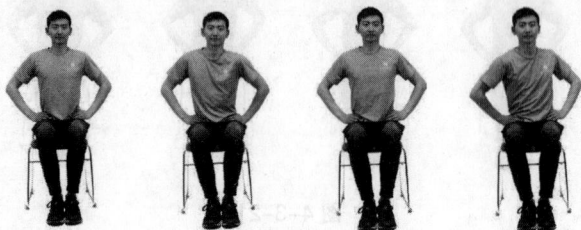

图 4-3-24

### 2. 拉伸肩膀

【准备姿势】坐立均可，上背挺直。

【动作方法】左手直臂内旋，尽量往上升，同时右手屈肘，反手经头后握住左手，尽量往右侧拉，保持6～8秒，还原；换另一臂拉伸，还原。（图4-3-25）

【练习要求】动作过程要缓慢，幅度由小到大。

图 4-3-25

### 3. 体前拉伸

【准备姿势】坐立均可，上背挺直，眼睛正视前方。

【动作方法】身体面对正前方，左臂经体前向右侧平举，右臂屈肘握住左臂，并向内拉引直臂，五指尽量伸展，保持6～8秒，还原；换另一臂拉伸，还原。（图4-3-26）

【练习要求】动作过程要缓慢，幅度由小到大。

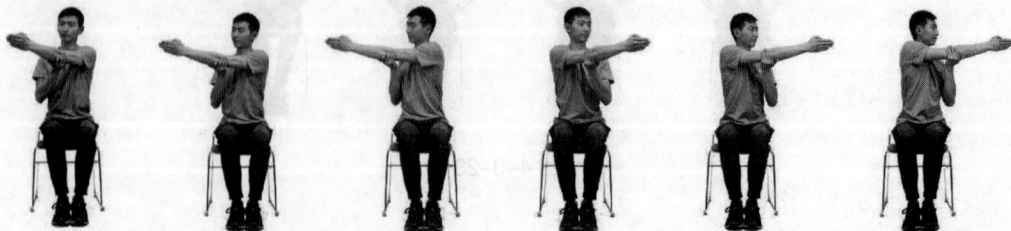

图 4-3-26

### 4. 肩膀上提

【准备姿势】坐立均可，屈肘。

【动作方法】两手中指分别放松按于肩膀上，肩部用力往上提，上体充分舒展，在关节活动最大范围处静止 20～30 秒，还原，放松。（图 4-3-27）

【练习要求】动作过程要缓慢，幅度由小到大。

图 4-3-27

## （三）腰背部柔韧性练习

### 1. 俯腰

【准备姿势】并步站立，两腿挺膝夹紧，两手十指交叉，两臂伸直上举，掌心向上。

【动作方法】上体弯腰前俯，两掌心尽量向下贴紧地面，两膝保持挺直，髋关节屈紧，腰背部充分伸展，两手直臂，分别握住同侧踝关节，使胸部贴紧双腿，充分伸展腰背部，持续一定时间后再放松起立，还可以在双手触地时向左侧或右侧转腰，用两手掌心触及两脚外侧的地面，以增大腰部伸展时左右转动的柔韧性。（图 4-3-28）

【练习要求】动作过程要缓慢，幅度由小到大。

图 4-3-28

### 2. 甩腰

【准备姿势】开步站立，上身挺直。

【动作方法】练习时一腿支撑，另一腿向后上方直腿摆动。同时，两臂伸直，随身体向后弯曲做摆振动作，使腰背部被充分压紧，腹部充分伸展。（图 4-3-29）

【练习要求】动作过程要缓慢，幅度由小到大。

图 4-3-29

### 3. 体侧屈

【准备姿势】并步站立，上身挺直。

【动作方法】右手叉腰，左手伸直，上体尽量向左侧倾斜，保持 6～8 秒，还原，换方向做。（图 4-3-30）

【练习要求】动作过程要缓慢，幅度由小到大，上体不要有扭转动作。

图 4-3-30

### 4. 转体

【准备姿势】并步站立，上身挺直。

【动作方法】左臂屈肘，反手经体后放至右侧腰部，向左转体的同时右手屈肘，反手经体前绕至颈后部。上体尽量向左转体，保持 6～8 秒，还原，换方向做。（图 4-3-31）

【练习要求】动作过程要缓慢，幅度由小到大。

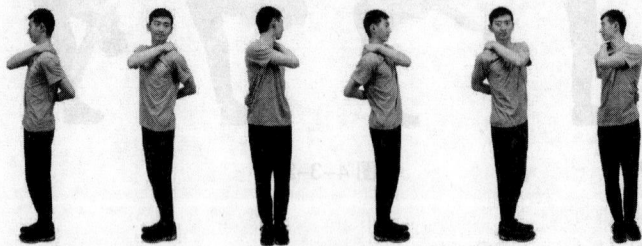

图 4-3-31

## 三、提高心肺功能的练习方法

坐姿工作时间长，且相对固定地保持一种姿势，易使人身心疲劳。此外，坐姿时，常低头含胸，胸部和心血管得不到发展。选择运动项目时，应充分考虑到职业的特点，多选择以有氧代谢为主的运动项目，如健美操、游泳、跳绳、步行、爬山等有大肌肉群参与的慢节奏运动，以弥补运动的不足，从而达到锻炼心肺、矫正体型的目的。

常用的提高心肺功能的锻炼方法有以下几种。

## （一）慢跑

跑步时，呼吸要深、长、细、缓且有节奏。呼吸的节奏可为两步一呼、两步一吸，或三步一呼、三步一吸。呼吸时，要尽量用腹式呼吸，吸气时鼓腹，呼气时尽量吐尽。跑步时，步伐要轻快，全身肌肉放松，双臂自然摆动。

## （二）健身走

健身走是在自然行走的基础上，躯干伸直，收腹，挺胸，抬头。随着步速的加快，肘关节自然弯曲，以肩关节为轴，自然前后摆臂，同时腿向前迈，脚跟先着地，过渡到前脚掌，然后推离地面。健身走时，上、下肢应协调运动，并配合深而均匀的呼吸。健身走速度的快慢，是决定锻炼效果的关键因素，通常可分为慢步走（每分钟 70～90 步）、中速走（每分钟 90～120 步）、快步走（每分钟 120～140 步）和疾步走（每分钟 140 步以上）。

## （三）跳绳

跳绳是一种比较剧烈的运动，应根据自己的身体状况制订切实可行的计划和目标，并通过一个阶段的系统锻炼后，再逐渐延长跳绳的时间和增加跳绳的次数。

## （四）游泳

游泳和跑步有很大的相似之处。主要的不同是游泳在以手臂和腿的运动推动人体在水中前进的同时，还必须消耗一定的能量使身体免于下沉。因此，完成同等距离的运动时，游泳消耗的能量是跑步的 4 倍多。游泳时，水的浮力减轻了人体关节承重的负荷，所以说，游泳是一种较为安全的健身方法。

## （五）登楼梯

### 1. 爬楼梯法

弯腰、屈膝、高抬脚，两臂自然摆动，尽可能不抓扶手。每秒钟爬一级，爬 4～5 层楼，每次练习往返 2～3 趟，每趟之间可稍做休息。开始阶段每次练 5 分钟左右，待身体适应后，可以加快速度，每秒钟爬 2 级，并增加往返趟数，时间为 10 分钟左右。

### 2. 跑楼梯法

先用 30～60 秒的原地跑作为准备活动，然后采用正常跑步的动作跑楼梯。脚步用力均匀，前脚掌着地，先跑上 2～3 层，往返 80～90 级台阶，逐渐跑上 4～5 层。每趟 3～4 分钟，每次锻炼不超过 5 趟，时间为 15～18 分钟，每趟间歇时间不超过 2 分钟。跑楼梯的运动量比较大，适合于青年人。

## （六）有氧舞蹈

有氧舞蹈的普及是在 20 世纪 70 年代，从那时起，逐渐被发展成广受欢迎、具有强烈节奏感的爵士舞、拉丁舞和街舞等。有氧舞蹈是一种以锻炼身体为目的、以徒手运动为主、结合舞蹈动作并在音乐伴奏下进行的健身活动。职业人可根据自己的年龄特点、体能状况和锻炼目的等选择或自编有氧舞蹈进行锻炼。

# 第四节　站姿类职业体能练习方法

从事站姿类职业，身体常处于立姿状态，对下肢的力量与耐力要求较高，在体能锻炼中，应以发展下肢和腰腹肌的力量为主，并练习一些形体操、健美操，使之形成合理的站立姿势与优美的体态。同时可考虑开设野外生存训练、轮滑等项目，这对发展下肢、腰腹部的力量，改善身体的平衡能力和灵敏性素质都具有良好的效果。

## 一、腿部肌肉的练习方法

### （一）深蹲

【重点锻炼部位】大腿肌群、臀大肌和下背肌群。

【起始姿势】两手紧握前平举，足趾稍向外撇，身体挺直。

【动作方法】屈膝下蹲到大腿和地面平行或稍低位置，静止 1 秒，大腿和臀部用力，两脚蹬地，使身体恢复到直立。按规定次数和组数重复练习。可以负重完成练习。（图 4-4-1）

【练习要求】在做整个动作的过程中，背部要平直，上体勿前倾，臀部不要后凸，腰部要下塌，动作要稳定，腿部快伸直时用力挺直膝关节。

图 4-4-1

### （二）腿屈伸

【重点锻炼部位】股四头肌。

【起始姿势】坐在装有伸腿架的卧推凳上，两脚背面分别紧贴下托棍的下沿。两手握住凳的两边，使上体挺直。

【动作方法】用股四头肌的收缩力慢慢使两腿伸直，保持这个静止收缩状态 1 ～ 2 秒，然后慢慢复原。

【练习要求】可以绷直脚背，也可以把脚后跟内旋或者外转来体会不同的受力方式。

### （三）腿弯举

【重点锻炼部位】股二头肌。

【起始姿势】俯卧于卧推凳上，使膝盖正好抵住凳沿，两腿伸直，使脚跟紧贴于上托棍的下沿，双手握住凳的前端。

【动作方法】集中收缩股二头肌，使小腿彻底收紧，保持这个静止状态 1 ～ 2 秒，然后慢慢复原。

【练习要求】可以绷直脚背，也可以把脚后跟内旋或者外转来体会不同的受力方式。

### （四）踮脚跳跃

【重点锻炼部位】小腿后侧肌群。

【起始姿势】两脚脚尖踮起并拢站立，两手叉腰。

【动作方法】两脚前脚掌起跳，下落时前脚掌先着地，然后全脚掌着地，再踮脚起跳（图4-4-2）。

【练习要求】原地向上纵跳，膝盖绷直。为提高练习者的兴趣，可以采用足跟不着地的跳绳方法。

图 4-4-2

## 二、腰腹部肌肉力量的练习方法

### （一）搁腿仰卧

【重点锻炼部位】上腹部。

【起始姿势】仰卧于地上，两小腿平行搁于凳缘，两手交叉抱于头后。

【动作方法】慢慢使双肩向膝部弯曲，直至肩胛骨离地 3 ～ 5 厘米即可，保持这个姿势 1 ～ 3 秒，然后复原。（图4-4-3）

【练习要求】屈体收腹时，下背部必须紧贴地面，使腹部有较强的收缩感。

图 4-4-3

### （二）直腿上举

【重点锻炼部位】下腹部。

【起始姿势】仰卧于地上，两腿并拢伸直，两手放于体侧。

【动作方法】两腿并拢伸直，用腹部的力量将腿慢慢举起，保持躯干与大腿成 120° 左右的夹角，静止 5 ～ 10 秒，然后复原。（图 4-4-4）

【练习要求】直腿并拢。

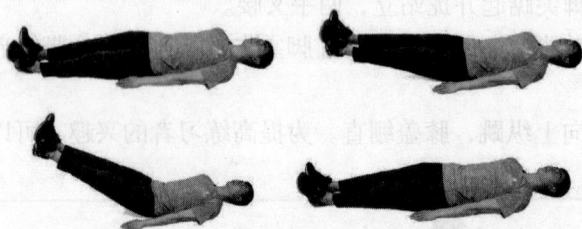

图 4-4-4

## 三、改善身体姿态的练习方法

形体训练是身体姿态训练的一种重要方式。形体训练多是静力性活动和控制能力的练习。形体基本素质练习是形体训练最重要的内容之一，在练习中可采用单人练习和双人配合练习两种形式。在形体基本素质中，最重要的是力量素质和柔韧性素质，它们决定了形体的控制力和表现力。形体训练的主要肌群如下。

### （一）颈肌群

【重点锻炼部位】胸锁乳突肌。

### （二）肩部肌群

【重点锻炼部位】三角肌、肱二头肌。

### （三）臂部肌群

【重点锻炼部位】肱二头肌。

### （四）胸部肌群

【重点锻炼部位】胸大肌。

### （五）背部肌群

【重点锻炼部位】背阔肌。

## （六）腹部肌群

【重点锻炼部位】腹肌。

## （七）臀部肌群

【重点锻炼部位】臀大肌。

## （八）腿部肌群

【重点锻炼部位】股四头肌。

关于柔韧性素质的练习方法，详见本章"坐姿类职业体能练习方法"。

# 第五节　变姿类职业体能练习方法

变姿类职业从业人员，静力性工作与动力性工作交替进行，这类人劳动（工作）时的解剖学、生理学负荷特征与坐姿、站姿类职业人员有许多相同之处，又并不完全等同。因为这类工种工作姿势的变化没有一定的规律，有些工种（如园艺工作者）的姿势变化频率快，肌肉交替休息不易疲劳；有些工种（如机械工）工作时需要承受一定静力紧张的负荷，肌肉一直处于紧张性收缩状态，很容易造成肌肉紧张、僵硬。变姿类职业工种繁多，要针对不同的工种进行区别分析。

变姿类岗位的职工在高温、高湿、高寒、辐射和噪声等恶劣环境下工作，且工业自动化程度相对较低，体力消耗大，且存在不良姿势、过度用力和振动等诸多职业性疾患危险因素。因此，这类职业对人体健康提出了特殊要求：这类人不但需要具备良好的心肺功能，同时也需要身体各部位具备良好的协调性和灵活性。这就要求在选择运动项目或开展有针对性的体能训练时，应考虑发展身体各部位的素质，使全身各部位都得到运动，以适应工作的需要。

## 一、增强心肺功能的练习方法

在进行现场作业时，要求心肺功能随工作强度的改变而适当地调整，以满足工作的需要。据对建筑工地现场技术员的心肺功能调研发现，有些员工在烈日下工作，常出现因心脏功能不能适应高温环境而出现昏厥的现象。因此，对室外工作的人员加强心肺功能的训练是必要的。练习方法详见本章"坐姿类职业体能练习方法"。

## 二、提高肌肉耐力的练习方法

肌肉耐力是肌肉长时间维持工作的能力。高抬举作业，如手举焊枪、紧固螺丝和打孔等，需要保持长时间的肌肉收缩状态。如果肌肉耐力不好，将导致肌肉供血不足，肌肉代谢废物不能及时排除，引起局部肌肉疲劳，工作效率降低，甚至出现工伤事故。提高肌肉耐力的练习应采用小负荷、多次重复的练习方法。

### （一）上肢肌肉耐力练习

#### 1. 侧弯举

【重点锻炼部位】主要发展前臂伸指肌群，同时发展上臂前侧肌群。

【动作要求】两手或一手侧握重物（办公室内可用装满水的饮料瓶代替），上臂紧贴体侧，向上弯起至肩前，缓慢放下还原。（图4-5-1）

#### 2. 正握腕弯举

【重点锻炼部位】主要锻炼前臂伸肌群和上臂外侧肌群。

【动作要求】两手正握重物（掌心朝前），握距与肩同宽，上臂紧贴体侧，小臂持物向上弯举杠铃，举至极限后缓慢放下还原。在做动作过程中，前臂肌群始终保持紧张用力的状态。（图4-5-2）

图4-5-1　　　　　　　　　　　　　　　图4-5-2

#### 3. 反握腕弯举

【重点锻炼部位】主要锻炼前臂屈肌群。

【动作要求】坐在凳端，两手掌心向上反握重物，握距与肩同宽，前臂贴放大腿上，手腕放松。小臂用力将重物向上弯起至不能再弯时为止，然后放松还原。（图4-5-3）

图4-5-3

#### 4. 手内旋弯举

【重点锻炼部位】主要锻炼前臂肌群。

【动作要求】坐姿，一手持重物一端，另一手支撑，持重物手的小臂放大腿上，做手的内旋外转动作。可加大重量快速进行，以提高前臂肌的力量和灵敏性。（图4-5-4）

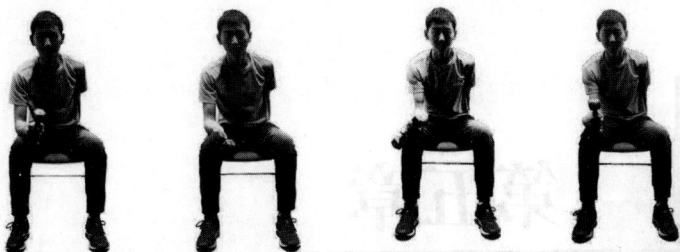

图 4-5-4

### 5. 仰卧后撑

【重点锻炼部位】肱二头肌、胸大肌、三角肌和大圆肌等。

【动作要求】身体仰卧，两手背后，撑在稍高的椅子上，两脚放在较矮的椅子或平地上，身体其他部位挺直、悬空，呼气，两肩放松，两臂慢慢屈肘，身体尽量下沉（尤其要沉臀），稍停 2～3 秒，然后吸气，用力伸直两臂撑起身体还原。（图 4-5-5）

图 4-5-5

## （二）下肢肌肉耐力练习

详见本章"站姿类职业体能练习方法"。

# 第五章

## 田径运动

## 第一节 田径运动概述

田径运动是历史上最古老的体育运动之一。人们在长期的生产和生活实践中，为了生存和获得生活资料，必须走或跑相当长的距离、跳过沟渠等自然障碍物、投掷石块等。在同大自然的斗争中，人们逐步发展和掌握了快速奔跑、敏捷跳跃和准确投掷的技能。为了掌握和提高这些技能，并将其传授给下一代，人们在生活中经常重复这些动作，就逐渐形成了走、跑、跳跃、投掷的活动方式；随着工农业生产和教育、科学、文化事业的发展，以及社会生活发展的需要，逐步形成了田径运动的雏形，并由自发性的比赛，如工匠投掷铁锥和士兵推炮弹的比赛等，逐渐发展到有组织的田径比赛。

公元前 776 年，在第 1 届古代奥运会上，第一次有了田径运动的正式比赛。1896 年在希腊雅典举行的第 1 届现代奥林匹克运动会上，田径运动的走、跑、跳跃、投掷的一些项目，被列为运动会的主要比赛项目。1912 年，根据田径运动发展的需要成立了国际业余田径联合会，它在确定比赛项目、制定规则、组织比赛、审批世界纪录以及促进国际交流等方面发挥了很大的作用。当前国际田径比赛主要有奥运会田径比赛、世界杯田径赛、世界田径锦标赛等。

我国现代田径运动从 19 世纪末开始。1890 年，上海圣约翰书院举行的以田径运动为主要项目的运动会，是中国最早的一次田径比赛。中华人民共和国成立之后，各级体育组织都很重视开展田径竞赛活动。第一次大型田径比赛是 1952 年 8 月在北京为庆祝中国人民解放军建军 25 周年而举行的全军运动会。在群众性体育运动广泛开展的基础上，我国田径运动技术和水平有了迅速提高。在 2004 年的雅典奥运会上，刘翔获得男子 110 米栏冠军，激发了我国人民对田径运动的极大热情。2015 年北京田径世锦赛上，中国田径队在多个单项上取得历史性突破，尤其是苏炳添在男子百米赛道上跑出 9.99 秒的成绩，成为首个站在田径世锦赛百米决赛场上的亚洲运动员，更是极大地鼓舞了国人的士气。2018 年，在国际田联世界田径挑战赛马德里站上，苏炳添以 9 秒 91 的成绩追平了亚洲纪录，获得男子 100 米的冠军。在 2020 年东京奥运会上，苏炳添以 9 秒 83 的成绩打破亚洲纪录。

# 第二节　跑

## 一、短跑

短跑项目包括 100 米跑、200 米跑和 400 米跑。

### （一）100 米跑

#### 1. 起跑

田径竞赛规则规定，短跑比赛运动员必须采用蹲踞式起跑，必须使用起跑器，要按发令员的口令完成起跑动作。起跑器的安装方式主要有普通式和拉长式两种，运动员应根据个人的身高、体型、身体素质和技术水平等情况来选择起跑器的安装方式。

普通式：前起跑器距起跑线一脚半长，后起跑器距前起跑器一脚半长。前后起跑器的抵足板与地面夹角分别约为 45° 和 75°，两起跑器的左右间隔约为 15 厘米。

拉长式：前起跑器距起跑线两脚长，后起跑器距前起跑器一脚长，起跑器的抵足板与地面的夹角及两起跑器左右间隔与普通式基本相同。

起跑技术包括"各就位""预备"和鸣枪三个阶段。

听到"各就位"口令后，运动员走到起跑器前，俯身，两手撑地，两脚依次蹬在前后起跑器的抵足板上，脚尖应触及地面，后腿膝关节跪地，接着两臂收回到起跑线后撑地，两臂伸直，两手间距离比肩稍宽，四指并拢与拇指成八字形，颈部自然放松，注意听"预备"口令。

听到"预备"口令后，逐渐抬起臀部和后膝，臀部要稍高于肩部，身体重心适当向前上方移动，肩部稍超出起跑线，重心落在两臂和前腿上。两脚紧贴起跑器抵足板，集中注意力听枪声。

听到枪声后，两手迅速推离地面，两臂屈肘并积极有力地前后摆动，同时两腿快速用力蹬起跑器，后腿快速蹬离起跑器后迅速屈膝向前上方摆出，前腿快速有力地蹬伸。（图 5-2-1）

图 5-2-1

#### 2. 起跑后的加速跑

起跑后的加速跑是从蹬离起跑器到途中跑之间的一个跑段，一般为 30 米左右，其任务是尽快加速达到自己的最高速度。

起跑后第一步约三脚半长，第二步为四脚至四脚半长，以后逐渐增大步长，直至途中跑的步长。腿蹬离起跑器后，身体处于较大的前倾姿势，为了不使身体向前摔倒，要积极加快腿的蹬伸与臂的摆动，保持身体的平衡。

最初几步两脚着地点并非在一条直线上，随着速度的加快，两脚内侧着地点逐渐趋于一条直线上。

### 3. 途中跑

途中跑在整个短跑中是距离最长的，其主要的任务是继续发展和保持较长距离的最高速度。其动作特点是前脚掌落在身体重心投影点的稍前面，脚触地后膝关节微屈，足踵下沉，使身体重心很快地移过垂直阶段；接着后腿的髋关节、膝关节、踝关节依次迅速伸展，完成快速有力的后蹬。后蹬的角度约为50°，后蹬方向要正。随着腿的落地动作，摆动腿的大腿迅速前摆，小腿随惯性折叠。腿蹬地时，大腿积极向前上方摆动，并把同侧髋一起带出。落地前，大腿要迅速积极地下压，这时由于惯性缘故，小腿自然前伸，接着前脚掌迅速和有弹性地向下、向后做扒地动作。

途中跑时，头要正对前方，两眼要向前平视，上体保持正直或微向前倾。以肩关节为轴，两臂轻松而有力地向前摆动。两臂前摆时，不超过身体中线和下颌，上臂和前臂之间所成的角度约为90°；后摆时，肘关节要稍微向外。摆臂动作应以自然协调为原则。（图5-2-2）

图 5-2-2

### 4. 终点跑

终点跑是全程跑的最后一段，要求运动员在离终点线15～20米处时，尽力加快两臂摆动速度，保持上体前倾角度，当离终点线一步距离时，上体急速前倾，两手后摆，用胸部或肩部冲向终点线，跑过终点后逐渐减速。

## （二）200米跑和400米跑

200米跑和400米跑，有一半以上的距离是在弯道上进行的。弯道跑与直道跑的技术有区别。

### 1. 弯道起跑和起跑后的加速跑

为了便于弯道起跑后能有一段直线距离进行加速跑，应将起跑器安装在弯道跑道的右侧，起跑器对着弯道的切线方向。弯道起跑后，前几步应沿着内侧分道线的切线跑进。加速跑的距离适当缩短，上体抬起较早。在进入弯道时，应尽可能地沿着跑道内侧跑，身体及时向内侧倾斜。

### 2. 弯道跑技术

运动员从直道进入弯道时，身体应有意识地向内倾斜，加大右侧腿和臂的摆动力量与幅度，身体应向圆心方向倾斜。后蹬时，右脚用前脚掌的内侧，左脚用前脚掌外侧蹬地。两腿摆动时，右腿膝关节稍向内摆动，左腿膝关节稍向外摆动。两臂摆动时，右臂前摆稍向左前方，后摆时肘关节稍偏向右后方；左臂稍离躯干做前后摆动。弯道跑的两腿蹬地和摆动方向都应与身体向圆心方向倾斜趋于一致。从弯道跑进直道时，身体应在弯道最后几步，逐渐减小内倾程度，自然地跑几步，然后做一个进入直道的调整，按直道途中跑技术跑进。

## 二、中长跑

中长跑项目包括 800 米跑、1500 米跑和 10000 米跑等。

### （一）起跑和起跑后的加速跑

中长跑采用站立式起跑，当运动员听到"各就位"的口令后，迅速走到起跑线后，通常将力量较大的脚放在起跑线后，前后脚间距约为一脚长，左右脚间距约为半脚长，后脚掌触地，眼看距起跑线前 5～10 米处，两臂一前一后，身体保持稳定，集中注意力听枪声。听到枪声后，两脚迅速用力蹬地，两臂配合腿部动作做快速有力地摆动，使身体迅速向前冲出，在短时间内获得较快的跑速，然后进入匀速、有节奏的途中跑。

### （二）途中跑

途中跑的距离最长，是中长跑的主要部分。中长跑的强度小于短跑，跑速相对较慢，动作速度和用力程度相对较小，除了为战术需要而改变跑的节奏外，一般多采用匀速跑。跑时要做到技术合理、速度均匀、节奏感强、全身动作协调有力。

### （三）终点跑

终点跑是运动员在十分疲劳的情况下，竭尽全力进行的最后一段距离的冲刺跑。在运动员实力接近的条件下，终点跑决定着比赛的胜负。

什么时候开始终点冲刺，这要根据比赛项目、训练的水平、战术的要求和临场的情况等因素决定。一般情况下，800 米可在最后 200～300 米、1500 米在最后 300～400 米、5000 米及以上可以在最后 400 米或稍长的距离开始加速，长距离的项目加速距离可更长些。速度占优势的采取紧跟战术，在进入最后直道时，才开始做最后的冲刺超越对手。

### （四）中长跑的呼吸

中长跑时，应注意呼吸的节奏。呼吸应自然并有一定的深度，一般是跑两三步一呼气，跑两三步一吸气。随着跑速的提高，呼吸频率也相应加快。中长跑时，由于强度大、竞争激烈，为了提高呼吸频率可采用半张的口与鼻同时呼吸，以最大限度地满足机体对氧气的需要。

中长跑时，跑一段距离后会不同程度地出现胸部发闷、呼吸困难、动作无力，迫使跑速降低的现象，这种生理现象叫"极点"。当"极点"现象出现时，应适当降低跑速，深呼吸，特别是加深呼气，同时要以顽强的意志坚持下去。

# 第三节 跳与投

## 一、跳

### （一）跳高

随着跳高技术的发展，在正式比赛中运动员普遍采用背越式跳高技术。背越式跳高技术由助跑、起跳、过杆和落地四个部分组成。（图5-3-1）

图5-3-1

#### 1. 助跑

一般助跑分为前段直线跑和后段弧线跑。助跑开始采用直线助跑，用前脚掌着地，富有弹性地跑；提高重心，步幅均匀，不断加速；进入弧线跑时，前脚掌沿弧线落地，外侧摆动腿有弹性地蹬地，上体逐渐向弧线内侧倾斜。助跑的节奏要快，特别是助跑最后两步髋关节前送幅度要大，迈步时上体保持较垂直的姿势，摆动腿积极、充分后蹬，起跳腿快速前伸，髋部自然前送。助跑时两臂应积极有力地前后摆动，弧线跑时外侧手臂摆动幅度应大于内侧手臂的摆动幅度。

#### 2. 起跳

起跳腿以大腿带动小腿积极下压着地，起跳脚脚跟外侧先着地，接着通过脚的外侧滚动至全脚掌，脚尖朝向弧线的切线方向。随着身体由内倾转为垂直，迅速地完成缓冲和蹬伸动作，顺势向上跳起。

摆动腿蹬离地面以后，以髋发力加速向前摆大腿，同时屈膝折叠，当摆动腿摆过起跳腿前方后应向里转，而小腿和脚要稍外展。摆动腿沿着助跑弧线的延伸方向加速上摆，直至减速制动。两臂的摆动要与摆动腿的摆动协调配合。

#### 3. 过杆

当起跳腿蹬离地面结束起跳以后，身体应保持伸展的姿势向上腾起，同时在摆动腿和同侧臂的带动下，围绕身体纵轴旋转，使身体转向背对横杆。当头和肩越过横杆以后，及时仰头、倒肩和展体，并利用身体重心向上的速度，收腿挺髋，形成身体的背弓姿势。这时两腿屈膝稍后收，两臂置于体侧。当身体重心移过横杆时，则应做相反的补偿，即含胸收腹，控制上体继续下旋，同时以髋部发力，带动大腿和小腿加速向后上方甩腿，使整个身体脱离横杆。

#### 4. 落地

保持着屈髋伸膝的姿势下落，最后以上背部或背部先落于海绵垫上。落在海绵垫后要做好缓冲控制，防止受伤。

### （二）跳远

跳远技术由助跑、起跳、腾空和落地四个部分组成。

#### 1. 助跑

助跑是为了获得理想的水平速度，并为准确踏板和快速有力地起跳做好准备。助跑距离与运动员的年龄、运动水平和发挥速度的能力有关，一般为 28～50 米。男子助跑为 16～24 步，女子为 14～18 步。助跑过程注意身体重心和节奏的把握，最后一步达到助跑最高速度。

#### 2. 起跳

助跑的倒数第二步摆动腿着地时，膝关节迅速前移，上体正直，起跳腿自然积极地前摆。在起跳腿的大腿前摆时，抬腿要比短跑时低些，并积极主动下压，用全脚掌踏上起跳板，然后屈膝缓冲，身体重心稍降低。当身体重心移至起跳腿支点的垂直部位时，起跳腿迅速用力地蹬伸，使髋、膝、踝三个关节迅速伸直，上体挺起，摆动腿的大腿积极向前上方摆至水平位置，小腿自然下垂，完成起跳动作。

#### 3. 腾空

起跳腾空后的空中动作主要有挺身式、蹲踞式和走步式，以下介绍挺身式。

起跳腾空后，摆动腿的大腿积极下放，小腿随之向下、向后方摆动，留在体后的起跳腿与摆动腿靠拢。当达到腾空最高点时，身体充分伸展，形成"挺胸展髋"姿势。两臂上举或后摆，然后收腹团身，落地瞬间双腿前伸成落地动作。（图 5-3-2）

图 5-3-2

#### 4. 落地

落地前，上体不要过分前倾，大腿要尽量上举靠近胸部。将要落地时，小腿积极前伸，双脚接触沙面后，迅速屈膝缓冲，两臂积极向前挥摆，臀部前移，上体前倾，使身体重心迅速移过支撑面。为了避免落地时身体后坐，可采用以下两种落地姿势：前倒姿势，即脚跟着地后，前脚掌下压，两腿屈膝前跪，身体移过支撑点后继续向前移动，并向前倒下；侧倒姿势，即脚跟着地后，一腿紧张支撑，另一腿放松，身体向放松腿的前侧方倒下。

## 二、投铅球

背向滑步推铅球技术由握球和持球、预备姿势、滑步、最后用力和维持身体平衡五个部分组成。

### （一）握球和持球

握球的方法（以右手为例）：五指稍微分开，将球放在食指、中指、无名指指根处，拇指和小指扶在球的两侧，手腕背屈（图5-3-3）。握好球后，将球放在锁骨窝处，贴于颈部，右臂屈肘向外，掌心向内。（图5-3-4）

图5-3-3　　　　　图5-3-4

### （二）预备姿势

持球后，站在投掷圈的后部，背对投掷方向，右脚在前，贴近投掷圈，身体重心落在右脚掌上，左脚在后，以脚尖自然点地。身体从正直姿势开始向前屈体，待身体与地面平行时，屈膝下蹲，形成团身动作。

### （三）滑步

预备姿势完成后，臀部带动身体重心略向投掷方向移动，使其移离身体的支撑点（右脚），以便于滑步并避免身体重心起伏过大。左腿以大腿带动小腿迅速向抵趾板方向摆出并外旋，右腿积极蹬伸，及时拉收并内旋，两腿摆蹬协调配合，推动身体向投掷方向快速移动。

### （四）最后用力

最后用力是推铅球技术的重要环节。滑步结束后，左腿脚掌内侧着地支撑，右腿弯曲，支撑体重。左脚尖与右脚跟在一条直线上，肩轴与髋轴成扭紧状态，右腿积极蹬转，推动右髋向投掷方向转动，左臂由胸前向投掷方向牵引摆动，重心逐渐移至左腿，左膝被动微屈。左臂由上向身体左侧靠压制动，右臂向投掷方向转动，用力推球。铅球快离手时，手腕手指向外拨球。

（五）维持身体平衡

铅球离手后，两腿交换，降低身体重心，维持身体平衡。

# 第四节 健身走

## 一、健身走概述

一个正常人的生活中，除了睡眠外，大部分时间都离不开走路。走路是人的最基本、最经常的移位方式。

人体的五脏六腑无不与脚有关，脚踝以下有 33 个穴位，双脚穴位达 66 个，占全身穴位的 1/10；脚掌有无数神经末梢，与大脑紧密相连，同时又密布众多的血管，故被称为人的第二心脏，坚持走步锻炼也就是坚持全身的经络与穴位锻炼。

健身走的锻炼价值如下：

（1）健身走是一项有氧运动，循环系统和呼吸系统都能够在健身走中得到很好的锻炼并逐步提高其工作能力，特别是较长时间、较快速度的健身走，可以使胸部的肋间肌和膈肌得到锻炼，肺活量逐渐增大；

（2）经常进行较长时间的健身走，心脏的体积会慢慢增大，心脏每搏输出量会增多，当人体处于安静状态时，心脏跳动的次数会明显降低，从而减轻心脏的负担，使心脏的"使用"年限更长；

（3）健身走时，全身的毛细血管扩张，能够给人体输送更多的营养和排泄更多的废料，促进人体的新陈代谢，加快疲劳的消除；

（4）经常进行健身走，能够逐步提高血红蛋白数量，从而提高机体的输氧能力；

（5）在轻松的气氛、优美的环境中健身走，通过肢体的运动转移神经的兴奋点，对于紧张工作之后消除神经疲劳极为有利；

（6）长时间健身走，能使人体消耗大量的热量，当人体能量消耗很大时，就会动用脂肪，使其转换为热量消耗掉，从而起到减肥的作用；

（7）人在健身走时，上肢和下肢前后摆动，髋部和腰部前后扭动，这种强度不大的肌肉和关节活动，对增强肌肉力量，尤其是对发展下肢力量、提高全身协调性和增强下肢各关节力量都具有良好的作用。

## 二、健身走的锻炼方法

常见的健身走方法很多，锻炼者应根据运动的目的和个人的具体情况选择合适的锻炼方法。

### （一）摆臂走步法

行走时两臂有节奏地做前后较大幅度的摆动，行走速度为每分钟 60～90 步，可增进肩带胸廓的活动能力，适用于有呼吸系统疾病的人，每次 30～60 分钟，逐渐延长时间。

### （二）摩腹走步法

一边行走，一边按摩腹部，行走速度为每分钟 30～60 步，这对有消化不良和患有胃肠疾病的人很有益处。每次 30～60 分钟，逐渐延长时间。

### （三）普通走步法

普通走步法为用中等速度行走，每分钟 60～90 步，每次锻炼 30～60 分钟。最好在风景秀丽、空气质量好的海滨、公园等地方行走。

### （四）快速走步法

快速走步法为用较快的速度行走，每分钟 90～120 步，每次锻炼 30～60 分钟。行走时心率控制在 120 次/分以下。

### （五）踏石走步法

在铺有鹅卵石的地面上行走，通过踏石来刺激足部的穴位，若赤脚在上面适当地蹬踏跳跃，更会使人经络通畅、睡眠香甜、食欲增加、身体灵巧，不但使肌肉变得富有弹性，而且体态也会逐渐变得优美、挺拔。

### （六）倒退走步法

倒退走时，上体自然直立，眼睛平视，不要抬头后仰。当右腿支撑时，左腿屈膝后摆下落，前脚掌先落地然后滚动到全脚掌，身体重心随之移至左腿，此时右腿屈膝后摆下落，前脚掌先落地然后滚动到全脚掌。两臂随两腿动作自然摆动，同时注意前进方向和身体平衡。如感觉疲劳和难以控制平衡时应随时变换方式，如 50 米倒走 +100 米正走，或 80 米倒走 +200 米正走。

## 三、健身走的动作要领及运动负荷

### （一）动作要领

（1）头部正直，两眼前视，适当挺胸和收腹，保持躯干正直，正确的姿势能使行走过程更轻松、更舒适。

（2）摆臂时以肩关节为轴前后摆动，在快速走步时屈肘比较适宜，夹角为 80°～100°。适当扭动髋部，有利于增加步幅。

（3）下肢动作主要是以摆动的形式来完成。健身走时，脚跟先落地，然后滚动到全脚掌，使身体重心快速前移。

（4）步幅和步频应根据个人的具体身高和腿长合理搭配，步幅自然开阔，步频较快，动作舒展大方。

## （二）运动负荷

### 1. 运动量的控制

健身走要注意掌握运动量。运动量太小，无需动员肌肉与内脏器官的机能潜力便可轻而易举地完成，锻炼的效果就不大；运动量过大，超过人体负荷的界限，不仅达不到增强体质的目的，反而会对健康产生不良影响。以下两种简易方法，有助你监测自己的运动量。

（1）脉搏测定法。早晨起床前、锻炼前和锻炼后1小时各测一次脉搏，时间为1分钟。如果运动量小，在锻炼后1小时脉搏即可恢复到锻炼前水平；如果运动量稍大，次日早晨的脉搏可以恢复到原来的水平，表明身体能承受这一运动量。如果次日晨脉比以往升高较多而且身体有疲劳感（无疾病情况下），则表明运动量过大，需要调整。

（2）主观感觉法。运动量安排合适时，工作、学习、劳动更富有精力，锻炼后虽略感疲劳，肌肉稍酸痛，但经过一夜休息后疲劳会自然消失。当运动量过大时，早晨起床会感到萎靡不振、全身无力，甚至会有头晕现象。锻炼后感到极度疲劳，吃不下睡不着，对锻炼有厌倦和冷淡的感觉，这些现象说明运动量需要适当调整。

### 2. 健身走强度的衡量

健身走的强度主要依据人体的脉搏来确定。从健身角度来讲，健身走时适宜的脉搏为100～120次/分，刚参加锻炼的人应该感到呼吸比较舒服。由于健身走的时间一般都比较长，运动者可以一边走一边测量脉搏，及时掌握适宜的运动强度。

### 3. 健身走数量的掌握

健身走的数量以时间来衡量为好，而不是以行走的距离来衡量。对于一般锻炼者，连续行走时间以15～30分钟为宜。行走15分钟可以达到锻炼身体的最低要求，行走30分钟就能够达到比较好的锻炼效果。若锻炼者身体比较强壮，又有比较宽裕的时间，进行更长时间的健身走效果会更好，但一定要在自己身体能够承受的范围之内。

# 第六章

# 大球运动

## 第一节　篮球运动

## 一、篮球运动概述

### （一）篮球运动的起源

篮球运动的发源地在美国，它是由侨居美国的加拿大人詹姆斯·奈史密斯于1891年发明的。当时他所执教的学校位于美国的马萨诸塞州斯普林菲尔德市，该地区盛产桃子，一些工人和儿童经常以将桃子投向桃筐作为一种嬉戏，奈史密斯从中得到启发，创编了篮球游戏。他将两只桃篮分别钉在健身房的看台栏杆上，距离地面10英尺（3.05米），用A型足球作为比赛工具向篮内投掷，以投进对方篮筐次数多的为胜方。1892年，由奈史密斯组织举行了该校教师队和学生队的一场篮球对抗赛，这场比赛被认为是篮球史上最早的正式比赛，并产生了最早的13条比赛规则。为了减少篮球投入篮筐后将球取出的麻烦，1913年改用金属圈篮筐和无底球网，使篮球运动初具雏形。

### （二）篮球运动的传播与发展

篮球运动发明以后，它很快就成了在美国大受欢迎的男子运动，并迅速向世界各地传播开来，19世纪末20世纪初相继传入加拿大、法国、巴西、俄罗斯、意大利、阿根廷、希腊、西班牙等国，1895年传入中国。1932年，瑞士、阿根廷、希腊等8国在瑞士日内瓦组建了国际业余篮球联合会。1936年，国际业余篮球联合会成功争取在第11届奥运会上将男子篮球列为正式比赛项目。女子篮球在1976年第21届奥运会上成为正式的比赛项目。1989年国际篮联又通过了职业球员可以参加世界大赛的决议，这一重大改革将篮球运动推向了一个崭新的发展阶段。

2002年，姚明以"状元秀"的身份入选美国职业篮球联赛（美职联）的休斯敦火箭队。2005年，中国篮球协会发布的"北极星"计划成为未来中国篮球的努力方向，在"北极星"

计划提出后的第一个全新赛季，中国男子篮球职业联赛重装上阵，迈出了真正的职业化脚步。在 2008 年北京奥运会上，中国男篮与美国"梦八"队、西班牙队的巅峰对决，以及中国女篮的突出表现，表明我国篮球运动的发展进入了又一个新阶段。

## 二、篮球基本技术

### （一）传接球

传接球指篮球比赛中队员之间有目的地转移球，是组织进攻配合和实现战术的基础。

#### 1. 持球

正确的持球姿势是一切传球技术动作的前提。持球时，双手自然分开，拇指相对成"八"字形，用指根以上部位握住球的两侧后下方，手心空出，两臂弯曲，肘关节下垂，持球于胸前。（图 6-1-1）

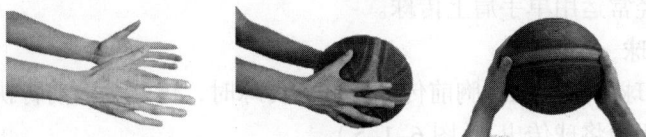

图 6-1-1

#### 2. 双手胸前传球

【动作要点】手臂伸向传球方向，后脚蹬地，身体重心前移，两手腕下压、外翻，快速地抖腕、拨指将球传出。出球后，手心和拇指向下，其余手指向前。（图 6-1-2）

【运用】常用于快速传球推进、阵地进攻时外围队员转移球，以及不同距离的传球。双手胸前传球便于同投篮、突破等技术结合运用。

双手胸前传球

#### 3. 双手头上传球

【动作要点】两手握球于头上，前臂稍前摆，利用手腕和手指短促、快速的抖动将球传出。

【运用】多用于高个队员转移球给中锋或传给切入篮下的队员。在抢到后场篮板球后，为避免对方封堵，可跳起用双手头上传球。

双手头上传球

#### 4. 双手反弹传球

【动作要点】与双手胸前传球基本相同，两臂向前下方用力，手腕、手指快速抖动传球。球的击地点和力量大小要以球反弹后接球队员能顺利接到球为宜。（图 6-1-3）

【运用】多用于向内线传球、突破分球、快攻一传和结束段的传球。

图 6-1-2                              图 6-1-3

### 5. 单手肩上传球

【动作要点】以右手传球为例。传球前，左脚向前跨半步，向右转体将球引至右肩侧上方。传球时，上体向左转动并带动肩肘、前臂快速前摆，扣腕，手指用力将球传出。（图6-1-4）

【运用】多用于中、远距离传球。在抢到防守篮板球后快攻第一传和接应队员把球传给跑向篮下的队员时，经常运用单手肩上传球。

### 6. 单手胸前传球

【动作要点】持球方法与双手胸前传球相同。传球时，传球手的前臂快速前伸，手腕急促前扣，手腕、手指用力将球传出。（图6-1-5）

【运用】用于近距离和快速传球。如果与防守队员较近，可以突然将球从防守队员头顶或耳旁传过。单手胸前传球便于和双手胸前投篮、运球突破结合运用。

图 6-1-4                              图 6-1-5

### 7. 单手反弹传球

【动作要点】单手反弹传球的手法与单手胸前传球基本相同，只是手臂向前下方用力，球击地后，反弹给同伴。

【运用】这是小个子队员对付高大队员的传球方法。向内线队员和向空切篮下队员传球时，也多用此种传球方式。

## （二）投篮

投篮是篮球运动中的一项关键技术，是唯一的得分手段。队员多在移动中接球，利用假动作、时间差，或改变方向投篮，或紧贴对手投篮。投篮应与突破、传球等技术相结合，投篮方式多、变化多、出手点高。

### 1. 原地双手胸前投篮

【动作要点】双手持球于胸前，肘关节自然下垂，上体稍前倾，两腿微屈。

原地双手
胸前投篮

投篮时，两脚蹬地，腰腹伸展，两臂向前上方伸出，手腕同时外翻，最后用拇指、食指和中指将球投出。

【运用】此投篮方法能够充分发挥身体和臂部力量，适用于远距离投篮，女生运用较多，罚球中也常用此方法。其特点是握球牢，便于与突破、传球相结合。

### 2. 原地单手肩上投篮

【动作要点】以右手投篮为例，右手五指自然分开，向后屈腕、屈肘，持球于肩上；左手扶球，右脚在前，左脚在后，身体重心落在两脚之间，上体稍前倾，两腿微屈。投篮时，两脚用力蹬地，腰腹伸展，从下向上发力，同时提肘且手臂向前上方充分伸展，最后通过食指、中指指端将球投出。球出手后，手腕前屈，手指向下。（图6-1-6）

原地单手肩上投篮

【运用】适用于中远距离投篮。其特点是出手点高，变化多，较为灵活。

图 6-1-6

### 3. 行进间单手高手投篮

【动作要点】以右手投篮为例，接球和运球上篮时，在右脚跨出一大步的同时，双手持球，左脚紧接着跨出一小步，用力蹬地起跳。当身体接近最高点时，右手手指向后，掌心向上，托球的下部向球篮的方向伸臂，用食指、中指以柔和力量拨球，将球从指端投出。（图6-1-7）

【运用】多在快攻和切入篮下时运用。这种投篮的优点在于出手点高，易用身体保护。

图 6-1-7

### 4. 行进间单手低手上篮

【动作要点】以右手投篮为例，接球和运球上篮时，在右脚跨出一大步的同时，双手持球，左脚紧接着跨出一小步，用力蹬地起跳，腾空时间要短。当身体接近最高点时，右手手指向前，掌心向上，托球的下部向上伸展。当接近篮筐时，用食指、中指、无名指以柔和力量向上拨球，将球从指端投出。（图6-1-8）

行进间单手低手上篮

【运用】在快攻、突破中已经超越对手时，多用低手上篮。它具有伸展距离长、出手点离篮筐近的特点。

图 6-1-8

### 5. 原地跳起单手肩上投篮

【动作要点】以右手投篮为例，投篮时屈膝降低重心，两脚掌用力蹬地向上起跳，同时双手举球至肩上，右手托球，左手扶球的左侧方。当身体接近最高点时，左手离球，右臂向前上方伸展，手腕用力前屈，通过食指、中指力量将球投出。球出手后，指、腕自然前屈。落地时，屈膝缓冲。（图 6-1-9）

原地跳起单手肩上投篮

【运用】当防守队员离持球队员较近时，持球队员运用传球、突破等假动作，诱使防守队员失去重心而突然起跳投篮。

### 6. 急停跳起投篮

【接球急停跳起投篮动作要点】移动中跳起腾空接球后，两脚同时或先后落地，脚尖对篮筐，两膝弯曲，迅速跳起投篮，投篮出手动作同原地跳起单手肩上投篮。（图 6-1-10）

图 6-1-9

图 6-1-10

【运球急停跳起投篮动作要点】运球过程中及时降低重心，用跨步急停或跳步急停，持球屈膝跳起投篮，投篮出手动作同原地跳起单手肩上投篮。（图 6-1-11）

【运用】进攻队员向篮下移动中接球或运球突破时，利用防守队员向后移动防守的惯性，果断运用急停跳投，可达到良好的效果。

运球急停跳起投篮

图 6-1-11

### （三）运球

持球队员在原地或移动中用单手连续按拍和迎引从地面反弹起来的球叫运球。运球是篮球比赛中个人控制球、支配球、突破防守的重要手段，是组织全队进攻配合的桥梁。

#### 1. 高运球

【动作要点】抬头，目视前方，上体稍前倾，以肘关节为轴，手按拍球的后上方，球的落点在身体的侧前方，球反弹高度在腰、胸之间。

高运球

【运用】多用于快速直线推进，如从后场向前场推进、快攻接应后的快速推进、摆脱防守接球后加速运球上篮等。

#### 2. 低运球

【动作要点】抬头，目视前方，两膝深屈，身体半蹲，身体重心下降，上体前倾，手按拍球的后上方，球的落点在身体侧面，球的反弹高度在膝部以下。

低运球

【运用】在防守密集、接近防守队员或防守队员抢球时，可运用低运球。

#### 3. 运球急停急起

【动作要点】快速运球中运用两步急停，同时按拍球的前上方，用臂、身体和腿保护球，目视前方。急起时，后脚（异侧脚）用力蹬地，上体迅速前倾，手按拍球的后上方，快速启动，加速超越对手。（图6-1-12）

运球急停急起

【运用】当运球队员被防守得很紧时，可利用运球急停—急起—急停的速度变化，摆脱对手。

图 6-1-12

#### 4. 体前变向换手运球

【动作要点】运球队员在防守队员右侧变向时，用右手按拍球的右侧后上方，使球反弹至左手外侧，右脚迅速向左前跨步，向左侧转体探肩，及时换手加速向前运球。（图6-1-13）

体前变向
换手运球

【运用】当防守队员堵截运球队员进攻路线或运球队员运球接近防守队员时，为了摆脱和突破对手，可运用体前变向换手运球。

#### 5. 运球后转身

【动作要点】以右手运球为例，右手运球后转身时，把球运到身体后侧，按拍球的右侧前上方，左脚向前跨一步，以左脚的前脚掌为轴，右脚用力蹬地后撤做后转身动作，同时右手向后拉球，然后换左手运球。（图6-1-14）

【运用】当运球队员向防守队员一侧突破被堵截，而且与对手距离较近，又无法改用变方向运球时，可用运球后转身从另一侧突破。当运球队员从防守队员右侧突破时，可先主动靠近防守队员左侧，然后用运球后转身突破。

图 6-1-13

图 6-1-14

### 6. 运球背后变方向

【动作要点】运球队员在防守队员右侧变向，变向前开始运球时，要把球控制于身体右侧后方，左脚前跨，右手按拍球侧后方，球经身后拍到左前方，右脚迅速前跨，换用左手运球加速前进，也可用胯下换手运球。

【运用】当防守队员堵截运球队员，而且与运球队员距离较近时，运球队员为了突破对方而主动靠近对手后，可以运用运球背后变方向。

## （四）持球突破

持球突破是持球队员运用脚步动作与运球技术的结合快速超越对手的一项攻击性很强的进攻技术。

### 1. 原地持球交叉步突破技术

以左脚为中枢脚，从防守队员右侧突破。两脚左右开立，两膝微屈，持球于腹前，突破前，先做瞄篮或其他假动作。突破时，右脚内侧蹬地，并向左前方迈出一大步，上体左转，右肩向前下压，将球引至左侧，在左脚离地前，用左手推拍球于迈出脚的侧前方。同时，左脚用力蹬地，迅速超越对手。（图 6-1-15）

图 6-1-15

**2. 原地持球同侧步突破技术**

以左脚为中枢脚，从防守队员左侧突破。准备姿势与原地持球交叉步突破相同。突破时，左脚内侧蹬地，右脚迅速向防守队员左侧跨出，上体稍右转，同时探肩，重心前移。在左脚离地前，用右手推拍球于右脚的侧前方。同时，左脚用力蹬地，加速超越对手。

**3. 跳步急停持球突破技术**

跳步持球前，应根据自己与防守队员的位置、同伴的传球方向调整好准备姿势，向前或向侧面跳步急停。接球时，要向来球方向伸臂迎球。同时，用一脚蹬地，向前或向侧跃出，在空中接球（一般使用移动方向异侧脚），然后两脚前后或平行落地，两腿微屈，体重落在前脚掌上。根据防守队员情况，用交叉步或同侧步超越。

### （五）抢篮板球

篮球比赛中，抢篮板球是获得控球权的重要手段之一。一个球队对抢篮板球技术掌握的好坏对在比赛中的主动与被动、胜利与失败有着很重要的影响。抢篮板球的要点如下：

（1）当对方或同伴投篮时，必须想到可能不中，要积极地抢篮板球。

（2）防守时抢篮板球，必须把对手挡在外面。挡人方法有以下两种。

① 前转身挡人：当对手与你的距离稍远、动作很快时，用前转身挡人，前转身挡人比后转身快，但占据面积小。

② 后转身挡人（图6-1-16）：对方离身体较近，为抢占较大面积，多用后转身挡人。后转身挡人应注意：第一，必须贴紧对方，最好用臀部、腰部顶住对方；第二，挡住人以后，稍停1秒，再冲到篮下去抢篮板球，这是因为中距离投篮时，一般球在空中运行1~2秒；第三，要冲到篮下抢占投篮方向的对面，因为球碰到篮圈后，有70%的概率反弹后落在对面。到篮下立即屈臂，两臂要张开，占据较大空间，腿和腰及全身要用力起跳。要求技术动作力量强，起跳迅速，即使被对方冲撞也不能失去平衡，仍然能跳起来。抢前场篮板球时，只要能挤进一条腿、一只手臂，就要跳起来拼抢。只要手指触到球，就要用力抓紧、下拉，以便控制住球。在空中要转身观察同伴的接应情况，并抓住球，保护好球，将球举到头上，不要拿在胸前。落地同时要向边线一侧后转身，同时观察接应同伴所处位置，以最快的速度一传。一传出手后，借后转身的动作把和自己争抢篮板球的对手挡在后面，立即启动快跑跟进参加快攻。

抢防守篮板球

图 6-1-16

## 三、篮球基本战术

篮球战术是篮球运动集体配合行动的统称，是队员之间合理地运用个人技术相互配合的组织形式和方法。

## （一）进攻基市战术

### 1. 传切配合

这是进攻队员之间利用传球、切入等技术组成的简单配合，它包括一传一切和空切配合。

（1）一传一切。持球队员传球给同伴后立即切向篮下，接同伴回传的球投篮。例如，⑤传球给④后，立即摆脱对手向篮下切入，接④回传的球投篮。（图 6-1-17）

（2）空切。无球队员根据球的转移情况，从不同方向迎球，或侧向插入篮下接球的进攻配合。例如，在④与⑤互相传球之际，⑥乘对手不备，突然空切篮下接同伴的传球，然后投篮。（图 6-1-18）

传切配合要求：首先，切入队员要善于掌握时机，乘机切入或用假动作摆脱防守，突然快速切入篮下；其次，传球队员要先做瞄篮、突破等进攻假动作牵制对方，当切入者摆脱对手后，要及时、准确、隐蔽地传球给切入者，做到人到球到。

### 2. 突分配合

突分配合是持球队员通过突破对手，打乱对方防守部署，给同伴创造无人防守的有利时机，并及时传球给同伴上篮的简单配合。

（1）突分配合的方法：进攻队员⑤从防守者的左侧突破，并吸引右侧防守队员上来和左侧防守队员"关门"防守，进攻队员④及时切入篮下抢占有利位置接⑤的球投篮或做其他进攻配合。（图 6-1-19）

（2）突分配合的要求：突破队员动作要突然、快速，突破过程中既要做好传球、投篮的准备，还要注意场上攻守双方的位置变化，做到突破突然、传球及时和投篮果断。

### 3. 掩护配合

掩护配合是采用合理的行动，用自己的身体挡住同伴的防守者的移动路线，使同伴借以摆脱防守的一种配合方法。根据掩护者与被掩护者的身体位置和方向的不同，可采用三种形式的掩护：前掩护、侧掩护和后掩护。根据被掩护者是否持球可分为有球掩护和无球掩护。

（1）掩护配合方法：无球队员给无球队员做侧掩护时，⑤传给④后，去给⑥做侧掩护，⑥摆脱防守切入篮下，接④的传球投篮（图 6-1-20）。④传球前要用假动作吸引住自己的对手和调整配合时间，⑤掩护后要及时转身跟进。

（2）掩护配合要求：掩护者要面向或侧向站到防守者身后做掩护，离他约半步。掩护时不能移动掩护成功后，要及时转身空切篮下或摆脱防守去接球。

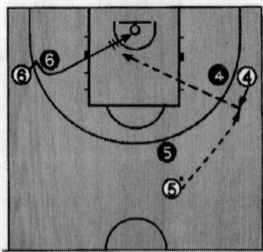
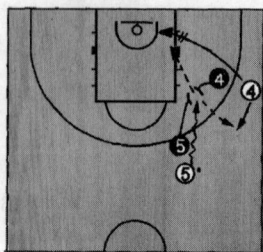

图 6-1-17　　　　　图 6-1-18　　　　　图 6-1-19　　　　　图 6-1-20

222

## （二）防守基本战术

防守战术基础配合包括"关门"、穿过、挤过、绕过、交换防守配合，以及夹击、补防配合等。

### 1. "关门"配合

"关门"是临近的两个防守队员协同防守突破的配合方法。当进攻队员运球突破时，防守突破的队员向侧后方移动，挡住其移动路线。临近突破一侧的防守队员，应及时快速向突破队员的前进方向移动，向防守突破的队员靠拢，像两扇门一样地关起来，堵住突破者的前进路线。例如，攻方从右侧突破时，❹和❺进行"关门"配合；如从左侧突破，则❺与❻进行"关门"配合。（图 6-1-21）

图 6-1-21

### 2. 穿过配合

一般在对方采用掩护配合时使用穿过配合。为了避开对方掩护，防守队员从掩护者和另一同伴之间穿过，继续防住自己的对手。这种方法多为进攻队员进行无球掩护时使用。

### 3. 挤过配合

挤过配合方法是一种积极的带有攻击性、打乱对方掩护的防守方法。当对手企图进行掩护时，防守队员上步挤过去，继续防住对手。此方法一般在对手接近篮下和投篮较准的情况下使用。

### 4. 绕过配合

绕过配合方法也是一种破坏对方掩护的防守方法。当对手进行掩护时，防守队员从同伴的身后绕过去，继续防住自己的对手。这种防守方法主要在不便于运用挤过和穿过配合，而进攻者远离篮下或无球状态下使用，或者在对手的进攻威胁性不大的情况下运用。

### 5. 交换防守

交换防守又叫换人防守或换防，是防守中最常用的防守配合。在进攻队员采用掩护配合，防护员已经挡住了继续防守的路线，运用挤过、穿过、绕过都来不及的情况下，就要采用与同伴交换防守对象的配合，交换防守后，在适当时候再换回来。一般不轻易交换防守，以免因个人防守力量上的差异和不适应而导致失利。

# 四、篮球欣赏与规则简介

## （一）如何欣赏篮球比赛

篮球运动是一项具有较高观赏性的比赛项目。观看篮球比赛时，不难发现，其最鲜明的特点就是比赛中的高强度对抗，这主要体现在整体对抗和运动员的个体对抗两方面。运动员技术动作的高技巧性，是力量、速度和弹跳等的完美统一，使观众对运动员的精彩动作不断叫好，并为之感叹、为之兴奋，更为运动员掌握这样高技巧的技术动作所付出的艰苦训练而感动，这些都是欣赏篮球比赛的重要看点。运动员在比赛中的突破防守、飞身上篮、急停跳投、大力灌篮、火爆盖帽、奋勇抢断等精彩动作层出不穷，让人应接不暇，尤其是在最后几秒内决定胜负的一投和防守，更是让观众随之感到紧张、兴奋与刺激，仿佛自己已经成为比赛中的一员，也在比赛、也在拼搏。在这方面，NBA篮球比赛是主要的代表，它已成为世界篮球爱好者欣赏的主要焦点。NBA著名球员在比赛中领军表演，高招频出，他们的表现往往决定了球队的胜负和战绩。因此，他们的表现也就成了欣赏篮球比赛时的又一个重要看点。

欣赏篮球比赛还要从整体上观察球队在比赛中各个环节的配合是否默契。例如，进攻中通过后卫的组织和主攻手的跑动完成进攻，以及全队队员巧妙的配合和隐蔽的组织，使对手疲于奔命，顾此失彼，形成无人防守下的投篮和扣篮局面。当看到这样的场景时，不要忘了，前面一连串的环节是多么的严密，这囊括了由守转攻的推进、后卫组织指挥、战术布置、各个球员跑动（路线和时机）、接应等每一个环节。因此，一支球队要想取得好成绩，必须拥有较高的整体水平。

### （二）了解规则

#### 1. 违例

违例是违犯规则。其罚则是将球判给对方队员从最靠近发生违例的地点掷球入界。

（1）队员出界和球出界。当队员身体的任何部分接触界线上方、界线上或界线外的除队员以外的地面或任何物体时，即队员出界。当球触及了在界外的队员或任何其他人员、界线上方、界线上或界线外的地面或任何物体、篮板支撑架、篮板背面或比赛场地上方的任何物体时，是球出界。

（2）运球。当队员双手同时触及球或允许球在一手或双手中停留时运球结束。队员第一次运球结束后不得再次运球，除非在两次运球之间由于下述原因他已在场上失去了控制活球：投篮；球被对方队员触及；传球或漏接，然后球触及了另一队员或被另一队员触及。

（3）带球走。当队员在场上持着一个活球，其一脚或双脚超出规则限制，向任一方向非法的运动是带球走。

（4）球回后场。在前场控制活球的球队不得使球非法地回到他的后场。

（5）3秒钟。某队在前场控制活球并且比赛计时钟正在运行时，该队的队员不得在对方队的限制区内停留超过持续的3秒。

（6）被严密防守的队员。一名队员在场上正持着一个活球，一名对方队员在距离他不超过1米处，并采取积极的、合法防守的动作时，该持球队员是被严密防守的队员。他必须在5秒内传球、投球或运球。

（7）8秒钟。每当一名在后场的队员获得控制活球时，或者在掷球入界中，球触及后场的任何队员或者被后场的任何队员合法触及，掷球入界队员所在队仍拥有在后场的球权，该队必须在8秒内使球进入该队的前场。

（8）24秒钟。每当一名队员在场上获得控制活球时，或者在掷球入界中，球接触场上的任何队员或被场上的任何队员合法触及，并且掷球入界队员的球队仍然控制球时，该队必须在24秒内尝试投篮。

#### 2. 犯规

犯规是指对规则的违犯，含有与对方队员的非法身体接触和/或违反体育运动精神的举止。

（1）侵人犯规是无论在活球或死球的情况下，攻守双方队员发生的非法身体接触的犯规。

队员不应通过伸展手、臂、肘、肩、髋、腿、膝、脚或将身体弯曲成"不正常的姿势"（超出他的圆柱体）去拉、阻挡、推、撞、绊对方队员，或阻止对方队员行进；也不得放纵任何粗野或猛烈的动作去这样做。

罚则：应登记犯规队员 1 次侵人犯规。如果对没有做投篮动作的队员发生犯规，则由非犯规的队在最靠近违犯的地点掷球入界，重新开始比赛。如果对正在做投篮动作的队员发生犯规，如果出手投篮成功，则应计得分并追加 1 次罚球；如果从 2 分投篮区域的出手投篮不成功，则判 2 次罚球；如果从 3 分投篮区域的出手投篮不成功，则判 3 次罚球。

（2）双方犯规是两名互为对方的队员大约同时相互发生侵人犯规或违反体育运动精神犯规/取消比赛资格犯规的情况。

罚则：应给每一犯规队员登记 1 次侵人犯规或违犯体育运动精神犯规／取消比赛资格犯规。不判给罚球，比赛应按下列所述重新开始：在发生双方犯规的大约同一时间，如果投篮得分，或最后一次的罚球得分，应将球判给非得分队从该队端线后的任何地点掷球入界；如果某队已控制球或拥有球权，应将球判给该队从最靠近违犯的地点掷球入界；如果任一队都没有控制球也没有球权，一次跳球情况发生。

（3）技术犯规是没有身体接触的犯规。其行为种类包括但不限于：无视裁判员的警告；与裁判员、技术代表、记录台人员、对方队或允许坐在球队席的人员讨论和/或交流中没有礼貌；使用很可能冒犯或煽动观众的粗话或手势；戏弄或嘲讽对方队员；在对方队员眼睛附近挥手或手保持不动妨碍其视觉；过分挥肘；等等。

罚则：判罚队员技术犯规，应作为队员的犯规登记在该队员名下，并计入全队犯规次数中。判罚球队席人员，应登记在主教练名下，并不计入全队犯规次数中。应判给对方队员 1 次罚球，罚球后，由宣判技术犯规时的控制球队或拥有球权队在比赛停止时距离球最近的地点执行掷球入界。

（4）违反体育运动精神的犯规是一起队员身体接触的犯规，并且根据裁判员判定，其行为包括与对方发生身体接触并且不在本规则的精神和意图的范畴内努力比赛，在尽力抢球或在与对方队员尽力争抢中，造成与对方队员过分的严重身体接触，等等。

罚则：应给犯规队员登记 1 次违反体育运动精神的犯规。应判给被犯规的队员执行罚球，以及随后在该队前场的掷球入界线处掷球入界。如果对没有做投篮动作的队员发生犯规，则判 2 次罚球；如果对正在做投篮动作的队员发生犯规，则中篮应计得分并追加 1 次罚球。如果对正在做投篮动作的队员发生犯规且球未中篮，则判 2 次或 3 次罚球。

（5）取消比赛资格的犯规是指队员、替补队员、主教练、助理教练、出局的队员和随队人员的任何恶劣的违反体育运动精神的行为。

罚则：应给犯规者登记 1 次取消比赛资格的犯规。每当犯规者依据规则的各个条款被取消比赛资格，他应去该队的休息室，并在比赛期间留在那里；或者如果他愿意，也可以选择离开体育馆。如果是一起非身体接触犯规，则由对方主教练指定任一本队队员执行罚球；如果是一起身体接触犯规，则由被犯规的队员执行罚球。罚球后，由罚球队员在该队前场的掷球入界线处掷球入界。

# 第二节　排球运动

## 一、排球运动概述

### （一）排球运动的起源与发展

#### 1. 排球运动的起源

排球运动起源于美国。1895 年，美国马萨诸塞州霍利奥克城的威廉·摩根创造了一项球类游戏：人们分别站在网球场球网的两侧，将篮球胆之类的球拍来拍去，击球的次数不限。这就是排球运动的雏形，最初起名为 "mintonette"（意为小网子）。1896 年，斯戴特博士提议将"小网子"改名为"volleyball"，取"空中飞球"之意。这一提议形象地概括了排球运动的性质，受到了摩根和参加者的一致赞同，这一名称一直沿用至今。

#### 2. 世界排球运动的发展

最早的排球比赛是双方各 16 人出场，分成 4 排。随着技术的发展和提高，逐步演变为 12 人制和 9 人制，最后为 6 人制。

排球运动首先在美国军队中开展，随后在各国也普遍开展起来，1900 年左右首先传入加拿大，1905 年传入古巴、巴西等国。美洲各国使用的排球规则，大多是直接引用美国的排球规则，进行 6 人制的排球比赛。

在亚洲，排球于 1900 年左右传入印度，1905 年传入我国，然后传入日本、菲律宾等国。排球传入亚洲虽然较早，但很长时间都未开展 6 人制的排球比赛，因此，亚洲 6 人制的排球技战术较为落后。美国虽然是排球的发源地，但长期以来并没有将其作为竞技项目，而是作为休闲、娱乐项目来开展。第二次世界大战结束后，在许多国家的共同努力下，1947 年在法国巴黎由 14 个国家发起成立了国际排球联合会。从此，排球成了世界性竞技体育运动。

#### 3. 我国排球运动发展简况

1949 年以前，我国的排球比赛采用 9 人制。中华人民共和国成立后，决定采用 6 人制排球比赛，并继承和发展 9 人制排球比赛的各项技术，特别是快球和快攻战术，成为我国排球技战术打法的主要特点，当时在世界上还没有。1953 年我国成立排球协会。1954 年国际排联接纳我国为正式会员国。1956 年，中国男女排球队首次参加在巴黎举行的男子第 3 届、女子第 2 届世界排球锦标赛，在男子 24 支参赛队中夺得第 9 名，在女子 16 支参赛队中获得第 6 名。

1979 年，中国女排获得亚洲冠军，结束了日本女排蝉联 20 年冠军的历史。1981—1986 年，在世界排球锦标赛、排球世界杯、奥运会中，中国女排先后 5 次获得世界冠军，大大振奋了中华民族精神，开创了现代排球的新纪元。

为了重新振奋排球精神，1994 年，国家体委（现国家体育总局）召开了"国家男女排球队工作汇报及重振排球雄风研讨会"。1995 年以赛制改革为先导，开创了排球改革的步伐。中国女排于 1995 年重夺亚洲排球锦标赛冠军。1997 年，男排夺得了阔别 10 年的亚洲排球锦标赛冠军，并获得了世界锦标赛的参赛资格。2004 年雅典奥运会，中国女排获得冠军。2008 年北京奥运会，中国女排获得季军。2016 年里约奥运会，中国女排又一次获得冠军。

### （二）排球运动的特点与锻炼价值

#### 1. 排球运动的特点

（1）广泛的群众性。

排球场地设备简单，比赛规则容易被人掌握，既可以在球场上比赛和训练，亦可在一般空地上活动，运动负荷可大可小，适合于不同年龄、不同性别、不同体质、不同训练程度的人。

（2）技术的全面性。

规则规定，每个队员都要进行位置轮转，既要到前排扣球与拦网，又要轮到后排防守与接应，这就要求每个队员都要全面地掌握各项技术。

（3）高度的技巧性。规则规定，比赛中球不能落地，不得持球、连击。击球时间的短暂性和击球空间的多变性决定了排球的高度技巧性。

（4）攻防技术的两重性。

排球是多种技术都能得分，也能失分的项目，这种情况在决胜局比赛中更加突出，所以说每项技术都具有攻防的两重性。因此，要求技术既要有攻击性，又要具备准确性。

（5）严密的集体性。

排球比赛是集体比赛项目，除发球外，都是在集体配合中进行的。没有严密的集体配合，再好的个人技术也难以发挥，更无法发挥战术的作用。水平越高的队，集体配合就越严密。

#### 2. 排球运动的锻炼价值

排球运动对增强体质、丰富业余文化生活、增进健康有着不可忽视的积极作用。经常进行排球运动，不仅能全面提高人体各器官系统机能，发展力量、弹跳、速度、灵敏等身体素质，而且能培养机智、果断、沉着、冷静等心理品质和团结友爱的集体主义精神。

## 二、排球基本技术

### （一）准备姿势

为了完成各种技术动作而采取的合理的身体姿势称为准备姿势。一般按照身体重心的高低，准备姿势可分为半蹲准备姿势、稍蹲准备姿势和低蹲准备姿势三种。（图 6-2-1）

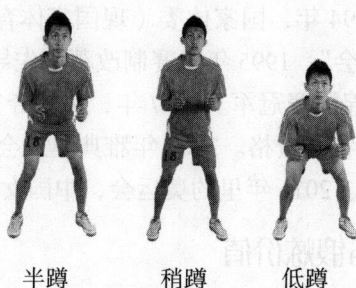

半蹲          稍蹲          低蹲

图 6-2-1

### 1. 半蹲准备姿势

【动作方法】两脚左右开立，稍比肩宽，一脚稍前，两脚尖内收，脚跟稍提起。膝关节保持一定的弯曲，其的投影在脚尖前面。上体前倾，重心靠前。两臂放松自然弯曲，两手置于腹前。全身肌肉适当放松，两眼注视来球，两腿始终保持微动。

### 2. 稍蹲准备姿势

【动作方法】和半蹲准备姿势基本相同，仅身体重心稍高。

### 3. 低蹲准备姿势

【动作方法】低蹲准备姿势比半蹲准备姿势的身体重心更低、更靠前，两脚左右、前后的距离更宽一些，膝部弯曲程度更大一些；肩部投影过膝，膝部投影过脚尖，两手置于胸腹之间。

## （二）移动

从启动到制动的过程为移动。移动的目的主要是及时接近球，保持好人与球的位置关系，以便击球。移动由启动、移动步法和制动三个环节组成。

### 1. 启动

启动是移动的开始，它是在准备姿势的基础上，变换身体重心的位置，破坏准备姿势的平衡，使身体向目标方向移动。

【动作方法】根据场上的情况，采取不同的准备姿势，有利于随时改变移动方向和迅速移动。以向前启动为例，在正确准备姿势的基础上，迅速抬腿，收腹，使上体向前探出，同时后腿迅速用力蹬地，使整个身体急速地向前移动。

### 2. 移动步法

启动后，应根据临场技战术的需要，灵活地采用各种移动步法进行移动。

（1）并步与滑步。

【动作方法】如向前移动，则后脚蹬地，前脚向来球方向跨出一步，后脚迅速跟上做好击球准备。连续并步就是滑步。

（2）跨步与跨跳步。

【动作方法】如向前移动，则后脚用力蹬地，前脚向来球方向跨出一大步，膝部弯曲，上体前倾，身体重心移至前腿上（图6-2-2）。跨步过程中有跳跃腾空即为跨跳步。

（3）交叉步。

【动作方法】以向右交叉步为例，上体稍向右转，左脚从右脚前面向右交叉迈出一步，然后右脚向右跨出一大步，同时身体转向来球方向，保持击球前的姿势。（图6-2-3）

图 6-2-2　　　　　　　　　　　　图 6-2-3

## （三）垫球

垫球是排球运动的基本技术之一，是比较简单易学的一种击球动作。按动作方法，可分为正垫球、背垫球、半跪垫球、前扑垫球、肘滑垫球、滚翻垫球、鱼跃垫球、侧卧垫球、单臂滑行铲球、单手垫球、挡球等 10 多种。

垫球

### 1. 准备姿势

准备姿势的高低应依来球位置的高低、角度，以及队员腿部力量的大小来定，在不影响快速启动的前提下，重心应适当降低，有利于双手插到球下，同时也便于低垫高挡。

### 2. 手型

正面双手垫球的基本手型有互靠式、叠掌式和抱拳式，但无论采用哪种手型都应该注意手腕下压，两臂外翻。（图 6-2-4）

### 3. 触球部位

触球部位在腕关节以上 10 厘米左右的桡骨内侧平面。（图 6-2-5）

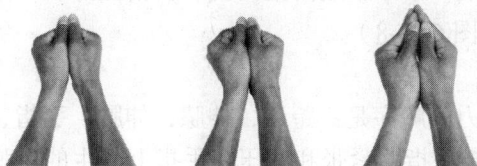

图 6-2-4　　　　　　　　　　　图 6-2-5

### 4. 击球

击球点保持在腹前一臂距离，便于控制用力大小、调整手臂击球角度，以及控制球的落点和方向。

### 5. 用力

击球的用力方法和大小应根据来球的力量、弧度不同而有所变化。垫球的用力顺序是：下肢蹬地，以提肩、顶肘、压腕的动作去迎击来球，身体重心要随球前移，两臂在全身协调动作的配合下伴送球。（图 6-2-6、图 6-2-7）

图 6-2-6　　　　　　　　　　　　　　　图 6-2-7

## （四）传球

传球是排球运动的基本技术之一，是组织战术的基础。它的种类很多，主要有正面传球、背传球、侧传球、挑传球、晃传球等。

传球

### 1. 准备姿势

稍蹲姿势，面对来球，双手自然抬起，放松，置于脸前。

### 2. 迎球

当球下降至额前时，蹬地伸膝，伸臂，两手向前上方迎击来球。

### 3. 击球

击球点在额前上方一球距离处，有利于看准来球和控制传球方向。

### 4. 手型

两手自然张开成半球形，两拇指相对成一字形；用拇指内侧、食指全部、中指二三指节触球；无名指和小指辅助控制传球方向。（图 6-2-8）

### 5. 用力

传球动作要求全身协调用力。传球用力的顺序是：蹬地，伸膝，伸腰，手指、手腕屈伸（图 6-2-9）。最重要的是利用伸臂、手腕与手指的紧张和球压在手指上产生的反弹力将球传出去。

图 6-2-8　　　　　　　　　　　　　　　图 6-2-9

## （五）发球

发球是排球运动基本技术之一，其技术种类较多，一般有正面下手发球、侧面下手发球、正面上手发球、正面上手飘球、勾手飘球、勾手大力发球等。

## 1. 正面下手发球

这种发球动作简单易学，但球速慢、力量小、攻击性差，适用于初学者。动作方法见图6-2-10。

（1）准备姿势。

发球前，面对球网，两脚前后开立，左脚在前，两膝微屈，上体前倾，重心偏后脚，两手持球于腹前。

（2）抛球。

左手将球平稳地抛在体前右侧，离手一球多的高度。

（3）击球。

在抛球的同时，右臂伸直，以肩关节为轴向后摆动。击球时，右腿蹬地，身体重心随着右手的向前摆动前移，在腹前用掌根击球的后下部。重心随击球动作前移，迅速进场比赛。

正面下手
发球

图 6-2-10

## 2. 正面上手发球

正面上手发球动作方法见图6-2-11。

（1）准备姿势。

面对球网站立，两脚自然开立，左脚在前，两手持球于体前。

（2）抛球。

左手将球平稳地垂直抛于右肩的前上方，上体稍右转。

（3）挥臂击球。

上体左转，迅速收腹，带动手臂向前上方挥动，伸直手臂，用全掌击球的后中部。

正面上手
发球

图 6-2-11

## 3. 正面上手飘球

这种发球不旋转，但球不规则地向前飘晃飞行，使接发球队员难以判断球的飞行路线和落点。这种发球由于面对球网站立，便于观察对方和控制发球方向。上手飘球的成功率高，攻击性强，在各种水平比赛中被普遍采用。

（1）准备姿势和抛球动作同"正面上手发球"。

（2）挥臂击球基本同"正面上手发球"，但是在手触球时，五指并拢，手腕稍后仰，用掌跟平面击球的后中下部。击球瞬间，手指、手腕保持紧张，手型固定，用力要突然、短促。击球结束，手臂要有突停动作。

### 4. 勾手飘球

这种发球的飞行特点与"正面上手飘球"基本一致，只是由于发球队员侧面站立，可以充分利用腰部扭转带动手臂加速挥动。这种发球比较省力，但动作较复杂。

（1）准备姿势。

左肩对网，两脚自然开立，左手持球于体前。

（2）抛球。

左手将球平稳地抛在左肩前上方约一臂高处。重心右移，右臂自然向侧后摆动。

（3）挥臂击球。

右脚蹬地，上体左转发力，带动伸直的手臂向前挥动，手臂做直线运动。击球瞬间如同"正面上手飘球"。

### 5. 勾手大力发球

这种发球力量大、速度快、弧线低，球的旋转速度快。

（1）准备姿势。

左肩对网，两脚自然开立，两膝微屈，两手持球于体前。

（2）抛球。同"勾手发飘球"。

（3）挥臂击球。

右腿用力蹬地，利用转体动作带动手臂做直臂弧形挥动，在右肩前上方手臂的最高点击球。击球手型同"正面上手发球"。

## （六）扣球

扣球动作方法见图6-2-12。

扣球

图 6-2-12

### 1. 近网扣球

对距网50～100厘米的二传球进行扣击为近网扣球。近网扣球时，由于靠近球网，扣球人要注意垂直起跳。起跳后，挺胸抬臂，主要是利用含胸动作发力，以肩为轴向前挥动手臂，加强屈肘甩腕动作，以全掌击中球后中上部，击球点不宜靠后。击球时，手掌包满球，手腕快速抖动，击球后手臂顺势收回，防止手触网。

**2. 远网扣球**

对距网150厘米以外的二传球进行的扣击为远网扣球。远网扣球时，由于远离球网，扣球人可以充分利用收腹，加大手臂挥击动作，增加扣球力量。击球瞬间，手腕推压动作要明显。

**3. 调整扣球**

调整扣球是指在一传不到位时，由二传调整传球到网前进行进攻的一种方法。调整扣球技术与正面扣球技术动作相同，但由于球从后场传来，因而扣球助跑前要撤到边线以外，以便观察来球情况，选择准确的助跑、启动时机和起跳位置。扣球时，应根据球与网的距离，灵活地运用近网扣球或远网扣球的不同手法。

**4. 扣快球**

扣快球是指扣球队员在二传队员传球前或传球的同时起跳，把球扣入对方场区的一种扣球方法。这种扣球法速度快，时间短，突然性强，牵制性大，能在时间上和空间上争取主动。快球分为近体快球、背快球、短平快球、背短平快球、平拉开球、半快球球、调整快、单脚快球等。

**5. 自我掩护扣球**

自我掩护扣球是用自己各种快球的假动作来掩护自己实扣的半高球进攻。

（1）时间差。

扣球队员以逼真甚至夸大一点的动作，佯作快球或短平快球的起跳，但实际并未跳起，以欺骗对方拦网队员起跳，待拦网者下落时，再迅速原地起跳扣半高球或小弧度球，造成佯装扣球和实际扣球时间上的差异，即为"时间差"球。"时间差"造成扣球与拦网在时间上的差异，从而使扣球成功地摆脱拦网。常用的"时间差"扣球有：近体快球"时间差"、背快球"时间差"、短平快"时间差"等。

（2）位置差。

扣球队员按原来扣球的时间助跑，在助跑后佯做踏蹬动作，下蹲与摆臂动作明显的起跳扣球，但助跑后不起跳，待对方队员拦网起跳时，突然变向侧跨出一步，动作幅度、挥臂幅度要小，速度要快，用两脚或单脚"错"开拦网人的位置起跳扣球，即为"位置差"扣球。常用的"位置差"扣球有：短平快球向3号位错位扣、近体快球向2号位或4号位错位扣、背快球向2号位错位扣等。

不管采用哪种错位扣球都应注意两点：第一，按原来各种快球的时间助跑、踏跳下蹲、制动和摆臂，动作要逼真；第二，变向跨步起跳时，动作应连贯，摆臂应幅度小、速度快。

（3）空间差。

扣球队员利用助跑的冲力和专门的踏跳技术，使身体向前上方跃出，把正面盯人拦网的对手甩开，使扣、拦在空中出现差误，即为"空间差"扣球，也叫冲飞扣球。常用的"空间差"扣球有：佯扣快球而冲跳向二传人背后扣小弧度球的"背飞"、佯扣前快球而侧身向左起跳追击扣球的"拉三"以及佯扣短平快球而侧身向左起跳追击扣球的"拉四"等。

## （七）拦网

拦网是排球运动的基本技术之一，是指队员在球网上空拦阻对方击来的球。（图6-2-13）

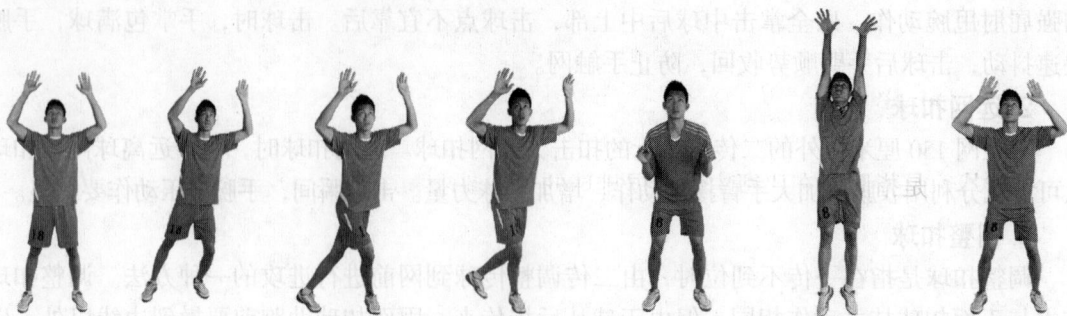

图 6-2-13

### 1. 准备姿势

面对球网，两脚平行开立，约同肩宽，距网 30～40 厘米，两膝微屈，两臂自然弯曲置于胸前。随时准备起跳或移动。

### 2. 移动

（1）滑步移动：相距 2 米左右可采用滑步移动。连续的并步移动即是滑步。

（2）并步移动：这种移动适合于近距离使用。动作方法是单脚向右（左）迈一步，另一脚并步靠拢。

（3）交叉步移动：向右移动时，身体稍向右转，重心移向右脚，接着左脚从右脚前面向右交叉一大步，然后右脚向右边跨出一步，右脚落地时，脚尖内转，使两脚平行站立，身体正对球网。移动时，也可右脚先向右迈一小步，其他动作与上述相同。

（4）跑步移动：向右移动时，身体先向右转，左肩对网，顺网跑至起跳点时，左脚跨出一步制动，右脚再向前迈出一步，同时脚尖内转，尽量使双脚保持平行，接着屈膝起跳。

### 3. 起跳

起跳时，重心降低，两膝弯曲，弯曲程度因人而异，两脚用力蹬地，两臂在体侧画小弧用力上摆，带动身体向上垂直跳起。起跳后稍收腹，控制身体平衡。拦网起跳的时间必须掌握好，应根据对方二传球的高低、远近、快慢，以及扣球队员的起跳时间和动作特点来确定。拦高球时，一般应比扣球队员晚跳；拦快球时，可以和扣球队员同时起跳或提前起跳。

### 4. 空中击球

起跳同时，两手从额前贴近并平行于球网，向球网上沿的前上方伸出，两臂伸直，前臂靠近网，两手尽量伸向对方上空接近球，两手自然张开，屈指、屈腕成"勺"形。两手之间距离不能超过一个球，以防止球从两手间漏过。当手触球时，两手要突然紧张，手腕要用力下压盖住球的上方。

### 5. 落地

如已将球拦回，则面向对方，屈膝缓冲，两脚落地。如未拦到球，在身体下落时要随球转身，向着球飞出的方向准备做接应救球。

### 6. 拦网的判断

判断是拦网技术的关键环节，在拦网的全程中都贯穿着判断。应从以下几个方面进行判断：判断对方的战术打法；判断对方一传情况；判断对方二传的方向、弧线、速度和落点；判断对方扣球队员的助跑方向、起跳的时间，以及起跳后人与球的关系和空中挥臂击球动作，同时，还要判断对方扣球队员的个

拦网

人技术特点。

## 三、排球基本战术

排球战术是指队员在比赛中，根据排球的规则要求和运动规律以及双方当时的情况，合理运用技术所采用的有意识、有目的、有组织的个人和集体配合行动。全面、准确、熟练和实用的技术是组织战术的基础，而合理地运用战术又能更加充分地发挥技术的威力。

### （一）阵容配备

阵容配备指比赛时场上人员的搭配布置。其目的是合理地把全队的力量搭配好，更有效地发挥每一名队员的特长和作用。根据各队不同的技术水平和战术特点，一般有以下三种阵容配备：

#### 1. "四二" 配备

"四二" 配备即场上 2 名二传手、4 名攻手（其中 2 名主攻手、2 名副攻手），安排在对称的位置上（图 6-2-14）。每一轮次前排都有 1 名二传队员和 2 名进攻队员，便于组织前排二传传球的两点进攻和后排二传插上传球的三点进攻。

#### 2. "五一" 配备

"五一" 配备即场上 1 名二传队员和 5 名进攻队员的阵容（图 6-2-15）。为了弥补有时主要二传队员来不及传球所出现的被动局面，通常在二传队员的对角位置上，配备 1 名有进攻能力的接应二传队员。二传队员在前排时采用两点进攻，在后排时采用进攻和拦网的力量。"五一" 配备中，全队进攻队员只需适应 1 名二传队员传球的习惯、特点，容易建立配合间的默契。

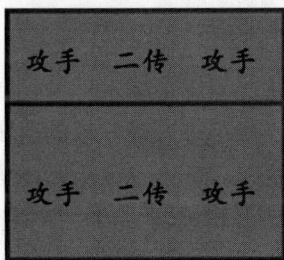

图 6-2-14

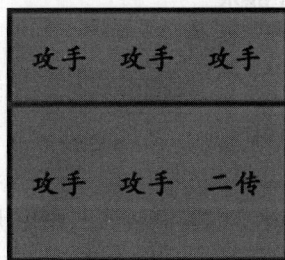

图 6-2-15

#### 3. "三三" 配备

"三三" 配备即 3 名能攻的队员与 3 名能传的队员间隔站位，使每一轮次都有传有扣，是初学者常用的阵容配备。

### （二）进攻战术

#### 1. "中一二" 进攻战术阵型

此阵型是 3 号位队员做二传，将球传给 4 号（或 2 号）位队员进攻的组织形式（图 6-2-16）。其优点是一传向网中 3 号位垫球比较容易，因而有利于组成进攻，适合初学者采用；二传队员在网前接应一传的移动距离近，向 2 号位、4 号位传球的距离较短，容易传准。其缺点是战术变化少，对方容易识破进攻意图。

### 2. "边一二"进攻战术阵型

此阵型是 2 号位队员做二传，将球传给 4 号（或 3 号）位队员进攻的组织形式（图 6-2-17）。其优点是右手扣球者在此 3 号、4 号位扣球比较顺手，战术变化较多。其缺点是 6 号位接一传时，向 2 号位垫球距离较远；一传垫不到位时，二传传球较为困难。

### 3. "插上"进攻战术阵型

此阵型是二传队员由后排插上前排做二传，把球传给前排 4 号位、3 号位、2 号位队员进攻的组织形式（图 6-2-18）。其优点是能保持前排三点进攻，战术配合变化多，并能利用网的全长组织进攻。其缺点是对插上二传队员的要求较高。

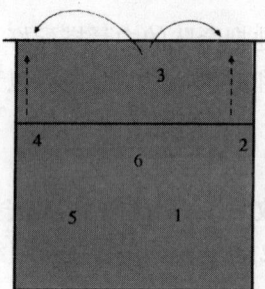 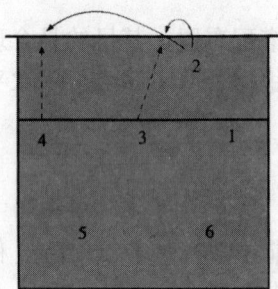 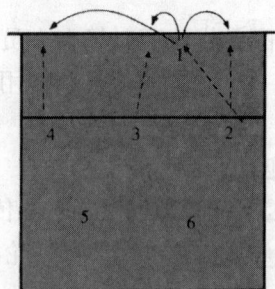

图 6-2-16　　　　　　　　图 6-2-17　　　　　　　　图 6-2-18

## （三）防守战术

排球的防守战术是组织进攻及反攻战术的基础，没有严密的防守，进攻就无从组织。而一切防守战术都应从积极为进攻和反攻创造条件的角度进行设计与考虑。

### 1. 接发球的防守战术

（1）5 人接发球站位阵型。

这是除 1 名二传队员站在网前或从后排插上准备二传不接发球外，其余 5 名队员都担负一传任务的接发球站位阵型。其优点是队员均衡分布，每人接发球的范围相对减小；接发球时，已站成了基本的进攻阵型，组织进攻比较方便，适合接球水平不太高的球队。其缺点是二传队员从 5 号位插上时距离较长，难度大；3 号位队员接球时，不便组成快攻战术；不利于队员间的及时换位；队员之间空当较多，配合不默契时，容易互相干扰。

（2）4 人接发球站位阵型。

这是插上二传队员与同列的前排队员均站在网前不接发球，其他 4 人站成弧形接发球的站位阵型。其优点是便于后排插上和不接发球的前排队员及时换位；缺点是接发球的 4 人要有较高的判断、移动能力和较好地掌握接发球技术。

### 2. 接扣球的防守战术

（1）不拦网的防守阵型。

在对方进攻较弱、没有必要进行拦网时，可以采用不拦网的防守阵型。这种阵型与 5 人接发球站位阵型相似，前排进攻队员要撤到进攻线后，准备防守和防守后的反攻；后排队员后退，准备防后场球；二传队员留在网前，准备接吊到网前的球和组织进攻。

（2）单人拦网的防守阵型。

当对方扣球威胁不大、扣球路线变化不多、轻打中吊球较多时，可以采用单人拦网的防守阵型。拦网队员拦扣球人的主要进攻路线，不拦网队员及时后撤防守前区或保护拦网人，后排队员后撤加强后场防守。

（3）双人拦网的防守阵型。

对方水平较高、进攻力量较强、进攻路线变化较多时，多采用这种防守阵型，即2人拦网、4人接球，通常分为"边跟进"和"心跟进"两种。

①"边跟进"。

该阵型多在对方进攻较强、吊球较少时被采用。当对方4号位队员进攻时，我方2号位、3号位队员拦网，其他4名队员组成半圆弧形防守。如遇对方吊前区，由边上1号位队员跟进防守。其优点是加强了拦网，缺点是边上的队员既要防直线，又要跟进防前区，比较困难。

②"心跟进"。

在本方拦网能力强、对方采取打吊结合时采用"心跟进"阵型。当对方4号位队员进攻时，我方2号位、3号位队员拦网，后排中间的6号位队员在本方拦网时跟在拦网队员后面进行保护，其余3名队员组成后排弧形防守。其优点是加强了前区的防守能力，缺点是后排防守队员之间的空当较大。

# 四、排球欣赏与规则简介

## （一）如何欣赏排球比赛

我们在观看排球比赛时，不难发现，排球比赛最显著的特点就是球队严密的整体性和运动员技术动作的高度技巧性，欣赏排球比赛只要抓住这两个特点，就能很好地理解排球、看懂排球。从整体性上主要是观察运动队在比赛中的各个环节配合是否默契，如进攻中通过二传手的组织和进攻手的跑动进攻来完成。精彩时，常常出现巧妙的配合和二传手隐蔽地组织进攻，把对手的拦网晃开，形成扣空网或只有单人拦网的局面，在对手还来不及进行补拦时，紧接着就以迅雷不及掩耳之势进行扣杀，球应声落地，观众掌声响起。当我们看到这样的扣球效果时，不要忘了，前面一连串的环节都不能出问题，即接发球或防守起球、二传、跑动路线和时机、扣球、保护等配合。当然，我们也会看到二传手传球后没有进攻队员进行扣球，看着球落地的现象，让支持的观众干着急，其实这是二传手对攻手的布置与进攻队员的意图或联系不一致造成的，导致配合失误，令人惋惜，由此也可以看出这支球队的整体水平。中国女排运动员在身体条件方面与欧美球队（美国、德国、俄罗斯、巴西等）相比，没有多少优势，但中国女排高水平的整体性、领先各队的快速多变的战术体系却是其他球队所不能及的，球队的勇于创新和艰苦的训练使之始终保持领先，这也正是中国女排屡创佳绩的重要法宝。

运动员高超的技术动作使观众一再叫好，为之感叹、为之兴奋，更为运动员获得这样高度技巧所付出的训练而感动，这亦成为欣赏排球比赛的重要看点。在排球比赛中，这样的精彩表演层出不穷，令人应接不暇：发球时的大力跳发球，看似平常而飘忽不定的（长或冲）飘球，尤其是在胜负关键时刻，发球更让人担心和激动；扣球时的大力扣球突破对手集体拦网、轻吊巧妙得分令人赞叹；二传手队员狡猾的传球让对手拦网无从选择，令人不得不佩服二传手队员的智慧；防守时，这种不畏重扣防起扣球、腾空鱼跃勇救险球、疾跑冲向广告板救球，运动员顽强拼搏的作风令人敬佩。这时，观看比赛的观众也融入了比赛中，成了比赛中的一员。

### （二）了解规则

#### 1. 队员在球网附近的犯规

（1）对方进攻性击球前或击球时，在对方空间触及球或对方队员。

（2）从网下穿越进入对方空间并干扰对方比赛。

（3）队员的双脚（单脚）全部越过中线进入对方场区。

（4）队员干扰比赛有下列情况（但不限于）：击球行为触及标志杆及标志杆以内球网任何部分；利用球网进行支撑或稳定身体；造成了对本方有利；妨碍了对方合法的击球试图；拉网/抓网。

任何运动员靠近球击球或准备击球，不管是他/她能否击到球都是击球行为。但是，队员身体触及标志杆以外的球网，不算犯规（另有规则除外）。

#### 2. 发球时的犯规

（1）发球犯规。下列犯规应判为发球犯规，即使对方位置错误。发球队：发球次序错误；没有遵守"发球的执行"的规定。

（2）发球击球后的犯规。球被发出后出现以下情况仍为发球犯规（除非位置错误）：球触及发球队队员或球的整体没有从过网区通过球网垂直平面；界外球；球越过发球掩护。

#### 3. 击球时的犯规

（1）4次击球：一个队连续击球4次。

（2）借助击球：队员在比赛场地内借助于同伴或任何物体的支持进行击球。

（3）持球：球被接住和/或抛出，而不是被弹击出。

（4）连击：一名队员连续击球两次，或球连续触及身体不同部位。

#### 4. 进攻性击球的犯规

（1）在对方空间击球。

（2）击球出界。

（3）后排队员在前场区完成进攻性击球，并且击球时球的整体高于球网上沿。

（4）在前场区内对高于球网上沿的对方发球完成进攻性击球。

（5）自由防守队员对高于球网上沿的球完成进攻性击球。

（6）队员在高于球网处，对同队自由防守队员在前场区用上手传出的球完成进攻性击球。

#### 5. 拦网犯规

（1）在对方进攻性击球前或击球的同时，在对方空间完成拦网。

（2）后排队员或自由防守队员完成拦网或参加了完成拦网的集体。

（3）拦对方的发球。

（4）拦网出界。

（5）从标志杆以外伸入对方空间拦网。

（6）自由防守队员试图进行个人或参加集体拦网。

# 第三节 足球运动

## 一、足球运动概述

足球运动是一项两队互相攻守、相互对抗、争夺激烈的球类运动。正式比赛是由裁判员组织，每队 11 人，在设有球门的长方形场地上进行。比赛的胜负由进球的多少来决定。

足球比赛的特点是场地大、人数多、时间长、技术复杂、战术多样，在比赛中不仅要求参加者体力好、速度快、意志强，而且还要在转瞬即变的情况下完成复杂的技术动作和战术配合，是一项深受广大群众尤其是青年学生欢迎的、锻炼价值很高的运动项目。

### （一）我国足球概况

据有关史料记载和大量文物考证，我国古代就有了足球游戏。从殷墟出土的文物中，可以考查到殷代就创造了"足球舞"，这是古代足球游戏的前身。据《战国策》和《史记》记载，古代足球游戏称为"蹴鞠"或"蹋鞠"。"蹴"和"蹋"都是用脚踢的意思，"鞠"是球名。早在 2000 年前的战国时代，我们祖先就用皮革制球，里面装满毛发一类有弹性的东西。西汉刘邦曾在宫廷内大规模修建"鞠城"，专供竞赛使用，蹴鞠开始被封建统治阶级作为训练士兵的手段。唐代又创造了气球，还设立了球门，不仅在球的性质和器材上又有了改进，而且当时已具备了较高的游戏技术和方法。就在这一时期，我国的古代足球游戏被传入了日本和欧洲。到了宋、元、明三个朝代，足球组织也相继建立起来了，如劳动人民的球会"香云会"。进入清朝时期，民间的足球变为冰上游戏，并成为专门训练王室军队的军事体育活动项目。

中华人民共和国成立后，我国足球运动在党的亲切关怀和人民政府的提倡下，采取了一系列有力措施，得到了很大普及和提高。1951 年举行了第一次全国性足球比赛，还在全国足球联赛中实行甲、乙分级比赛的升降级制度。足球在各级学校中得到了很大的发展。从 1956 年开始，我国实行运动员、裁判员等级制度，这对进一步普及与提高足球运动具有重要意义。20 世纪 80 年代以后，我国足球运动又有了进一步的发展。例如，中国男子足球队在第 12 和 14 届世界杯预选赛中充分显示了中国足球的实力和水平，并在第 17 届世界杯赛上闯入决赛圈。再如中国女子足球队，1986 年亚洲杯摘冠，1999 年荣获世界杯亚军，这表明中国女子足球已经进入世界强队行列。2004 年，中国足球协会正式推出中国足球协会超级联赛。2015 年，中央全面深化改革领导小组第十次会议召开，会议审议通过了《中国足球改革发展总体方案》。

### （二）国际足球运动概况

国际足球联合会（简称国际足联）成立于 1904 年 5 月 21 日。该会的任务：推动世界足球运动的发展，增进各国人民和运动员之间的友谊和团结，组织 4 年一次的世界杯足球赛，裁决、协调各国家、地区的协会间可能发生的争端等。

目前，国际上规模比较大的足球比赛有两种：一种是世界杯赛；另一种是奥林匹克运动会足球赛。世界杯足球赛由国际足联举办，从 1930 年举行第 1 届比赛开始，每隔 4 年举行一次，到 2018 年已举行了 21 届比赛。1908 年，足球被列为奥运会正式比赛项目，每隔 4 年举行一次。各大洲也有各自举办的各种不同的国际性比赛，如亚洲就有亚洲杯、亚运会以及亚洲的青少年、女子比赛等。

国际足球运动发展很快，已形成全攻全守的全面型踢法。比赛对技术、战术、身体素质、战斗意志都提出了很高的要求。每个队员正向全能方向发展，既能攻又能守，既能踢右面也能打左面，前锋与后卫在技术上的差异逐渐缩小。目前欧洲和南美洲的实力最强。近几年来亚洲和非洲的足球正在崛起，水平提高得也很快。

## 二、足球基本技术

足球基本技术是指运动员在足球比赛中所采用的合理行动和动作方法的总和。其主要包括踢球、运球、停球、头顶球、抢截球、假动作、掷界外球和守门员技术。

### （一）踢球

踢球动作一般都由助跑、支撑脚站位、踢球腿的摆动、踢球脚的触球部位和踢球后的随摆等动作组成。

**1. 脚内侧踢球**

脚内侧踢球常用于踢定位球，直接踢各方向来的地滚球和空中球，也可用脚内侧蹭球。

脚内侧踢球

踢（定位球）时，直线助跑，支撑脚落在球的侧后方 15 厘米左右，膝微屈，踢球腿以髋关节为轴，膝外转约 90°，脚尖翘起与地面平行，同时踢球脚不得高于球，由后向前摆动，用脚内侧（三角面）触球的后中部。踢空中来球时，大腿抬起，小腿拖后，脚内侧对准出球方向，利用小腿的向前摆动平敲击球的后中部。（图 6-3-1）

**2. 脚背正面踢球**

脚背正面踢球常用于踢定位球、空中球、反弹球及倒勾球。

（1）踢定位球：踢定位球时，直线助跑，最后一步稍大并积极踏地，支撑脚在球的侧后方 10 ～ 15 厘米，脚尖正对出球方向，膝微屈；同时踢球腿向后摆起，膝微屈，在支撑脚着地的同时，以髋关节为轴，大腿带动小腿由后向前摆。在膝盖摆至球正上方的一刹那，小腿加速前摆，脚背绷直，脚趾扣紧，以脚背正面击球的后中部。踢球后腿继续前摆。（图 6-3-2）

脚背正面踢球

图 6-3-1　　　　　　　　　　　图 6-3-2

（2）踢反弹球：准确判断球的落点、时间及反弹路线。支撑脚踏在球的落点的侧方，脚尖与身体都对准出球方向，在球落地的一刹那，踢球腿的小腿迅速前摆，当球将反弹离地时，以脚背正面踢球的后中部。

（3）踢侧身空中球：首先要判断好球的路线和确定好击球点，使身体侧对出球方向，支撑脚跨上一步，脚尖转向出球方向，身体向支撑脚一侧倾斜，踢球脚的大腿高抬至近乎与地面平行，然后大腿带动小腿迅速向出球方向摆动，用脚背的正面击球的后中部，在摆腿踢球的过程中向出球方向转体。出球后面对出球方向。

### 3. 脚背内侧踢球

脚背内侧踢球用于踢定位球、过顶球、远距离传射和转身踢球。

踢（定位球）时，助跑与出球方向成 90°。支撑脚的脚掌外沿积极踏在球的侧后方 25 ～ 30 厘米处，膝弯曲，支撑脚的脚尖指向出球方向，并踏在球的横轴（与出球方向成垂直的轴）的延长线上，身体向支撑脚一侧稍倾斜。在支撑脚着地的同时，踢球腿以髋关节为轴，以大腿带动小腿由后向前挥摆。当身体转向出球方向、膝盖大约摆至球的正上方时，小腿加速前摆，脚尖稍外转并下压，以脚背的内侧踢球的后中部。踢球后，摆动腿继续向出球方向摆动。（图 6-3-3）

脚背内侧
踢球

图 6-3-3

转身踢球时，在助跑最后一步蹬离地面时，身体转向出球方向。支撑脚以脚掌外沿着地，脚尖指向出球方向，上体侧前倾，膝弯曲，后面的动作与脚背内侧踢球相同。

### 4. 脚背外侧踢球

脚背外侧踢球用于踢定位球、弧线球、弹拨球等。

踢（定位球）时，助跑、支撑脚的位置和踢球脚的摆动，基本上与脚背正面踢球相同，只是用脚背外侧接触球。在踢球腿膝盖大约摆至球的正上方时，小腿加速前摆的一刹那，膝盖与脚尖内转，脚面绷直，脚趾扣紧，以脚背外侧踢球的

脚背外侧
踢球

后中部。踢球后腿继续前摆。（图6-3-4）

还有脚尖、脚跟踢球等，这些踢球方法常用于短传与射门。

## （二）运球

### 1.脚背正面运球

脚背正面运球常用于快速前进。

脚背正面
运球

跑动时，身体自然放松，上体稍前倾，两臂自然摆动，步幅不宜过大。运球脚脚跟提起，趾尖下压，用脚背正面推拨球前进。（图6-3-5）

图6-3-4

图6-3-5

### 2.脚背外侧运球

脚背外侧运球用于快速奔跑和向外改变方向。

与脚背正面运球相似，不同的是运球脚的脚尖稍内转，用脚背外侧触球。

脚背外侧
运球

### 3.脚背内侧运球

脚背内侧运球用于变向和用身体掩护球。

跑动时，身体自然放松，步幅不宜过大，上体稍前倾并向运球方向转动。运球脚提起时，膝微屈，脚跟提起，脚尖稍外转。在迈步前伸着地前，用脚背内侧推拨球。

脚背内侧
运球

### 4.脚内侧运球

脚内侧运球是运球技术中最慢的一种运球方法，常结合身体掩护球使用。

运球时，支撑脚向前跨出一步，踏在球的前侧方，膝微屈，上体稍前倾并向里转。随着身体向前移动，运球脚提起，用脚内侧推球的后中部。

脚内侧运球

## （三）停球

停球是指队员有目的地用身体的合理部位，把运行中的球停或接到所需要的控制范围内。停球是为了更好地理顺球，使之为传球、运球、过人和射门服务。停球的好坏直接影响着下一个动作的顺利完成，因此，要求每一个运动员必须熟练地掌握停球技术。停球动作力求简练、快速和多变，并能与下个动作紧密地衔接起来。

### 1.脚内侧停球

脚内侧停球易掌握，触球的面积大，易停稳，便于变向和结合下一个动作用，多用于停地滚球、空中球和反弹球。

脚内侧停地
滚球

（1）停地滚球：支撑脚对正来球，膝微屈，停球脚膝外转并前迎，在球与脚接触前的一刹那开始后撤，在后撤过程中用脚内侧接触球，把球停在需要的位置

上。（图 6-3-6）

（2）停反弹球：支撑脚踏在球的落点的侧前方，膝微屈，上体稍前倾并向停球脚方向微转，同时停球脚提起并放松，用脚内侧对准球的反弹路线。当球落地反弹刚离地时，用脚内侧触球的中上部。（图 6-3-7）

脚内侧停反弹球

图 6-3-6　　　　　　　　　　图 6-3-7

（3）停空中球：一种方法是根据来球的高度，将停球脚举起，脚内侧对准来球路线，在脚与球接触前的一刹那开始后撤，在后撤过程中用脚内侧接触球，把球控制在下个动作需要的地方（图 6-3-8）；另一种方法是将脚提起稍高于选择的停球点，在脚与球接触前的一刹那开始下切的过程中用脚内侧切球的侧上部，把球停在地面。用切压法停球往往不稳，需要及时调整。

脚内侧停空中球

图 6-3-8

## 2. 脚底停球

脚底停球用于停地滚球和反弹球。

停地滚球时：支撑脚站在球的侧后方，膝微屈，脚尖对正来球，同时将停球脚提起，膝关节自然弯曲，脚尖翘起，脚跟不得高于一球，踝关节放松，用前脚掌触球中上部。（图 6-3-9）

脚底停地滚球

图 6-3-9

停反弹球时：支撑脚踏在球落点的侧后方。在球着地的一刹那，用前脚掌对准球的反弹路线，触球的中上部。

### 3. 脚背外侧停球

脚背外侧停球常与假动作结合起来做，具有较大的隐蔽性，但重心移动较大，不易掌握。常用脚背外侧停地滚球和反弹球。

停地滚球：停球脚稍提起，膝和脚内转，以脚外侧对准来球，用支撑脚前侧接触球的侧后方（偏支撑脚一侧）。接球时，要向停球脚一侧轻拨，把球停在侧方或侧后方。（图6-3-10）

图 6-3-10

停反弹球：身体侧对来球，支撑腿的膝关节微屈。停球脚在支撑脚前方稍提起，脚内翻，使停球脚的小腿与地面成一定角度，并放松。当球刚反弹离地时，用脚背外侧触球的侧上部，将球停在体侧。

### 4. 脚背正面停球

脚背正面停球易掌握，常用于停空中下落球。

停球脚提起迎球，以脚背正面对准下落的球，脚背在与球接触前的一刹那开始下撤，下撤的过程中用脚背正面触球的底部，同时小腿和脚踝放松，使球停在体前；另一种方法的动作较小，仅将脚伸出迎球，在脚背与球接触的一刹那，停球脚与踝关节放松撤引，以缓冲来球力量。

### 5. 胸部停球

胸部面积较大，有弹性，位置高，能停高球和空中平球。胸部停球有收胸式和挺胸式两种。

（1）收胸式停球：一般用来停胸部高度的平直球。停球时，面对来球，两脚开立，两臂自然张开，挺胸迎球。在球运行到与胸部接触前的一刹那，迅速收胸、耸肩、收腹，缓冲来球力量，将球停在身前（图6-3-11）。如果要把球停向左（右）侧时，则在接触球的同时向左（右）侧转体，并用同侧肌肉触球。

（2）挺胸式停球：一般用于停高于胸部的下落球。停球时，面对来球，两脚开立，两膝微屈，正对来球，在球与胸部接触前的刹那间，收下颌，挺胸，上体后仰成反弓形，以缓冲来球力量，使球弹起再落于身前。（图6-3-12）

脚底停反弹球

脚背外侧停地滚球

脚背外侧停反弹球

脚背正面停球

收胸式停球

挺胸式停球

图 6-3-11                                    图 6-3-12

## （四）头顶球

头顶球是争取时间和取得空中优势的主要技术，在攻防中都起着重要作用。头顶球可分为前额正面顶球和前额侧面（额侧）顶球两种。这两个部位都可以原地、跳起和鱼跃顶球。

### 1. 前额正面顶球

（1）原地前额正面顶球：身体正对来球，两脚开立，膝关节微屈，上体后仰，两臂自然分开，两眼注视来球。在球运行到身体垂直部位前的一刹那，脚用力蹬地，收腹，身体迅速前摆。当球运行到身体垂直部位时顶球，颈紧张，收颌甩头，用前额正面顶球的后中部，然后上体随球继续前摆。（图 6-3-13）

（2）跳起前额正面顶球：原地起跳时，两腿先弯曲，重心下降，然后两脚用力蹬地跳起，同时两臂屈肘上摆，在起跳上升过程中，上体后仰成弓形，两臂自然分开，两眼注视来球。在跳到最高点准备顶球时，身体成反弓形。在球运行到身体垂直部位前的一刹那，收腹，上体迅速前屈，甩头，用前额正面将球顶出。顶球后，两腿自然屈膝，缓冲落地。（图 6-3-14）

单脚起跳时，起跳前可做三五步助跑，最后一步要稍大些并用力蹬地，同时另一条腿屈膝、上摆，两臂自然上提，使身体向上跳起。跳起在空中要成弓形，其他动作与原地跳起顶球相同。

图 6-3-13                                    图 6-3-14

### 2. 前额侧面顶球

（1）原地额侧顶球：两脚前后开立，两膝微屈，上体和头部稍向出球方向异侧转动，身体重心放在后脚上，两臂自然张开，两眼注视来球，头部触球时。后脚用力蹬地，上体迅速向出球方向扭转，同时甩头。当球运行到与出球方向同侧肩的前上方时，用额侧部位击球的后中部。

（2）跳起额侧顶球：一般用单脚起跳，起跳动作与前额正面顶球的单脚起跳动作相同。在跳起上升过程中，上体侧屈，侧对来球。在跳到最高点顶球时，急速转体、甩头，用额侧面将球顶出。顶球后，两腿微屈以缓冲落地力量。

### （五）抢截球

抢球是把对方控制的或将要控制的球夺过来或破坏掉。截球是将对方队员传出的球堵截住或破坏掉。

#### 1. 正面抢截球

正面抢截有正面跨步抢截球和正面铲球。

（1）正面跨步抢截球：两脚前后开立，双膝微屈，身体重心下降，体重平均落在两只脚上，面向对手。对手运球前进，当脚触球即将着地或刚着地时，一脚用力蹬地，抢球脚以脚内侧对正球并向球跨出一步，膝关节弯曲，上体前倾，身体重心移至抢球脚上，另一只脚立即前跨成支撑脚。如双方的脚同时触球，则要顺势向上提拉，使球从对方的脚背滚过。身体要迅速跟上，把球控制住。（图6-3-15）

正面跨步
抢截球

（2）正面铲球：两脚前后开立，两膝微屈，身体重心下降，重心平均落在两只脚上，面向对手。对手运球前进，在脚触球的一刹那，一脚用力后蹬，另一脚前伸，然后将球踢出。

（3）合理冲撞：当与对手并肩跑动时，身体重心稍下降，同时与对方接触一侧的臂要紧贴身体。当对方靠近自己一侧的脚离地时，用肘关节以上部位冲撞对方相应部位，使对方失去平衡而离开球，乘机将球控制过来。（图6-3-16）

合理冲撞
抢截球

图6-3-15　　　　　　图6-3-16

#### 2. 侧后铲球

铲球是抢截技术中难度较大的技术动作。侧后铲球有同侧脚铲球和异侧脚铲球。

同侧脚铲球　　异侧脚铲球

（1）同侧脚铲球：在控球者拨出球的一刹那，抢球者的后脚异侧脚用力后蹬成跨步，前脚（同侧脚）以脚外侧沿地面向前外侧滑出，用脚背或脚尖将球踢或捅出，然后小腿外侧、大腿外侧和臀部依次着地。

（2）异侧脚铲球：在控制球者拨出球的一刹那，抢球者后脚（同侧脚）用力后蹬成跨步，前脚（异侧脚）以脚外侧沿地面向前内侧滑出，用脚底将球蹬出去，然后小腿外侧、大腿外侧和臀部依次着地。

## （六）假动作

假动作是为摆脱对手的阻挠、突破对方的防守和抢截对方控制的球而采取的动作。

### 1. 无球假动作

（1）改变速度假动作：为了摆脱对手紧逼，在跑向空位接球时，可先慢跑诱使对手放慢跑动速度，然后突然快跑摆脱对手。

（2）改变方向假动作：为了跑到空位接球，可用声东击西的办法摆脱对方紧逼。

（3）抢截假动作：当对方迎面运球时，抢球者可先向右侧做抢球假动作，诱使对方向左侧运球。当对方已经向左方运球时，再突然向左抢球，使对方措手不及。

### 2. 有球假动作

（1）传球假动作：队员正要传球，如对方迎面跑来抢球时，可先做假踢动作，使对方堵截传球路线，然后改变方向传球。例如，先摆动右腿向右假踢，使对方向右方堵截，再突然改用其他脚法将球从左前方传出或运球。（图6-3-17）

图6-3-17

（2）停球假动作：在对方紧逼下停球时，可先假装向左方停球，再突然改变方向。（图6-3-18）

图6-3-18

（3）顶球改停球假动作：在停高球时，可先做假顶的动作，再突然改变胸部停球。

（4）过人假动作：背靠对方停球时，先向左侧做虚晃动作，使对方向左移动，然后用右脚的外脚背把球向右轻拨并转身过人。

（5）运球过人假动作（方法颇多，只举几例）：对方迎面抢截时，可以采用左右虚晃动作，使对方捉摸不定，从而越过对方；开始用右脚外脚背假做向右踢球，等对方重心移向右侧堵截时，突然改用左脚外脚背拨球，并在越过对方后运球前进；也可用身体左晃的动作诱使对方左移，而后突然向右运球前进。（图6-3-19）

图 6-3-19

（6）停球改顶球假动作：先做挺胸停球假动作，再突然改做用头顶球动作。

## （七）掷界外球

掷界外球不受越位限制，是组织进攻的机会，如果掷球既远又准就能加快进攻速度。

### 1. 原地掷界外球

面对出球方向，两脚前后（左右）开立，膝弯曲，上体后仰成背弓形，重心移到后脚上（左右开立时，重心在两脚间），两手自然张开，拇指相对成"八"字形，持球侧后部，屈肘将球置于头后。掷球时，后脚用力蹬地，两腿迅速伸直，身体重心由后脚移到前脚，收腹屈体，同时两臂急速前摆，当摆到头上时用力甩腕将球掷入场内。掷球时，后脚可沿地面滑动向前，两脚均不可离地或踏入场内（但允许踏在线上）。（图 6-3-20）

原地掷界外球

图 6-3-20

### 2. 助跑掷界外球

双手持球于胸前，在助跑迈出最后一步时，上体后仰成背弓形，同时将球举至头后，掷球时的动作与原地掷球相同。

助跑掷界外球

## （八）守门员技术

守门员技术包括位置选择、移动、接球、拳击球、托球、掷球和抛踢球等。

### 1. 准备姿势

两脚左右开立，与肩同宽，两膝自然弯曲并稍内扣，脚跟稍提起，体重落在前脚掌上，上体稍前倾。两臂于体侧自然伸展，双手五指自然张开，掌心向前，两眼注视来球。（图 6-3-21）

### 2. 移动

（1）侧滑步：当对方向球门两侧射低平球时，可采用侧滑步移动，使身体正对来球。向左（右）侧滑步时，先用右（左）脚用力蹬地，左（右）脚稍离地面并向左（右）滑步，右（左）脚快速跟上。两眼注视来球。

图 6-3-21

（2）交叉步：一般在接两侧高球或扑接球时，为了便于蹬地跃起，多采用交叉步。例如，向左（右）侧做交叉步移动时，身体先向左（右）侧倾斜，同时右（左）脚用力蹬地，并快速向左（右）前方跨出一小步，成交叉步，然后左（右）脚向左（右）侧移动，右（左）脚和左（右）脚依次快速移动，并蹬地跃出。

### 3.接球

图 6-3-22

（1）直腿式接球：两腿自然开立，脚尖对正来球，上体前倾，两臂自然下垂，两手小指靠近，手掌对球稍前迎，两手接球后底部。在球触手的一刹那，立即后引，屈肘、屈腕，两臂靠近，将球抱于胸前。（图 6-3-22）

（2）单腿跪撑式接球：身体对正来球，两腿前后开立，前腿弯曲支撑身体重心，后腿跪立，膝盖接近地面并靠近前腿脚踵，上体前倾，手臂下垂，手掌对准来球，稍向前迎，两手接球后底部。在手触球的一刹那，两手后引，屈肘、屈腕，两臂靠近将球抱于胸前，然后站起。

（3）接平直球（低于胸部和与胸部齐高球）：接低于胸部的平直球时，身体对准来球，上体稍前倾，两臂下垂并屈肘前迎，两手小指相靠，手掌对球。在球触手的一刹那，两臂后引并屈肘，顺势将球抱于胸前。

（4）接高球：当判断好球在空中运行路线和确定接球点后，迅速移动并跳起，两臂上伸迎球，两手拇指相靠，手掌对球。当手触球时，手腕和手指适当用力将球接住，同时屈肘、回缩并下引，顺势翻掌将球抱于胸前。（图 6-3-23）

### 4.掷球和抛踢球

（1）单手肩上和勾手掷球常用于远距离掷球，而单手低手掷球则多用于近距离掷球。（图 6-3-24）

（2）抛踢球：踢自抛下落空中球和反弹球。

图 6-3-23　　　　图 6-3-24

## 三、足球基本战术

### （一）比赛阵型

比赛阵型是指比赛场上队员基本位置排列，是本队攻守力量分配和分工的形式。选择阵型要以本队队员的特长、体能与技术水平为依据。

根据队员的职责和排列的层次可将队员分为后卫线、前卫线和前锋线。阵型的人数排列原则是从后卫数向前锋的，守门员不计算在内。

目前，世界上普遍采用的阵型有"4-3-3"（图 6-3-25）、"4-4-2"（图 6-3-26）、"3-5-2"

（图6-3-27）等。在以上阵型中，除"4-4-2"阵型以防守为主、反击为辅外，其他阵型均以进攻为主，尤以"3-5-2"阵型更为突出。

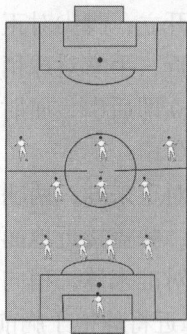  

图 6-3-25　　　　　　　　图 6-3-26　　　　　　　　图 6-3-27

## （二）攻守战术

### 1. 进攻战术

边路进攻：在对方半场两侧地区发动的进攻称为边路进攻。如图6-3-28所示，守门员①接球后立即传给右后卫②，②传给向前跑动接应的⑦，⑦得球传给前锋⑧后，接⑧斜传球，⑦得球下底传中。

中路进攻：在对方半场中间地带发动的进攻称为中路进攻。如图6-3-29所示，守门员发动进攻传球给⑥，⑥传球给⑨，⑨又传球给⑧，⑧与⑨作"二过一"配合切入射门。

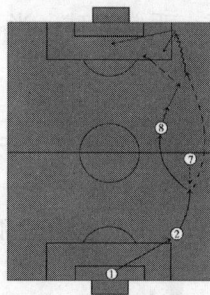 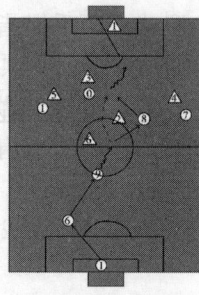

图 6-3-28　　　　　图 6-3-29

### 2. 防守战术

混合防守：就是人盯人防守和区域防守相结合的防守方法。人盯人防守的优点是对进攻队员紧逼，使其传球、停球射门等活动受到限制。由于进攻队员有意识地交叉换位和策动等，会造成防守上的空隙，人盯人防守的这一缺陷刚好由区域防守来弥补。

队员间的互相补位：补位是防守队员互相协助，也就是斜线防守和三角防守相结合的一种防守方法。

### 3. 定位球战术

定位球战术包括中圈开球、掷界外球、球门球、点球、角球、任意球等的攻守配合，特别是踢角球和在对方罚球区附近罚任意球时，如组织得好，得分的可能性就大。目前，定位球战术已被普遍重视。

角球的进攻战术：直接传至门前，中间争取射门。由踢球较好的队员主发角球，并由头球能力较强的队员争顶头球射门。一般将球传至远端门柱附近，距球门10米左右的地点。此点攻方易争顶射门，同时守门员较难出击。攻方队员不要过早地等在那里，而是在球发出后，判断球的运行路线后及时冲上争抢射门。

角球的防守战术：前锋、前卫要快速回防，迅速组织防守。头球好的队员守住主要危险区，要重点防守头球好的进攻队员，其他人进行盯人防守，不得漏人。守门员站在远端门柱附近，以利于观察并随时准备出击。有一个后卫站在近端门柱处，以防发向近端门柱的球。一个边锋可站在离球9.15米的端线处，以防进攻队员的短传配合和低传中，并对发角球者心理上起一定的扰乱作用。当守门员出击时，须有一两个队员补门。

## 四、足球欣赏与规则简介

### （一）如何欣赏足球比赛

足球运动能够成为拥有球迷最多的运动项目，重要原因就是足球比赛具有较高的观赏性。在观看足球比赛时，不难发现，其最鲜明的特点就是比赛中的高强度对抗性，这主要体现在整体对抗和运动员的个体对抗。运动员的技术动作，是智慧、力量、速度和弹跳等的完美统一。运动员们娴熟的盘带过人突破、腾挪躲闪，时而变速、时而转身、时而变向，技惊四座，使防守者人仰马翻，难于围追阻截；射门时如炮弹般的大力射门、轻推射门、挑射门、带过守门员射空门等让观众在焦急期盼中得到满足；而守门员一夫当关、腾空扑球，犹如老鹰抓小鸡，使得无数的射门无功而返，让观众佩服守门员之勇猛；一环接一环紧紧相扣的整体战术，使一支球队形成全攻全守，最终射门或防守成功，表现出高度的集体性和团队合作精神，成为球队屡创佳绩的重要法宝。

### （二）了解规则

**1. 越位**

处于越位位置并不意味着构成越位犯规。

队员处于越位位置，如果其：头、躯干或脚的任何部分处在对方半场（不包含中线），且头、躯干或脚的任何部分较球和对方倒数第二名队员更接近于对方球门线。所有队员包括守门员的手和臂部不在越位位置判定范围内。

一名队员在同队队员传球或触球的一瞬间处于越位位置，该队员随后以如下方式参与了实际比赛，才被判罚越位犯规。

（1）在同队队员传球或触球后得球或触及球，从而干扰了比赛。

（2）干扰对方队员，包括通过明显阻碍对方队员视线，以妨碍对方队员处理球，或影响其处理球的能力；或与对方队员争抢球；或有明显的试图触及近处的来球的举动，且该举动影响了对方队员；或做出影响对方队员处理球能力的明显举动。

（3）在如下情况发生后触球或干扰对方队员，从而获得利益：① 球从球门柱、横梁、比赛官员或对方队员处反弹或折射过来。② 球从任一对方队员有意救球后而来。 如果出现越位犯规，裁判员在越位犯规发生的地点判罚间接任意球，这包括发生

在越位队员的本方半场。

**2. 犯规**

（1）可警告的犯规行为：① 延误比赛恢复。② 以语言或行动表示不满。③ 未经裁判员许可进入、重新进入或故意离开比赛场地。④ 当比赛以坠球、角球、任意球或掷界外球恢复时，未退出规定距离。⑤ 持续违反规则。⑥ 非体育行为。⑦ 进入裁判员回看分析区域。⑧ 过分地做出要求回看分析（比划电视屏幕）的信号。

（2）罚令出场的犯规：① 通过手球犯规破坏对方队进球或明显的进球得分机会（守门员在本方罚球区内除外）。② 通过可判罚任意球的犯规，破坏对方的进球或总体上朝犯规方球门方向移动的明显的进球得分机会。③ 严重犯规。④ 咬人或向任何人吐口水。⑤ 暴力行为。

⑥ 使用攻击性、侮辱性或辱骂性的语言和/或行为。⑦ 在同一场比赛中得到第二次警告。⑧ 进入视频操作室。

### 3. 任意球

当场上队员、替补队员、已替换下场的队员、已罚令出场的队员或者球队官员犯规或违规时，判由对方球队罚直接或间接任意球。

如果直接任意球直接踢入对方球门，则判为进球得分。如果间接任意球直接踢入对方球门，则判为球门球。如果直接或间接任意球直接踢入本方球门，则判为角球。

### 4. 掷界外球、球门球、角球

（1）界外球不能直接掷进球门得分：① 如果球直接掷入对方球门——判踢球门球。② 如果球直接掷入本方球门——判踢角球。

（2）球门球可以直接射入对方球门而得分。如果球直接进入踢球队员本方球门，则判给对方角球。

（3）角球可以直接射入对方球门而得分。如果角球直接射入踢球队员本方球门，则判给对方角球。

# 第七章
## 小球运动

## 第一节　乒乓球运动

### 一、乒乓球运动概述

#### （一）乒乓球运动的起源

乒乓球运动的起源有很多种说法，而最为流行、较为可靠（根据国际乒乓球联合会有关资料分析）的说法是，乒乓球运动于 19 世纪末起源于英国，是由网球运动派生而来的。

据说，在 19 世纪末的一天，伦敦遇到少有的闷热天气。两个英国青年在看过温布尔登网球赛后，到一家饭馆的单间去吃饭。他们先是用木盒盖当扇子，继而讨论网球技战术，并捡起香槟酒的软木酒瓶塞当球，以大餐桌当球台，中间拉一细绳为网，用木盒盖当作球拍模仿网球动作打球。侍者在一旁喝彩，闻声赶来的女店主见此情景，不禁脱口喊出"table tennis"，这一声将乒乓球命名为"桌上网球"，这一名称一直沿用至今。

大约在 1890 年，英国人吉姆斯·吉布去美国旅行时，偶然发现了一种用塑料制成的空心玩具球，弹跳力很强。于是，他将这种球带回英国并稍加改进，于是空心塑料球取代了原来的实心球，并逐步在英国和世界各地推广开来。也许因为此球在桌上打来打去发出"乒乓乓乓"声音的缘故，英国一家体育用品公司首先用"乒乓"（ping-pong）一词作了广告上的名称，并将其作为商标来登记。就这样，乒乓球才开始得此绘声之名。汉语的乒乓球是从声音上得名的，但将其翻译成英文时名为"table tennis"。

#### （二）乒乓球运动的传播与发展

##### 1. 乒乓球运动的传播

乒乓球运动在英国流行起来之后不久便传入美国，1902 年传入日本，1904 年由日本传入中国，1905—1910 年间传入中欧国家，而后传入北非的埃及等地，现已发展成遍及世界五大洲的竞技体育运动，是世界上参与人数最多的三个体育运动项目之一，该项目于 1988 年被列入奥运会的正式比赛项目。国际乒乓球联合会目前的协会成员已有 200 多个。

**2. 世界乒乓球运动的发展概况**

从第 1 届世乒赛到现在，乒乓球运动的发展可概括为六个阶段。

第一阶段：欧洲全盛期（1926—1951 年）。

这个时期的打法是以削球为主，指导思想为"自己少失误，让对方失误"。削球打法在此时期得到了很大的发展。

第二阶段：优势转向亚洲，日本队震动世界乒坛（1952—1959 年）。

日本乒乓球队在 1952 年才第一次参加世界乒乓球比赛。手握海绵球拍、采用直拍全攻型打法的日本队，虽然只有 3 个男运动员和 2 个女运动员参加比赛，却震动了整个世界乒坛。他们一鸣惊人地获得了男子单打、男子双打、女子团体和女子双打四项冠军。从此，世界乒乓球的优势技术开始由欧洲的削球转到了亚洲的攻球。

第三阶段：中国队崛起（1959—1969 年）。

20 世纪 50 年代末，正当日本队处于巅峰状态时，中国选手容国团在第 25 届世界乒乓球锦标赛上为中国夺得了第一个世界冠军。中国具有以"快、准、狠、变"为主要风格的近台快攻打法和以"稳、低、转、攻"为指导思想的削球打法，这两种打法把世界乒乓球运动推向了一个新的发展阶段。

第四阶段：欧洲队复兴和中国队重整旗鼓（1971—1979 年）。

进入 20 世纪 70 年代，世界乒乓球技术的发展突飞猛进。欧洲选手经过了近 20 年的努力，终于闯出了一条新路。他们兼取中国快攻打法和日本弧圈球打法的优点，创造了弧圈结合快攻和快攻结合弧圈两种新打法，从而走上乒乓球的复兴之路。面对新的发展形势，中国队及时调整了心态和技术，在 20 世纪 70 年代的 5 届世界乒乓球锦标赛的 35 个冠军中，中国队共获得 16.5 个。

第五阶段：中国队攀上世界高峰，演变成"中国打世界"的局面（1981—1987 年）。

1981 年，中国队在第 36 届世界乒乓球锦标赛上囊括 7 项冠军及 5 个单项的亚军，创造了世界乒坛 55 年来由一个国家包揽全部冠军的空前纪录。此后，在第 37、38、39 届世界乒乓球锦标赛上，中国队又连续 3 次夺得 6 项世界冠军，形成了"中国打世界"的局面。

第六阶段："世界打中国"成绩卓著，中国队重攀高峰（1988 至今）。

自乒乓球项目于 1988 年进入奥运会以后，欧洲乒坛职业化迅速发展，各种比赛频繁，加上待遇优厚，极大地促进了欧洲乒乓球技术的发展。20 世纪 80 年代末至 90 年代初"世界打中国"的成绩卓著，以瑞典为首的欧洲男队，已领先于中国队和亚洲各队。

男双项目最先有所突破。在第 42 届世界乒乓球锦标赛上，中国队获得男双金、银、铜牌以及混双的金牌，从第 43 届至第 53 届世界乒乓球锦标赛，中国队几乎囊括了所有金牌。

## （三）乒乓球运动的特点与锻炼价值

乒乓球是典型的集智能、技能、体能于一体，以技能为主的体育运动项目。乒乓球球体轻、速度快、旋转变化多、趣味性强，可以提高手眼配合能力，是开动脑筋的好方法。

乒乓球运动是一项器材简单，运动量可大可小，不分年龄、性别和身体条件的大众体育健身项目，非常符合我国的国情，我国乒乓球运动的参加人数为世界之最，而且技术水平相当高，是名副其实的国球。它不仅能全面锻炼身体，使人体的心血管系统、神经系统、呼吸系统、消化系统及运动系统等得到全面锻炼，而且能发展人体的速度素质、灵敏素质、力量素质、耐力素质、协调素质等身体素质，同时也能锻炼和培养人们的勇敢、顽强、机智、果断等良好的心理品质。经常打乒乓球，会使人的反应更快、思维更敏捷、动作更协调；能调节人的情绪，会使人心情愉悦，性格开朗大方；能以球会友，结识朋友，增进友谊；能开发大脑智力，提高思维能力，促进智力发展。资料表明，常打乒乓球，还能够防治近视。因为在打球过程中，眼睛可以随球的快速移动而不停转动，从而改善眼部的血液循环并使周边的眼肌收缩，起到很好的按摩作用，缓解眼睛的疲劳。乒乓球运动可谓益智、益体、益心、益乐、益友，是中国人最钟爱的运动项目之一。

## 二、乒乓球运动基本技术

### （一）握拍法、基本站位与基本姿势

#### 1. 握拍法

（1）直握法。

拇指第一指节和食指第二指节分别压住球拍两肩，拍柄压住虎口（两指间距离适中）；中指、无名指和小指自然弯曲，斜形重叠，中指第一指节侧面顶住球拍背面上端1/3处。（图7-1-1①）

（2）横握法。

中指、无名指和小指自然地握住拍柄，拇指在球拍的正面轻贴于中指旁边，食指自然伸直斜贴在球拍的背面。深握时，虎口紧贴球拍；浅握时，虎口轻微贴拍。（图7-1-1②）

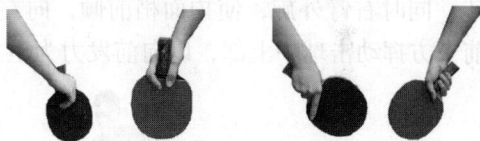

①直握法　　②横握法

图 7-1-1

#### 2. 基本站位

（1）快攻打法和弧圈球打法：离台50厘米以内，左脚稍前或两脚平行站立，位于球台中间偏左处。

（2）两面攻打法：离台50厘米以内，两脚平行站立，位于球台中间位置。

（3）攻削结合打法：离台70～100厘米，两脚平行站立，位于球台中间稍偏左处。

#### 3. 基本姿势

两脚开立，比肩稍宽，适度收腹含胸，两膝微屈，踵部稍提起，两脚的前脚掌内侧着地，上体略前倾，身体重心落在两脚之间。下颌稍向内收，两眼注视来球。持拍手臂自然弯曲，置于身体右侧，手腕适当放松。（图7-1-2）

### （二）发球技术

图 7-1-2

发球是乒乓球比赛中唯一不受对方来球限制的技术，它可以让运动员最大限度地实现自己的战术意图，具有较强的主动性。因此，它成了乒乓球竞赛中创造得分机会的主要技术。

### 1. 正手平击发球

身体离球台约40厘米，两脚开立，略宽于肩，左脚稍前。左手将球向上抛起，身体稍右转，同时右臂内旋，使拍面稍前倾，向右后方引拍。当球从高点下降至稍高于球网时，向左前上方挥动击球中上部，以向前发力为主。击球后迅速还原。（图7-1-3）

正手平击发球

图 7-1-3

### 2. 反手平击发球

身体离球台约40厘米，两脚开立，略宽于肩，右脚稍前。左手将球向上抛起，身体稍左转，同时右臂外旋，使拍面稍前倾，向左后方引拍。当球从高点下降至稍高于球网时，向右前下方挥动击球中上部，以向前发力为主。击球后迅速还原。（图7-1-4）

图 7-1-4

### 3. 正手发奔球

尽可能靠近球台站立，左手将球向上抛起，同时右臂内旋，使拍面稍前倾，前臂手腕自然下垂，肘关节高于前臂，上体略向右转，身体重心移至右脚，向右后方引拍。当球从高点下降至近于球网高度时，击球右侧中部向右侧上方摩擦，触球瞬间拇指压拍，手腕从右后方向左上方抖动。击球后，挥拍手臂尽可能制动，停止随挥动作。（图7-1-5）

图 7-1-5

### 4. 反手发奔球

靠近球台，右脚稍前，左脚稍后，身体略向左偏斜，左手掌心托球置于身前偏左侧。左手将球向上抛起，同时右臂外旋，使拍面角度稍前倾，上臂自然靠近身体左侧，向身体左后方引拍，身体重心在右脚。球从高点下降至低于网高时，击球左侧中上部，触球瞬间前臂加速向左前上方横摆，手腕弹击摩擦球，腰部配合向右转动，球击出后第一落点接近自己端线。手臂继续向右前上方挥动，调整身体重心，迅速还原。（图7-1-6）

图 7-1-6

### 5. 正手发下旋加转球、正手发不转球不转球

身体靠近球台，左脚稍前，左手掌心托球置于身体右前方。左手将球抛起的同时，腰向右后转，右臂向后上方引拍，拍面后仰，直握拍手腕做伸，横握拍手腕略向外展和伸。当球从高点下降至稍高于网或与网同高时，以腰带动前臂加速向左前下方挥动，同时手腕做屈并内收，以球拍远端（拍头）触球，击球中下部向底部摩擦。正手发不转球与正手发下旋加转发球的区别在于：手臂外旋幅度小，减少拍面后仰角度，以球拍中后部偏右的地方触球，击球中部或中下部，以减少向下摩擦球的力量，近似将球向前推出，使击球的作用力接近球心，从而形成不转球。球发出后，挥拍动作尽可能停住，以利于还原。（图 7-1-7）

### 6. 反手发下旋加转球、反手发不转球

身体靠近球台，右脚稍前，左手掌心托球置于身体左前方。左手将球抛起的同时，腰向左后转，右臂向左后上方引拍，拍面后仰，直握拍手腕做屈，横握拍手腕略向外展。当球从高点下降至稍高于网或与网同高时，以腰带动前臂加速向右前下方挥动，同时直握拍手腕做伸，横握拍手腕内收，以球拍远端（拍头）触球，击球中下部向底部摩擦。反手发下旋加转球和反手发不转球的区别与正手发下旋加转球和不转球的动作区别类似。球发出后，控制随挥，快速还原。（图 7-1-8）

图 7-1-7

图 7-1-8

### 7. 正手发左侧上（下）旋球

站位近台，左脚在前，右脚在后，身体侧向球台，身体重心下降。左手将球向上抛起，同时右臂向右后上方引拍，直拍手腕做伸，横握拍手腕作外展，腰部略向右转动。当球下降至接近网高时，前臂加速向左前方挥摆，触球时手臂、手腕发力，直握拍手腕做屈，横握拍手腕做内收，腰部配合向左转。发侧上旋球时，拍面略微立起，击球中部向左侧上方摩擦；发侧下旋球时，拍面略后仰，击球中下部向左侧下方摩擦。球发出后，控制随挥，迅速还原。（图 7-1-9）

正手发左侧下旋球

图 7-1-9

### 8.反手发右侧上（下）旋球

近台站位，左脚在前，右脚在后（或两脚平行）。左手将球向上抛起，同时右臂向左后方引拍，拍面适当后仰，腰部向左转动。左脚稍抬起，身体重心移至右脚。当球下降至接近网高时，前臂加速向右上方挥摆，直握拍手腕做伸，横握拍手腕做内收，腰部配合向右转。发侧上旋球时，拍面略微立起，击球中部向右侧上方摩擦；发侧下旋球时，拍面略后仰，击球中下部向右侧下方摩擦。控制随势挥拍，迅速还原。（图 7-1-10）

图 7-1-10

### （三）攻球技术

攻球技术是乒乓球技术中最重要的得分技术之一。它在击球方式上以撞击为主，因此具有击球速度快、动作小、进攻性强的特点。攻球技术可分为正手攻球和反手攻球。现代乒乓球技术将每一部分又进一步细化为快攻、快点、快拉、快带、突击、扣杀、挑打、滑板等技术，每种技术有着不同的特点和战术目的，要掌握全面的攻球技术，就必须掌握好基本的攻球技术。下面重点介绍正反手攻球的基本技术。

### 1.正手攻球技术

（1）正手快攻。

左脚稍前，身体离台约 40 厘米。手臂自然弯曲并做内旋使拍面稍前倾，身体重心移向右脚，前臂横摆引至身体右侧后方。右脚稍用力蹬地，髋关节略向前转动，腰向左转，上臂带动前臂快速向左前方挥动迎球，在球的上升期（或高点期）击球的中上部，触球瞬间前臂迅速收缩，以向前打为主，略带有摩擦，手腕辅助发力，身体重心由右脚移至左脚。注意击球后迅速还原。（图 7-1-11）

正手攻球

图 7-1-11

（2）正手扣杀。

左脚稍前，站位远近视来球长短而定。手臂自然弯曲并做内旋使拍面稍前倾，球拍成半横状，随着腰、髋的转动，手臂向后移动将球拍引至身体右后方，适当加大引拍距离。借腰、髋的左转及腿的蹬力，带动手臂向前迎球。当来球跳至高点期（位置合适可在上升期），上臂带动前臂同时加速向左前下方发力，拍面前倾击球中上部。以撞击为主，略带摩擦（近网除外），击球后身体重心由右脚移至左脚。扣杀后，立即还原，准备连续扣杀。（图7-1-12）

图 7-1-12

### 2.反手攻球技术

（1）直拍反手快攻。

离球台40～50厘米，右脚稍前。身体略左转，使腰部扭紧，右肩略下沉，前臂后引球拍至身体左侧，略高于来球。用腰、髋的突然转动带动前臂向右前方用力。上臂贴近躯干，肘部内收，在球的上升期或高点期击球中上部。手腕和食指压拍，中指在拍后，选定用力方向后将球击出。击球后迅速还原。（图7-1-13）

（2）横拍反手快攻。

靠近球台，右脚稍前。身体左转，右肩前顶略下沉，拍向左侧后引至腹前，肘部前顶，手腕稍后屈，拍型前倾，拇指抵住球板。腰、髋略向右转动，前臂带动上臂由左后向右前上方挥动，击球点在体前偏左侧，在球的上升后期或高点期击球中上部，击球以前臂发力为主。击球后迅速还原。（图7-1-14）

图 7-1-13

图 7-1-14

## （四）推挡技术

推挡是我国直拍快攻打法的基本技术之一，特别是在左推右攻打法中占有极其重要的地位。推挡球可分为平挡、快推、加力推、减力挡、推下旋、推侧旋等。

### 1.平挡

上臂自然贴近身体，拍面稍前倾，将球拍引至身体前方，在球的上升期触球的中部或中上部。击球瞬间只以前臂和手腕轻轻用力向前上推出，主要借助来球的反弹力将球挡回（回

击弧圈球时，球拍需高于来球，在球的上升后期击球）。（图 7-1-15）

图 7-1-15

### 2. 快推

上臂和肘内收，自然靠近身体右侧，以肩为轴，将球拍引至身体前方。当来球跳至上升期时，前臂和手腕迅速向前略向上推出。拍面稍前倾击球中上部。以前臂和手腕发力为主，并适当借力。（图 7-1-16）

### 3. 加力推

以肩为轴，屈肘引拍向后，将球拍引至身体前方较高处。拍型稍前倾，略收腹。当来球处于上升后期或高点期时，上臂、前臂和手腕加速向前下方推压，腰、髋向左转动配合发力，击球中上部，中指的第二指节用力顶拍。（图 7-1-17）

图 7-1-16

图 7-1-17

### 4. 减力挡

击球前身体重心略升高，稍屈前臂，球拍保持合适的前倾角度。当来球刚刚弹起即触球中上部，触球瞬间有意识地做手臂和手腕后收的动作，在削弱来球反弹力的同时，借来球的力量将球挡过去。（图 7-1-18）

图 7-1-18

## （五）搓球技术

搓球是近台还击下旋球的一种基本技术，可用它为拉弧圈球创造条件。它与攻球技术结合起来可以形成搓攻战术。搓球在接发球时可以有效地过渡，为自己下一板创造进攻机会。

### 1. 慢搓

（1）反手慢搓。

右脚在前或两脚平行站立，身体离台 40 ～ 50 厘米。手臂外旋使拍面后仰，前臂向左上方引拍至胸前，横握拍手腕适当外展，直握拍手腕做屈，拍头指向斜上方。当来球跳至下降前期，前臂带动手腕加速向右前下方用力摩擦球，拍面后仰击球中下偏外侧的部位。击球后，前臂顺势前送，并注意还原。（图 7-1-19）

图 7-1-19

（2）正手慢搓。

正手慢搓与反手慢搓动作相同，但方向相反。

### 2. 快搓

（1）反手快搓。

两脚平行或右脚稍前，身体靠近球台。肘部自然靠近身体，后引动作较小，拍面稍后仰。当来球跳至上升期，利用上臂前送的力量，前臂和手腕配合，借力结合发力，触球中下部并向前下方用力摩擦（图 7-1-20）。尽快还原，准备下一板球。

图 7-1-20

（2）正手快搓。

正手快搓与反手快搓动作相同，但方向相反。

## （六）弧圈球技术

弧圈球技术是现代乒乓球中最主流的进攻技术，其优势是将球的速度和旋转有效地结合起来。

### 1. 正手弧圈球

判断来球，确定拉球时间和拉球部位。两脚开立，左脚稍前，收腹、含胸、屈膝使身体重心较低，身体重心落在两脚之间。腰、髋向右转动，身体重心置于右脚前脚掌，右肩略下沉，左肩自然转向来球方向，右腿屈膝程度加大，前臂自然下垂，通过转腰带动上臂、前臂经腹前向右侧下方移动，将球拍引至身体右侧腰部下方稍后处。手臂自然放松，肘关节夹角保持在 150°～ 170°。右脚蹬地，髋关节适当前转，腰部带动上臂向左转动，前臂向左前上方挥动击球。通常击球的中部或中上部（如要增加侧旋可击球略偏右并带侧向摩擦），前臂和手腕即将触球时迅速内收，手指在触球瞬间抓紧球拍。来球下旋强烈或击球点较低时，多向上摩擦；反之，在保证必要弧线的前提下，可增加撞击的比重以增强球的前冲力。击球后，手臂继续顺势挥动，身体重心移到左脚后，迅速还原。（图 7-1-21）

图 7-1-21

### 2. 反手弧圈球

动作原理与正手弧圈球类似。除左右方向相反外，还需注意几点：① 近台反手拉球时，站位基本上以左脚在前为主；中远台拉球时，站位多以两脚平行或右脚稍前为主。② 反手拉球时，在引拍阶段肘部要稍微离开身体，放在身体外侧，以确保球拍在身体前有一定的击球空间。近台拉球时，引拍动作不宜过大。

## 三、乒乓球运动常用基本战术

### （一）发球抢攻战术

#### 1. 侧身正手发左侧上下旋球后抢攻

通常发左侧旋球至对方反手位短球、反手底线大角、中路偏反手底线或追身以及正手小三角短球，再配合一板直线急长球。对方侧身轻拉至你反手，你可用推挡加力或快压直线，也可侧身攻（以速度为主）直线，迫使对方扑救正手位，再寻机发力攻；如对方用反手推、拨或轻挂至你反手，你可压制其中路追身；如对方直接回至你正手位，你可用正手快带一板斜线到对方正手大角，然后等正手位做连续进攻的准备。

#### 2. 正手发转与不转球后抢攻

通常可将球发至对方中路或发正手近网短球，配合反手长球。开始以发加转下旋球为宜，以使对方不敢轻易抢攻，待对方缩手缩脚后，再转为发不转球与加转球配合，令对方无所适从。如果对方接加转球差，可多发加转球，反之可多发不转球。不转球一般先发短的，或发至对方进攻能力较弱的一面，如果对方接不好，还可尝试发至对方正手位或适当发些长的。如果能发成似出台非出台，效果最佳。

#### 3. 反手发右侧上下旋球后抢攻

如果你的正手和反手都有一定的进攻能力，不妨也掌握这种战术，以增加变化的余地。可用反手将球发至对方中路偏正手为主，配合两大角长球。当发球落点偏对方正手位时，对方常会轻拉直线，这时你可用反手抢攻两大角；如发球落点偏对方反手位，还可伺机侧身抢攻。

## （二）搓攻战术

### 1.先搓反手大角再变直线

当对方反手不擅长进攻时，你可以盯住对方这一弱点，连续用快搓或加转搓长球逼住其反手大角，当其注意力完全集中在反手位或按捺不住准备侧身抢攻时，突然搓直线到其正手位大角，再伺机抢攻。

### 2.交替搓转与不转球后抢攻

如果对搓球的旋转感觉很好，可以先搓强烈加转下旋球，再配合假动作搓不转球，令对方回出机会球时再上手抢攻。但通常来说，只用旋转的变化很难完全控制对方，最好再配合落点的变化。

### 3.搓对方薄弱环节后抢攻

对方通常都有一定的搓球能力，但不太可能对每个线路的搓球都能应对自如，总会有某些薄弱环节存在，比如近网短球、底线长球或者正手位的搓球较弱，即使单项环节上没有漏洞，组合环节中也一定会有相对薄弱之处，比如短球与长球交替的搓球。

## （三）对攻战术

### 1.连压反手，伺机抢攻

当对方反手较弱或进攻能力不强时（如直拍），可用推挡、反手快拨或弧圈球连续压对方反手，伺机压一板中路、大角或加力，迫使对方回球质量不高后，再突然用正手进攻。

### 2.压反手变正手

如果对方侧身的意识和能力很强，这时再连压反手就可能适得其反，而要主动采取伺机变正手的方式，既可偷袭对方正手位空当，又可牵制对方的侧身抢攻，一举两得。如果自己的反手不如对方而正手进攻能力较强，可主动变线形成正手对攻。如果自己的反手攻击力明显强于对方，可在变对方正手位时直接得分或占据明显主动。

### 3.调正手压反手（调右压左）

当对方左半台进攻能力较强、压对方反手位不见效果时，或对方正手位进攻能力不强时，或对方的反手位只能近台不擅离台、只有速度而缺乏旋转时，可先主动打对方正手位，将其调动到正手位后，再打其反手位。

### 4.压中路配合压两大角

此战术在对阵横拍选手或横打使用率高的直拍选手时最有效。压中路时最好能轻重结合，先加力把对方逼退台，再减力把对方诱上台前。当对方正手或反手实力明显偏弱时，可把压中路与压其相对较弱的一面相结合。如果对方擅长侧身抢攻，可将压中路与调正手相结合。

## （四）接发球战术

### 1.接发球抢攻

这是最积极主动的接发球方法，在无遮挡发球规则下，世界各国的优秀选手越来越重视接发球抢攻战术。其中，短球可用快点，长球或半出台球可抢攻或抢冲。两面攻的选手则可发挥其两面抢攻的特长。

**2. 用拉、拨或快推的方法将球接至对方弱点处，争取形成对攻的相持局面**

在难以完成高质量的接发球抢攻时，先将球拉（或拨、推）至对方不易反攻处，继而形成相持。相持能力强的选手常采用此战术。

**3. 以摆短为主，结合劈两大角长球，争取下一板的主动上手或反攻**

此法主要用于对方发过来的强烈下旋球或下旋短球，以控制对方的直接抢攻、抢拉。运用此战术时，接发球后要尽量主动上手，避免连续搓过多板；对于对方发的侧上旋或不转球，不宜搓接，以免回球过高被对方抢攻。

# 四、乒乓球欣赏与规则简介

## （一）如何欣赏乒乓球比赛

### 1. 提高对基本技战术的认知水平

俗话说"外行看热闹，内行看门道"。要想更好地欣赏乒乓球比赛就应了解乒乓球的基本技术、战术。例如，发球与接发球的技术特点、弧圈球的特点和回击弧圈球的技术、直拍横打的技术特点等；根据对手的特点采用对应的战术，如发球抢攻、长拉短吊、搓攻战术等。只有懂得乒乓球的基本技术、战术，才能更好地品味比赛。

### 2. 提高对参赛运动员比赛的品评能力

（1）在观看比赛之前，通过电视、报纸和网络等渠道了解参赛运动员的实力状况、最新的世界排名、目前的竞技状态等。

（2）通过观看比赛和现场解说来印证信息，加深对运动员的了解。

（3）比赛过后与专家或球迷品评赛事，进一步提高欣赏能力。

### 3. 了解参赛运动员的打法特点

在观看比赛前应对选手的技术特点有所了解。乒乓球运动员有快攻型、弧圈型、快攻弧圈结合型、削球型和削攻结合型等打法，球拍又有直拍、横拍两种握法，以及直拍横打等，所使用的球拍有正胶、反胶、生胶、长胶等区别。

### 4. 了解双方的排兵布阵

在团体比赛时，排兵布阵十分重要。每名运动员都有自己的优势，也有自己的弱点。领队和教练要非常熟悉对方运动员的打法特点，要能以己之长攻彼之短。观看比赛不仅要看运动员的现场厮杀，还要看领队的运筹帷幄，教练员的斗智斗勇。

### 5. 其他看点

我们观看比赛时有两个方面的目的：一个是关心本国球队的胜负，另一个是欣赏运动员的高超技艺。无论从哪一个角度观赏比赛，在比赛过程中的环境、气氛，自身的心理变化都会给我们带来乐趣，给我们以精神的享受。

## （二）了解规则

### 1. 器材与场地

（1）球台：长 2.74 米，宽 1.525 米，离地面高 0.76 米。

（2）球网装置：包括球网、悬网绳、网柱及将它们固定在球台上的夹钳部分。球网应悬挂在一根绳子上，绳子两端系在高 15.25 厘米的直立网柱上，网柱外缘离开边线外缘的距离为 15.25 厘米。

（3）球：直径为 40 毫米，重 2.7 克，颜色为白色或橙色，且无光泽。

（4）球拍：大小、形状和重量不限，但底板应平整、坚硬。底板厚度至少应有 85% 的天然木料。用来击球的拍面应用一层颗粒向外的普通颗粒胶覆盖，连同黏合剂，厚度不超过 2 毫米；或用颗粒向内或向外的海绵胶覆盖，连同黏合剂，厚度不超过 4 毫米。球拍两面无论是否有覆盖物，都必须无光泽，且一面为鲜红色，另一面为黑色。

### 2. 发球与还击

（1）发球。① 发球开始时，球自然地放置于不持拍手的手掌上，手掌张开，保持静止。② 发球员须将球几乎垂直地向上抛起，不得使球旋转，并使球在离开不持拍手的手掌之后上升不少于 16 厘米，球下降到被击出前不能碰到任何物体。③ 当球从抛起的最高点下降时，发球员方可击球，使球首先触及本方台区，然后直接触及接发球员台区。在双打中，球应先后触及发球员和接发球员的右半区。④ 从发球开始，到球被击出，球要始终在比赛台面的水平面以上和发球员的端线以外，而且从接发球方看，球不能被发球员或其双打同伴的身体或他（她）们所穿戴（带）的任何物品挡住。⑤ 运动员发球时，有责任让裁判员或副裁判员确信他（她）的发球符合规则的要求，且裁判员或副裁判员均可判定发球不合法。⑥ 运动员因身体伤病而不能严格遵守合法发球的某些规定时，可由裁判员做出决定免于执行。

（2）还击。对方发球或还击后，本方运动员必须击球，使球直接触及对方台区，或触及球网装置后，再触及对方台区。

### 3. 得 1 分

除被判重发球的回合，下列情况该运动员得 1 分。① 对方运动员未能正确发球；② 对方运动员未能正确还击；③ 运动员在发球或还击后，对方运动员在击球前，球触及了除球网装置以外的任何东西；④ 对方击球后，球没有触及本方台区而越过本方台区或端线；⑤ 对方击球后，球穿过球网，或从球网和网柱之间、球网和比赛台面之间通过；⑥ 对方阻挡；⑦ 对方故意连续两次击球；⑧ 对方用不符合规定的拍面击球；⑨ 对方运动员或其穿戴（带）的任何东西使比赛台面移动；⑩ 对方运动员或其穿戴（带）的任何东西触及球网装置；⑪ 对方运动员不执拍手触及比赛台面；⑫ 双打时，对方运动员击球次序错误；⑬ 执行轮换发球法时，接发球方连续还击 13 次，将判接发球方得 1 分。

### 4. 一局比赛和一场比赛

在一局比赛中，先得 11 分的一方为胜方。10 平后，先多得 2 分的一方为胜方。一场比赛由奇数局组成。

### 5. 比赛次序和方位

（1）在单打中，首先由发球员发球，再由接发球员还击，然后发球员和接发球员交替还击；在双打中，首先由发球员发球，再由接发球员还击，然后由发球员的同伴还击，再由接发球员的同伴还击，此后运动员按此次序轮流还击。

（2）在获得每 2 分后，接发球方即成为发球方，依此类推，直至该局比赛结束，或者直至双方比分都达到 10 分或实行轮换发球法，这时，发球和接发球次序仍然不变，但每人只轮发 1 分球。

（3）在双打中，每次换发球时，前面的接发球员应成为发球员，前面的发球员的同伴应成为接发球员。

（4）一局中，首先发球的一方，在该场下一局应首先接发球。在双打决胜局中，当一方先得 5 分时，接发球方应交换接发球次序。

（5）一局中，在某一方位比赛的一方，在该场下一局应换到另一方位。在决胜局中，一方先得 5 分时，双方应交换方位。

### 6. 重发球

（1）回合出现下列情况应判重发球：① 如果发球员发出的球触及球网装置后成为合法发球或被接发球员或其同伴阻挡；② 如果接发球员或接发球方未准备好时，球已发出，而且接发球员或接发球方没有企图击球；③ 由于发生了运动员无法控制的干扰，而使运动员未能成功发球、还击或遵守规则；④ 裁判员或副裁判员暂停比赛。

（2）裁判员或副裁判员可以在下列情况下暂停比赛：① 由于要纠正发球、接发球次序或方位错误；② 由于要实行轮换发球法；③ 由于警告、处罚运动员或指导者；④ 由于比赛环境受到干扰，以致该回合结果有可能受到影响。

# 第二节　羽毛球运动

## 一、羽毛球运动概述

### （一）羽毛球运动的发展概况

#### 1. 羽毛球运动的起源与发展

羽毛球运动是由古代的毽子球游戏逐渐演变而来的，古代类似羽毛球的毽子球游戏在我国和其他亚洲、欧洲国家都有记载，在英国不列颠图书馆就有两人手握板状拍，对击类似羽毛球的球类的雕版印刷的原始稿。国际羽毛球联合会在其成立 50 周年的纪念册上写道："羽毛球运动早在 1934 年前就有着悠久的历史，很多世纪以前，在荷兰和中国就有使用球拍的、类似当今羽毛球的体育游戏。"

现代羽毛球形成在英国，而印度的普那是羽毛球的发源地。相传在 19 世纪 20 年代，这种游戏就已在印度的普那非常普及了。后来在当时统治印度的英国军人在 1873 年将此种游戏带回了英国。这种游戏传入英国之后，在格拉斯哥郡鲍弗特公爵的领地伯明顿定下了游戏的规则，这就是今天的羽毛球运动的最初模式。人们把鲍弗特公爵的领地伯明顿这个地名，作为这种新的运动项目的正式名称。

1893 年，经英国的 14 个羽毛球俱乐部的一致倡议成立了英国羽毛球协会，并进一步修改了规则。1899 年，英国羽毛球协会举办了首届全英羽毛球锦标赛。此后，羽毛球运动由英国流传到英联邦各国，20 世纪初传到美洲，后又传到非洲。今天，羽毛球运动已成为一项全球性的体育运动。

### 2. 我国羽毛球运动的发展简况

羽毛球运动是我国传统优势项目，中国羽毛球队于 20 世纪 60 年代被誉为"无冕之王"；20 世纪 80 年代我国羽毛球运动进入全盛阶段；20 世纪 90 年代男队再创辉煌；之后，一直保持世界领先水平。进入 21 世纪，中国队取得了很好的成绩：悉尼奥运会连夺四枚金牌，雅典奥运会取得三枚金牌；2004 年夺回失去 12 年之久的汤姆斯杯，2005 年史无前例地做到了汤姆斯杯、尤伯杯、苏迪曼杯三杯齐聚中国；2008 年北京奥运会上取得三金，重夺男单金牌，2012 年伦敦奥运会包揽五枚金牌，2016 年里约奥运会上取得两枚金牌。

## （二）羽毛球运动的特点与锻炼价值

羽毛球运动是一项全身性的运动项目，对场地器材要求简单，易于开展，而且不易发生伤害事故，具有速度快、变化多、灵活性强等技术特点。经常参加羽毛球运动，可以发展力量素质、速度素质、耐力素质、柔韧素质、灵敏素质等身体素质和改善内脏器官的功能，使身体得到全面发展，达到增强体质、增进健康的目的。此外，羽毛球运动还可以培养勇敢顽强、灵活机智、沉着冷静等优良品质。

# 二、羽毛球运动基本技术

## （一）握拍技术

正手握拍

### 1. 正手握拍

正确的握拍方法是先用左手拿住球拍杆，使拍面与地面垂直，其方式与手握菜刀相似，然后张开右手，使手掌下部（小鱼际）靠在球拍握柄底托，虎口对着球拍柄窄的一面，小指、无名指、中指自然地并拢，食指与中指稍稍分开，自然地弯曲并贴在球拍柄上。（图 7-2-1）

### 2. 反手握拍

反手握拍

一般说来，反手握拍的方法有两种：一种是在正手握拍的基础上，把球拍框往外转，拇指伸直贴在拍柄的宽面上，食指、中指、无名指、小指并拢；另一种是正手握拍把球拍框外转，拇指贴在球拍柄的棱上，食指、中指、无名指、小指并拢。反手握拍时，手心与球拍柄之间要留有空隙，这样握拍有利于手腕力量和手指力量的灵活运用。（图 7-2-2）

图 7-2-1　　　　　　　　　　图 7-2-2

### （二）发球技术

#### 1. 正手发球技术

正手发球是在身体的右侧采用正拍面击球的一种发球方式，在实战中被广泛采用。正手发球可根据不同的战术需要发出不同的球，如后场高远球、后场平高球、后场平射球、网前小球等不同弧度的球。

（1）正手发后场高远球。

两脚自然分开，左脚在前，脚尖对网，右脚在后，脚尖稍向右侧，将身体重心放在右脚上；用左手拇指、食指和中指夹持住羽毛球中部，自然抬举于胸前方；右手正手握拍自然屈肘举至身体的右后侧，成发球前的准备姿势。击球时，持球手松开，使球自然下落，右手持拍臂自下而上沿半弧形做回环引拍动作，同时开始转体，在拍挥至身体右侧前下方击球点上的瞬间，前臂迅速内旋带动手腕闪动展腕发力，用正拍面将球击出，身体重心随转体动作逐渐由右脚移至左脚上。击球后，将身体重心完全移至左脚上，持拍手随击球动作完成后的自然惯性向左上方挥动。在发球过程中，双脚均不能离开地面或移动。（图7-2-3）

正手发后场
高远球

图7-2-3

（2）正手发后场平高球。

准备姿势、挥拍动作和击球后的动作均与正手发后场高远球相同。击球时，以带动手腕发力为主，向前推进击球。（图7-2-4）

正手发后场
平高球

图7-2-4

（3）正手发网前球。

准备姿势同发高远球。击球时，握拍要放松，上臂动作要小，主要靠前臂带动手腕向前切送，用力要轻，落点要在前发球线附近，发出的球要贴网而过。（图7-2-5）

图 7-2-5

（4）正手发后场平快球。

准备姿势及击球后的动作均同正手发后场高远球，引拍动作较发后场高远球要小一些。击球时，拍面仰角较小，前臂内旋带动手腕快速闪动向前击球。击球点在规则允许的范围内可争取略高一些。

**2. 反手发球技术**

（1）反手发后场平高球。

站位靠近前发球线，右脚在前，左脚尖侧后点地，身体重心放在右脚上。左手拇指、中指、食指握住球的羽毛处，置于腹前；右手弯肘稍向上提起，用反手握拍，以反拍面将球拍自然置于腹前持球手的后面，两眼正视前方，成发球前的准备姿势。击球时，左手放球的同时，持拍手前臂内旋，带动手腕展腕由后向前做回环半弧形挥动，击球时屈指收腕发力，反拍面向前上方将球击出。击球后，以制动动作结束发力，并注意将握拍姿势迅速调整为正手握拍。（图 7-2-6）

反手发后场
平高球

图 7-2-6

（2）反手发网前球。

准备姿势、引拍动作和击球后的动作均与反手发后场平高球相同。击球时靠手腕和手指控制发球的力量，以斜拍面向前轻轻推送切击球托，使球尽可能低地沿网上方飞过并落入对方前发球线内。（图 7-2-7）

图 7-2-7

（3）反手发后场平快球。

与反手发后场平高球动作相同。击球时，尽可能地提高击球点，利用拇指的顶力迅速向前推进击球。

### （三）接发球站位和姿势

#### 1. 单打站位

单打站位一般是在离发球线 1.30 ～ 1.50 米处，站在右发球区靠近中线的位置；在左发球区则站在中间的位置，这样站主要是防备对方直接进攻反手部位。一般左脚在前，右脚在后，两膝微屈，收腹含胸，将身体重心放在前脚上，后脚脚跟稍抬起。身体半侧向球网，球拍举在身前，两眼注视对方。（图 7-2-8）

#### 2. 双打站位

由于双打发球区比单打发球区短 0.76 米，发高远球易被对方扣杀，所以双打发球以发网前球为主。接发球时要站在靠近前发球线的地方。双打接发球的准备姿势和单打的接发球姿势基本相同，只是身体前倾较大，身体重心可前可后，球拍举得高些，在球飞行到网上最高点时击球，争取主动，但要注意对方在右场区发平快球突袭反手部位。（图 7-2-9）

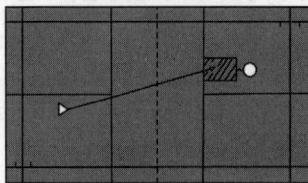
图 7-2-8

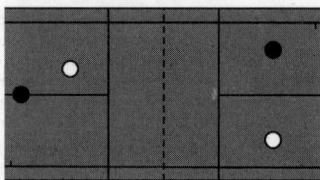
图 7-2-9

#### 3. 接发各种来球

对方发来高远球或平高球时，可用平高球、吊球或杀球还击。一般来说，接发高远球是一次进攻的机会，还击得好，就掌握了主动。一些初学者常因后场技术没掌握好，还击球的质量较差，以致遭到对方的攻击。（图 7-2-10）

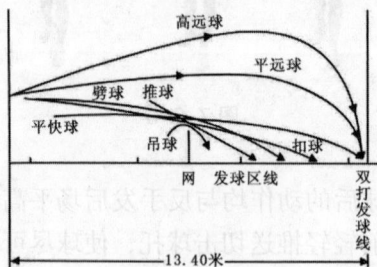
图 7-2-10

### （四）前场击球技术

#### 1. 正手放网前球

正手放网前球

侧对球网，右腿跨成弓箭步，将身体重心放在右脚上，正手握拍，做好放网前球的准备。球拍随着前臂向右前上方斜举，当球拍举至最高点时，前臂开始外旋转动，手腕稍后伸，左臂自然后伸，起平衡作用，这就是网前进攻技术击球前动作的一致性。

击球时，前臂稍外旋，手腕由后伸至稍内收闪动，握拍手的食指和拇指夹住球拍，中指、无名指、小指轻握拍柄，使球拍在手腕和手指的挥摆用力下，轻击球托把球轻送过网。挥拍的力量、速度和拍面角度的大小主要取决于来球离网的远近和速度的快慢，来球离网远、速度快些，则放球时的力量要大些，反之则力量小些。放球后，身体还原成准备姿势（图7-2-11）。

### 2. 反手放网前球

击球前的动作要领同正手放网前球动作，只是方向相反，反手握拍，反面迎球。击球时，主要靠前臂的前伸、外旋和手腕由内收至外展的合力，轻击球托底部把球轻送过。击球后，这个动作还原成下次击球的准备姿势。（图7-2-12）

反手放网前球

图 7-2-12

### 3. 正手网前搓球

准备姿势同前。击球前，前臂稍外旋，手腕由后伸至稍内收闪动。击球时，在正手放网前球动作的基础上，加快挥拍速度，搓切来球的右下底部，使球旋转翻滚过网。（图7-2-13）

正手网前搓球

图 7-2-13

### 4. 反手网前搓球

准备姿势同前，击球时主要靠前臂的前伸外旋和手腕由内收至外展的合力，搓击球的右侧后底部，使球侧旋滚动过网。另外，还可以前臂稍伸直，手腕由外展到内收，带动球拍向前切送，击球托的后底部，使球下旋滚动过网。（图7-2-14）

反手网前搓球

图 7-2-14

### 5. 正手网前推球

以正手握拍举于网前，球拍向右侧前上举。在肘关节微屈回收时，前臂稍外旋，手腕稍后伸，球拍也随着往右稍下后摆，拍面正对来球，这时小指和无名指稍松开，使拍柄稍离开鱼际肌，在推击球时，便于发挥指力的作用。拇指和食指稍向外捻动拍柄，拍面更为后仰。推球时，身体稍往前移，右前臂往前伸，并带内旋，手腕和手指控制拍面角度，手腕由后伸至伸直并闪腕，食指前压，小指、无名指突然握紧拍柄，拍子急速地由右经前上至左挥动推球，使球沿边线飞向对方后场底角。（图 7-2-15）

正手网前推球

图 7-2-15

### 6. 反手网前推球

以反手握拍举于网前，球拍随着前臂往前上方伸举，前臂稍向左胸前收引，肘关节微屈，手腕外展，这时由反手握拍变成反手推球的握拍法，球拍松握，反拍面迎球；前臂往前伸的同时稍外旋，手腕由外展到伸闪腕，中指、无名指、小指突然紧握拍柄，拇指顶压，往左边线方向挥拍。击球时，推击球托的后部，使球沿边线方向飞行（图 7-2-16）。击球后，还原到击球前的准备姿势。

图 7-2-16

### 7. 正手网前勾对角线球

准备姿势同前。前臂前伸的同时稍外旋，手腕稍后伸，这时的握拍法稍有变化，将拍把稍向外捻动，使拇指贴在拍柄的宽面上，而食指的第二指关节贴在拍柄的背面宽面上，拍柄不触掌心。球拍随着向右侧前挥动，拍面朝向对方

正手网前勾
对角线球

右网前。击球时，靠前臂稍有内旋往左拉收，手腕由稍后伸至内收闪腕挥拍拨击球托的右侧下部，使球沿网的对角线飞行。拨击球时，手腕要控制拍面角度。击球后，还原到击球前的准备姿势。

### 8. 反手网前勾对角线球

准备姿势同前，采用反手握拍法，随着前臂前伸将拍子平举。在身体前移的过程中，球拍随手臂下沉，由反手握拍变成反手勾球的握拍法，这时拍面正对来球。当来球过网时，肘部突然下沉，同时前臂稍外旋，手腕由微屈至后伸闪腕，拇指内侧和中指把拍柄往右侧一拉，其他手指突然握紧拍柄，拨击球托的左侧后部，使球沿对角线过网。（图 7-2-17）

反手网前勾
对角线球

图 7-2-17

### 9. 正手网前扑球

左脚先蹬离地面，然后右脚向右网前蹬跃而起扑球。当身体往前倾时，正拍朝前。球拍随手臂往右前伸，斜上举起。蹬跳后，身体凌空跃起，前臂往上伸稍外旋，腕关节后伸，同时虎口对着拍柄的宽面，小指和无名指稍松开，使拍柄离开鱼际肌。击球时，手腕由后伸略内收闪动至外展。随着手腕的闪动，拍子从右侧向左前挥动，这时击球的力量主要靠身体前扑的冲力与前臂、手腕鞭打击球的合力。如果球离网顶较近，那就要靠手腕从右前平行球网向左前滑动挥拍扑球，这样可避免球拍触网违例。扑球后，球拍随手臂往右侧前下回收。（图 7-2-18）

正手网前扑球

图 7-2-18

### 10. 反手网前扑球

同正手扑球相似，唯方向在左网前。反手握拍，持于左侧前，当身体向左前方跃起时，球拍随着前臂前伸而前举，手腕外展，拇指顶压在拍柄的宽面上，食指和其他三指并拢，拍面正对来球。击球时，手臂伸直，手腕由外展至内收闪动，手指握紧拍柄，拇指顶压，加速挥拍扑击（图 7-2-19）。击球后马上屈肘，手腕由内收到外展，将拍子自然收至体前（以免触网违例）。

反手网前扑球

图 7-2-19

### 11. 正手网前挑高球

准备动作同正手放网前球。击球前，前臂充分外旋，手腕尽量后伸。击球时，从右下向右前方至左上方挥拍击球。在此基础上，若球拍向右前上方挥动，则挑出的是直线高球；若球拍向左前上方挥动，则挑出的是对角线高球。（图 7-2-20）

正手网前
挑高球

图 7-2-20

### 12. 反手网前挑高球

准备动作同反手放网前球动作。击球前，右臂往左后拉抬时引拍。击球时，前臂充分内旋，手腕由屈至后伸闪动挥拍击球。若球拍由左下向左前上方挥动，则球向直线方向飞行；若球拍由左下向右前上方挥动，则球向对角线方向飞行。（图 7-2-21）

反手网前
挑高球

图 7-2-21

## （五）中场击球技术

### 1. 挡直线网前球技术

该技术多用于接对方杀球。接球前用接杀球的步法移至右场边线，身体右倾，手臂右转，前臂外旋，手腕外展。击球时，前臂内旋稍翻腕带动球拍由右下向前上方推送击球，把球挡向直线网前，也可以在击球时前臂由外旋到内收，带动球拍由右向前切送挡直线网前。击球后，身体左转成正面对网，然后右脚上前一步，球拍随身体向左转收至体前。

## 2.挑高球技术

（1）正手挑直线高球。

当对方杀右边线球时，右脚向右侧跨一大步到位。随步法移动往右侧引拍，右臂稍向右后摆的同时稍带外旋，手臂后伸到最大限度，使球拍迅速后摆，紧跟着右前臂急速向前摆动，略有外旋，手腕从后伸到屈腕并快速闪动，这时，肘起着"支点"作用，拍面对准来球，击球托的中下部，使球向直线方向飞行。击球后，前臂内旋，球拍往体前上方挥动。

（2）反手挑直线高球。

击球前，前臂内旋，手腕外展，引拍至身体左前方。击球时，前臂急速往右前方挥摆，手腕由外展至后伸闪动，握紧球拍，加上拇指的顶力，全速挥拍击球，使球向直线方向飞行。若向对角线方向挥拍，则球向对角线方向飞行。

## 3.平抽球技术

中场平抽球技术主要是对付对方击来的弧线平于或稍低于网，且落点在中场附近的低平球。它的击球点在与肩同高处或在肩腰之间。因为来球的速度较快、弧线较平，所以击出的球也较快、较平，因而中场平抽球也是一种对攻技术。它有正反手中场平抽球和半蹲式中场平抽球两种。

（1）正手平抽球。

两脚平行站立稍宽于肩，右脚稍向右侧迈出一小步，同时上体稍往右侧倾，右臂向右侧上摆，球拍随着上举，肘关节保持一定角度，击球前肘关节前摆，前臂稍往后带外旋，手腕稍外展至后伸，引拍至体后。击球时前臂内旋，手腕伸直闪动，手指抓紧拍柄，球拍由右后往右前方高速平扫来球。（图7-2-22）

正手平抽球

图 7-2-22

（2）反手平抽球。

右脚前交叉在左侧前，身体重心在右脚上，右手反手握拍在左侧前。击球前，肘部稍上抬，前臂内旋，手腕外展，引拍至左侧。击球时，在髋的右转带动下，前臂外旋，手腕由外展到伸直闪动，挥拍击球托的底部。击球后，球拍随身体的回动收回到右侧前（图7-2-23）。此外，不论是正手还是反手中场平抽球，其击球点都应争取在身体侧前方，这更便于手臂的发力。

反手平抽球

图 7-2-23

## （六）后场击球技术

### 1. 高远球

（1）正手击高远球。

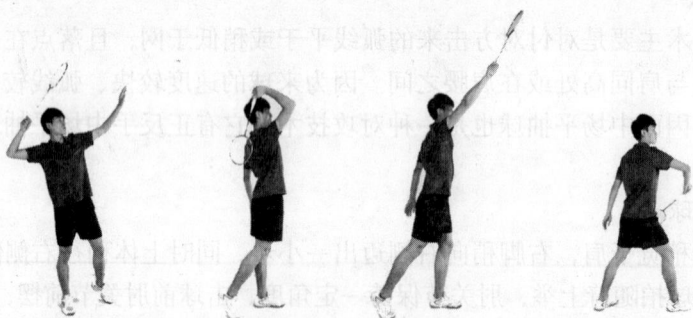

先判断来球方向和落点，侧身后退使球在自己右肩稍前上方的位置，左肩对网，左脚在前，右脚在后，将身体重心放在右脚上；左臂屈肘，左手自然高举，右手持拍，上前臂自然弯曲，将球拍举在右肩上方，两眼注视来球。击球时，由准备动作开始，上臂后引，随之肘关节上提明显高于肩部，将球拍后引至头后，自然伸腕（拳心朝上），然后在后脚蹬地、转体和腰腹的协调用力下，以肩为轴，上臂带动前臂快速向前上方甩动手腕，在手臂伸直的最高点击球。击球后，持拍手臂顺惯性往前下方挥动并收拍至体侧。与此同时，左脚后撤，右脚向前迈出，身体重心由后脚移到前脚。（图 7-2-24）

正手击高远球

图 7-2-24

（2）反手击高远球。

先判断准对方来球的方向和落点，迅速将身体转向左后方，步法到位后，右脚前交叉跨到左侧底线，背对网，将身体重心放在右脚上，使球在身体的右肩上方。击球前，由正手握拍迅速换为反手握拍，并持拍于胸前，拍面朝上。击球时，以上臂带动前臂，通过手腕的闪动、自上而下地甩臂将球击出（图 7-2-25）。在最后用力时，要注意拇指的侧压力与甩腕的配合，同时还要利用两腿的蹬地、转体等协调全身用力。

反手击高远球

图 7-2-25

### 2. 平高球

同击高远球一样，只是在击球的一刹那，主要是向前方用力，使击出的球的弧线较低。平高球也可以用正手、反手或头顶击球技术来完成。其动作要领与正手、反手或头顶击高远球一样，所不同的是最后用力主要向前方，而不是向前上

平高球

方。由于平高球弧线不高，如果使用不当，易被对方拦截，因此，在实战中不管用哪种方法击平高球都应注意：若是打直线平高球，则弧线可低些；若打斜线，则要高些；当对方在网前被动挑高球后，由于回场步法调整一般较慢，可用较低弧线的平高球去袭击其后场，往往可以获得很好的效果。

### 3. 吊球

（1）正手吊球。

劈吊（快吊）击球前期动作同正手击高远球。击球时，拍面正面向内倾斜，手腕做快速切削下压动作。若劈吊斜线球，则球拍切削球托的右侧，并向左下方发力；若劈吊直线球，则拍面正对前方，向前下方切削。

正手吊球

轻吊（拦截吊）击球前期动作同正手击高远球。击球时，一种方法是轻吊时的拍面变化同劈吊基本一致，但用力要更轻些；另一种是击球时，拍面正击球托或借助来球的反弹力用球拍轻挡，使球过网后贴网而下。后者多用于拦截对方击来的平高球和半场高球。（图 7-2-26）

图 7-2-26

（2）反手吊球。

反手吊球击球前的动作同反手击高远球，不同之处在于触球时拍面的掌握和力量运用。吊直线球时，用球拍反面切削球托的后中部，向对方右网前发力；吊斜线球时，用球拍反面切削球托的左侧，朝对方左网前发力。（图 7-2-27）

反手吊球

图 7-2-27

### 4. 杀球

（1）正手杀球。

其击球前的准备姿势和击球动作与正手击高远球基本一样。身体后仰成反弓后收腹用力，靠腰腹带动胸、胸带动上臂、上臂带动前臂、前臂带动手腕，形成向下鞭打的用力，球拍正面击球托的后部，无切击，使球沿直线向前下方快速飞行（图 7-2-28）。击球的一刹那要紧握球拍，击球后立即还原成准备姿势。

正手杀球

图 7-2-28

（2）反手杀球。

其准备姿势和击球动作与反手击高远球一样，但最后用力的方向朝下，而且要加快手臂和手腕朝下的闪动。击球点应尽可能高些、前些，这样便于力量的发挥。

（3）腾空突击扣杀。

击球前，右脚稍前，左脚稍后，身体稍前倾、屈膝，身体重心落在右脚上，准备起跳。起跳后，身体向右后方腾起，上身右后仰成反弓形，右臂右上抬，肩尽量后拉；击球前臂快速举起，手腕从后伸至前臂旋内，跟着屈收压腕鞭打，高速向前下击球。杀球后，屈膝缓冲，右脚右侧着地，将身体重心放在右脚前；左脚在左侧前着地，并迅速还原成准备姿势。

# 三、羽毛球运动基本战术

## （一）单打战术

单打可根据运动员的个人技术特点、身体素质、心理素质等条件而形成自己的技术打法和风格，常见的羽毛球基本战术有以下几种。

单打战术

### 1. 控制后场，高球压底线

从发球开始就运用打高远球或进攻性的平高球压对方后场底线，迫使对方后退，当对方回球质量不高时，以杀球制胜，或当对方疏于前场防守时，就可以以轻吊、搓球等技术在网前吊球轻取。轻吊必须在多次高远球大力压住后场、对方又不能及时回到前场的基础上进行。此打法主要被力量型运动员运用，是后场的高、吊、杀技术的较量。对初学者来说，这是一种必须首先学习的基础打法，但此技术对身体素质要求较高。

### 2. 打四方球，前后左右相结合

在后场，以高远球、平高球和吊球为主，在前场则以放网前球、推球和挑球准确地攻击对方场区前后左右四个角落为主，调动对方前后左右奔跑，顾此失彼，待对方来不及回中心位置或回球质量差时，向其薄弱部位发动进攻制胜。这种打法要求进攻队员具有较强的控制球落点的能力和灵活快速的步法，有速度、有耐心才可成功。

### 3. 下压为主，控制网前

主要通过后场的高远球、扣杀、劈杀、吊球等技术，先发制人，然后快速上网以搓、推、扑、挑、勾等技术，高点控制网前，导致对方直接失误，或失去身体重心被动击球过网，被进攻队员一举击败的一种打法，通常也称"杀上网"的打法。这种打法是进攻型的打法，能够快速上网高点控制网前，对速度耐力要求较高，体力消耗较大，如果碰上防守技术好的对手，体力好坏就直接关系到成败。

**4. 快拉快吊，前后结合**

以平高球快速压对方后场两底角，配合快吊网前两角（或运用劈杀）引对方上网，当对方被动回击网前球时，即迅速上网控制网前，以网前搓、勾球结合推后场底线两角，迫使对方疲于应付，为前场扑杀和中后场大力扣杀创造机会。这也是一种积极主动、快速进攻的打法，此打法要求运动员反应迅速、判断准确，特别是速度耐力要好，技术全面熟练，应具备突击进攻的能力。

**5. 守中反攻，攻守兼备**

以平高球和快吊球击向对方前后左右四个角落，以调动对方。让对方先进攻，针对进攻方打过来的各种球，以快速灵活的步法、多变的球路和刁钻准确的落点，诱使对方在进攻中匆忙移动，勉强扣杀，造成击球失误，或当对方回球质量较差时，抓住有利战机，突击进攻。这种打法要求队员具有攻中有守、守中有攻的控球和反控球能力，不仅应具备优良的速度耐力、灵活的步法、准确快速的反应和判断应变能力，更应具有顽强的拼搏精神和极高的心理素质，这样才能在比赛中取得胜利。这种打法主要针对对方体能差或有伤病的情况。

## （二）双打战术

双打打法是根据双方的技术水平特点、身体素质、心理素质以及伙伴之间配合默契的程度磨合而形成的，常见的双打战术大致有以下几种。

**1. 前后站位打法**

此打法基本上是本方发球时采用。发球队员的站位较前。当发球员发球后立即举拍封堵前场区，另一名球员则负责中场或后场的各种来球。前后站位法可充分运用快攻压网前搓、吊、推、扑技术，寻找空隙，一举打乱对方站位，或通过后攻前扑，后场连续大力扣杀，前场积极封堵。当回球在网附近时，用凶狠扑杀给对方以致命打击。

**2. 左右站位打法**

本打法基本上为本方处于接发球状态和受到下压进攻时所采用。对方发球或打来的平高球处于后场时，接球方可从原来的前后站位立刻转换为左右站位，两人各负责左右半场区的防守，以平抽、平打压住对方后场底线两角，在对方扣杀球时也能以平抽反击或挑高远球至两底角，造成对方回球无力，从而一举扣杀或吊球成功。

**3. 轮转站位打法**

在比赛中，攻守双方总是根据比赛的情况而不断地在前后站位和左右站位间相互变换。对于站位的变换通常具有的特点是：① 发球或接发球时前后站位。当对方回击高球至后场偏一侧进攻时，位于前面的队员要直线后退，后方的队员看情况向侧移动，改换成左右站位。② 发球或接发球时处于左右平行站位。在发球后或在对击球过程中，一旦有机会进行下压进攻时，一名球员便快速上网封堵，另一名队员则快速移动到后场进行大力扣球、吊球、杀球，导致对方处于被动地位。

## 四、羽毛球欣赏与规则简介

### （一）如何欣赏羽毛球比赛

现代羽毛球运动在诞生后的 100 多年以来，逐渐发展成为全球性的体育项目。它有着无穷的魅力，深受人们的喜爱，是一项参与面广、观赏性强的体育运动。

精彩的羽毛球比赛，能给人以视觉上的享受。它既有乒乓球比赛那种细腻精巧的技术，又有网球比赛的那种以力相搏的角逐；既具有文雅的韵味，又有奋力厮杀的残酷对峙。因此，一场高水平的比赛，会让人激动不已又回味无穷。

欣赏一场羽毛球比赛，除了要懂得竞赛规则以外，还要了解运动员的水平和特点，可以从快、准、刁、活等方面来细细品味。

"快"指精确的判断能力、敏捷的反应速度和良好的身体素质。高水平选手能根据对手的移动位置、准备姿势和击球瞬间判断出对手的击球意图。据有关科研部门的测试，羽毛球运动员眼手反应速度之快居各项目运动员之首。尽管羽毛球运动员仅在约 80 平方米的羽毛球场地"转、站、腾、挪"，但他们要在 50～90 分钟的比赛中快速移动 3000 米左右，心率高达 180 次/分，给人带来另类速度美的视觉享受。

"准"是羽毛球运动员展示魅力的一个重要方面。羽毛球的一次往返飞行时间仅在 1 秒之内，在这来回的瞬间，精准地把握球的飞行路线和落点是运动员高超技艺与控制能力的综合表现。运动员的精准技艺常常使人赏心悦目。

"刁"是指运动员刁钻的球路和技法，反映了运动员的聪明才智。场上那种虚则实、实则虚的变化，劈杀和劈吊的瞬间转换，勾、搓、推这三种刁钻技术的网前变化，都会让对手顾此失彼，让观众似雾中看花。

"活"是羽毛球比赛的战术特点。对手间旗鼓相当、比赛势均力敌时，战术的灵活运用、打法的不断变换就是克敌制胜的法宝。谁能扬长避短、避实就虚，谁就能战胜对手取得胜利。

羽毛球运动以其特有的魅力受到人们的青睐，它永远属于那些积极参与的人们和真心热爱它的观众。

### （二）了解规则

#### 1. 比赛场地

羽毛球比赛场地（图 7-2-29）应是一个长方形，用宽 40 毫米的线画出。线的颜色应是白色、黄色或其他容易辨别的颜色。所有的线都是它所界定区域的组成部分。从场地地面起，网柱高 1.55 米。当球网被拉紧时，网柱应与地面保持垂直。不论是单打比赛还是双打比赛，网柱都应放置在双打边线上。网柱及其支撑物不得延伸进入除边线外的场地内。

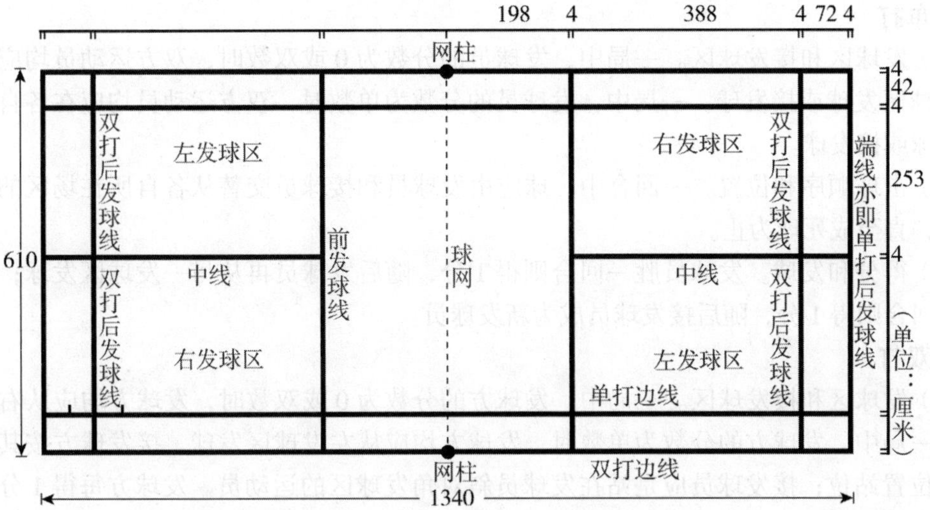

图 7-2-29

球网应由深色优质的细绳编织而成。网孔为均匀分布的方形，边长为 15～20 毫米。球网上下宽为 0.76 米，全长至少 6.10 米。球网的上沿应用宽 75 毫米的白布带对折成夹层，且用绳索或钢丝从中穿过。夹层的上沿必须紧贴绳索或钢丝。绳索与钢丝应牢固地拉紧，并与网柱顶取平。从场地地面起，场地中心点处网高 1.524 米，双打边线中心点处网高 1.55 米。球网两端与网柱之间不应有空隙。

**2. 计分方法**

除非另有规定，一场比赛应以三局两胜定胜负。一方违例或球触及该方场区内的地面成死球，则另一方胜这一回合，并得 1 分。20 平后，领先得 2 分的一方胜该局。29 平后，先得 30 分的一方胜该局。一局的胜方在下一局首先发球。

**3. 发球**

（1）合法发球：① 一旦发球员和接发球员做好准备，任何一方不得延误开始发球；② 发球员球拍头的向后摆动一旦停止，任何对发球开始的迟延都是延误；③ 发球员和接发球员应站在斜对角的发球区界线以内，脚不得触及发球区和接发球区的界线；④ 从发球开始，至发球结束，发球员和接发球员的两脚必须有一部分与场地的地面接触，不得移动；⑤ 发球员的球拍应首先击中球托；⑥ 发球员的球拍击中球的瞬间，整个球应低于距场地地面高度 1.15 米；⑦ 自发球开始，发球员挥拍必须连贯向前，直至将球发出；⑧ 发出的球应向上飞行过网，如果未被拦截，球应落在规定的接发球区内（即落在界线上或界线内）；⑨ 发球员发球时，应击中球。

（2）一旦运动员站好位置准备发球，发球员的球拍头开始向前挥动，即为发球开始。

（3）一旦发球开始，发球员的球拍击中球或未能击中球，均为发球结束。

（4）发球员应在接发球员准备好后才能发球，如果接发球员已试图接发球，即视为已做好准备。

（5）双打比赛发球时，发球员和接发球员的同伴应在各自的场区内。其站位不限，但不得阻挡对方发球员或接发球员的视线。

### 4. 单打

（1）发球区和接发球区。一局中，发球员的分数为0或双数时，双方运动员均应在各自的右发球区发球或接发球。一局中，发球员的分数为单数时，双方运动员均应在各自的左发球区发球或接发球。

（2）击球顺序和位置。一回合中，球应由发球员和接球员交替从各自所在场区的任何位置击出，直至成死球为止。

（3）得分和发球。发球员胜一回合则得1分，随后发球员再从另一发球区发球；接发球员胜一回合则得1分，随后接发球员成为新发球员。

### 5. 双打

（1）发球区和接发球区。一局中，发球方的分数为0或双数时，发球方均应从右发球区发球；一局中，发球方的分数为单数时，发球方均应从左发球区发球。接发球方按其上次发球时的位置站位；接发球员应是站在发球员斜对角发球区的运动员。发球方每得1分，原发球员则变换发球区再发球。

（2）击球顺序和位置。每一回合发球被回击后，由发球方的任何一人和接球方的任何一人，交替在各自场区的任何位置击球，如此往返直至死球。

（3）得分和发球。发球方胜一回合则得1分，随后发球员继续发球；接发球方胜一回合则得1分，随后接发球方成为新发球方。

（4）发球顺序。每局比赛的发球权必须如下传递：先由首先发球员从右发球区发球；其次由首先接发球员的同伴从左发球区发球；然后是首先发球员的同伴；接着是首先接发球员；再接着是首先发球员；依此传递。

（5）运动员在比赛中不得有发球、接发球顺序错误或在一局比赛中连续两次接发球。

（6）一局胜方的任一运动员可在下一局先发球；一局负方的任一运动员可在下一局先接发球。

### 6. 违例

以下情况均属违例。

（1）不合法发球。

（2）球发出后，停在网顶；过网后挂在网上；被接发球员的同伴击中。

（3）比赛进行中，球落在场地界线外（即未落在界线上或界线内）；球未从网上越过；球触及天花板或四周墙壁；球触及运动员的身体或衣服；球触及场地外其他物体或人；球被击时停滞在球拍上，紧接着被拖带抛出；球被同一运动员两次挥拍连续击中，但一次击球动作中球被拍框和拍弦面击中不属违例；球被同方两名运动员连续击中；球触及运动员球拍，而未飞向对方场区。

（4）比赛进行中，运动员的球拍、身体或衣服，触及球网或球网的支撑物；运动员的球拍或身体，从网上侵入对方场区；运动员的球拍或身体，从网下侵入对方场区，导致妨碍对方或分散对方的注意力；运动员妨碍对方，即阻挡对方随球过网的合法击球；运动员故意分散对方注意力的任何举动，如喊叫、做手势等。

# 第三节 网球运动

## 一、网球运动概述

### （一）网球运动的起源与发展

古代网球运动可追溯到古希腊时期，它是人们玩耍的一种"掌中游戏"。现代网球运动起源于英国。1873 年，英国有位乡村绅士温菲尔德少校在掌握了古代网球游戏之后，使网球运动从宫廷走进了寻常百姓家。

1877 年，英国在温布尔登举行了第 1 届草地网球锦标赛，以亨利·琼为首的裁判委员会草拟的比赛规则是现代网球比赛规则的基础，其中的盘制、局制、换位法一直沿用至今。

网球运动走向普及和形成高潮是在美国。第二次世界大战期间，其他国家的网球赛事都停止了，唯独美国继续开展并进入鼎盛时期，先后有 4000 万人参加网球运动，普及率非常高，这为网球运动的发展做出了很大的贡献。

1912 年 3 月 1 日，世界网球的最高组织——世界网球联合会成立，总部设在伦敦。1896—1924 年，网球为奥运会的比赛项目。此后，国际网联因运动员参赛资格问题而与国际奥委会发生冲突，使得网球不再是奥运会项目，直到 1988 年才重新进入奥运会。

### （二）网球运动的特点与锻炼价值

网球运动既是一种消遣，一种增进健康的手段，也是一种艺术追求和享受，还是一种扣人心弦的竞赛项目。网球运动文明、高雅，动作优美，每击出一次好球，打出弦音，都使人感觉兴奋异常，愉快无比。

网球运动可以使人们动作迅速、判断准确、反应快，并能提高速度、力量、耐力、灵敏等素质。由于手握网球拍击球，在拍与球撞击时，需要根据来球的具体情况，随时挥拍应变处理，因此，网球对调节肌肉用力的紧张度与肌肉感觉有良好影响，对发展协调性有积极作用。

网球运动是一项男、女、老、少皆宜的运动，从八九岁的儿童到六七十岁的老年人都可以根据个人体力情况进行锻炼。长期坚持网球活动，青年人能保持青春活力和健美形态，老年人能保持旺盛精力，推迟衰老，延年益寿，情绪饱满。网球是隔网对抗项目，没有身体接触，安全文雅。另外，打网球需要有一个对手或球友，通过打网球可以增进友谊、加强团结、交流球艺、开展社交活动。

## 二、网球基本技术

### （一）握拍法

握拍方法主要有东方式握拍、西方式握拍、大陆式握拍和双手握拍。不同的握拍方式是根据手掌"虎口"对准拍柄的各条棱或面而确定的。拍柄分为8条棱或8个面。（图7-3-1）

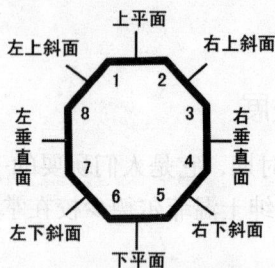

图7-3-1

#### 1. 东方式握拍法（正手式、反手式）

东方式正手握拍法也称"握手式"握拍法。拍面与地面垂直，手握拍柄好像与人握手，也就是手掌"虎口"对准拍柄的2棱或右上斜面，五指紧握拍柄，食指稍离中指（图7-3-2）。东方式反手握拍是"虎口"对准拍柄的8棱或左上斜面，五指握紧拍柄（图7-3-3）。东方式正手、反手握拍法转动不太大，但是当球打到身体另一侧，要变换握拍去迎击时，必须调整握拍。

东方式握拍法

#### 2. 大陆式握拍法

大陆式握拍法，又称握锤式握拍，正手、反手采用同一种握拍法，不需要变换握拍方式，适宜发球和网前截击。正确的握拍方法是"虎口"对准拍柄的1棱或上平面，五指紧贴拍柄（图7-3-4）。此握法需要很强的手腕力量和把握准确的击球时间，一般不太好掌握。

大陆式握拍法

图7-3-2　　　　　图7-3-3　　　　　图7-3-4

#### 3. 西方式握拍法（半西方式、超西方式、西方式反手）

西方式正手握拍法，是将球拍平放在地上，手掌从上面握住拍柄，五指紧握拍柄（图7-3-5）。此时，"虎口"对准4棱或右下斜面是西方式正手握拍；"虎口"对准3棱或右垂直面是半西方式正手握拍法；"虎口"对准5棱或下平面是超西方式正手握拍法。西方式反手握拍法是将正手握拍时的球拍面翻过来，用同一拍面击球。（图7-3-6）

西方式正手
握拍法

#### 4. 双手握拍法

双手握拍法一般用于反手击球，变化很多。常见的握拍方法是左手的东方式正手握拍法加上右手的东方式反手握拍法。右手握在拍柄底端，左手握在拍柄上端。双手握拍也用于一些少儿、女子的正手击球，握法与双手反拍相同，但是左右手的上下位置是颠倒的。（图7-3-7）

图 7-3-5　　　　图 7-3-6　　　　图 7-3-7

### （二）正手击球

#### 1. 基本技术

（1）准备姿势。

面对球网，两脚向前自然分开与肩同宽，双膝微屈，身体略前倾，身体重心落在两脚的前脚掌上，右手握拍，左手轻托拍颈，两肘微屈，将球拍舒适地放在身前，拍头指向对方，两眼注视对方来球，做好击球准备。（图7-3-8）

正手击球

图 7-3-8

（2）后摆引拍。

当判断来球需用正拍回击时，转动双脚，左脚跟抬起并向右侧前方上步，右脚向右转90°与底线平行，同时转肩、转髋带动右手向后摆动引拍（此为关闭式步法，适用于初学者转体；另一种为开放式步法，左脚不必上步，两脚平行站立但需要更多的向右转体动作），引拍时肘部弯曲、自然下垂，拍头低于膝盖，左手伸向前方，保持身体平衡，后摆引拍时身体重心移向右脚，左肩对着右侧的网柱，手腕固定，挥拍转动约180°，拍头指向后挡网。

（3）击球动作（前挥击球）。

从后摆进而向前挥动时紧握球拍，手腕后伸、固定，用力蹬脚，转动身体和挥拍，正拍的击球点在身体的右侧前方不超过腰的高度，击球时的挥拍速度最快，球打在拍面的中心，挥拍击球时的拍头是自上而下地挥动，使球稍带上旋。

（4）随挥跟进动作。

球触拍后，使拍面平行于网的时间尽量长些，挥拍沿着球飞行的方向前送，身体重心前移落在左脚，身体也随着转向球网，挥拍动作在左肩上方结束，拍头指向上方高出头部。随挥跟进动作要比后摆动作大而充分，保证击球的稳定性，随挥跟进结束，立即恢复准备姿势。

### 2. 几种不同的正手击球方法

（1）上旋球。

正拍上旋球是球拍自后下方向前上方挥动，摩擦整个球体产生由后下方朝前上方的转动，故称上旋球。上旋球的特点是飞行弧度高，下降快，落地弹起的反射角度较小，前冲力较大，同时又具有较强的进攻性和较低的失误率。打上旋球是在基本技术的基础上，要求拍面适当前倾，拍头要低于击球点，由后下方向前上方挥出，击球的后上方。

（2）下旋球。

和上旋球相反方向的是下旋球，俗称"削球"。下旋球的特点是球的飞行时间长，球速慢，落地后弹起也很低，并伴有回弹（走）现象。击球时，球拍稍向后倾斜，挥拍是由后上方至前下方，打球的后下部，球是由前上方向后下方旋转并向前飘行，过网时很低。

（3）平击球。

平击球挥拍击球的路线向上较平缓，击球时拍面几乎垂直于地面，击球的正后部。用同样的力量击球，平击球的球速最快，球落地后前冲力大，球的飞行路线较平直，但其准确性和控制力较差，因此这种击法在比赛中较少使用。

（4）侧旋球。

击球时球拍由后部向内侧平行挥动（也称"滑击"），使球产生由外向内的侧旋，故称侧旋球。这种球飞行路线成水平向外侧的弧线，落地后向外跳，常用于正拍直线进攻。

## （三）反手击球

### 1. 基本技术

反手击球如图 7-3-9 所示。

反手击球

图 7-3-9

（1）准备姿势。

面对球网，双脚向前自然分开与肩同宽，双膝微屈，腰部略向前，用非握拍手轻托拍颈，拍头与下巴齐平，双肘弯曲，将球拍舒适地伸在前面，身体前倾，重心落在双脚上。当判断对方来球朝反拍方向飞来时，轻握拍颈的左手应迅速地帮助右手握拍变换为反拍握拍法。

（2）后摆引拍。

向左肩转髋带动右手向左后方摆动，左脚向左转90°与底线平行，同时右脚向左前方上步，右肩对着球网，手腕绷紧、后伸，双肩夹紧，右手拇指靠近左腿的上部。后摆时肘关节自然弯曲、下垂，身体重心移向后方的脚上。反拍的后摆动作应比正拍后摆更早地完成。单手反拍时，左手可轻托拍颈，伴随着向左转的协调动作；若是双手反拍挥臂，需要更充分的转体动作，右肩转向左侧的网柱。

（3）前挥击球。

从后摆进入向前挥动时应紧握球拍，手腕固定，右脚与网成45°角，转动双肩、躯干和臀部，挥拍向球，反拍的击球点应在身体的左侧前方，击球时球拍与右脚应在一条直线上。击球瞬间，拍头的挥动速度最快，对准来球把球打正，肘部应伸直，球拍与手齐平，双眼盯住球。随后身体重心从后脚移向前脚。

（4）随挥动作（跟进）。

球击出后，拍面平行于网的时间尽量长些，挥拍沿着球飞行的方向前送，球拍随球向前的距离小于60厘米，重心前移，落在右脚，身体也随着转向球网，挥拍在右肩上方结束，拍头指向上方（削击球则不同）。完成好随挥动作有助于控制球的落点和方向，随挥动作要比后摆动作大而充分，从而保证击球动作的完整和稳定。随挥跟进动作结束，身体转向球网，迅速恢复原来的准备姿势，准备下一次击球。

## 2. 几种不同的反手击球方法

（1）上旋球。

球拍自左后方向前上方挥击，这时球由后下方向前上方旋转，故称为上旋球。要想产生急剧上旋，需加大向上提拉的幅度。上旋球的最大优点是便于加力控制，尤其在快速跑动中，其他打法容易失误，而上旋球则有较大的把握。因为反拍上旋球的飞行路线成彩虹状，过网后有急剧下降的特点，可以打出短的斜线球，把对方拉出场外回击取得主动，同时也是破坏对方上网的有力武器。较低的上旋球落在对方上网人的脚下，使其难于还击。

（2）下旋球。

下旋球俗称"削球"，和上旋球方向相反，它是由后上方向前下方挥拍，打在球的后下部，球由后前方向下方旋转，成下旋球。下旋球的飞行路线是向上的弧线，过网时很低，但可以打对方的深区（后场），落点容易控制，比较稳健和准确。常用于随击上网，可以协调连贯地把随击与上网结合起来，利用球的飞行时间和深而准的落点冲至网前截击；也可以作为变换旋转和节奏的打法，扰乱对方而取得主动。

（3）平击球。

平击球是从后向前上方较平缓地挥击，击球拍面几乎垂直于地面，击球的正后部。用同样的力量击球，此击球方法的球速最快，球的飞行路线最平直，而球落地后的前冲力量也较大，但准确性较差，尤其在快速奔跑中用平击球的打法很难控制球的准确性，易造成球失误或出界。

（4）侧旋球。

击球前的动作与平击相似，击球时球拍由后部向内侧"滑击"（平挥动），使球产生由外向内的侧旋转，球飞行路线成水平向外侧的弧线，落地后向外跳，常用于正拍直线进攻。

## （四）发球

在现代网球运动中，发球技术是非常重要的，是唯一由自己掌握的击球法。它可以不受对方制约，在较大程度上能够发挥出个人的特点，用以控制对方，为自己进攻创造有利条件。发球基本技术包括准备姿势、抛球与后摆、挥拍动作和随挥动作。（图7-3-10）

发球

图 7-3-10

### 1. 准备姿势

采用大陆式或东方式反拍握拍法，全身放松，侧身站立在端线外中场标记近旁（单打），左肩对着左边网柱，面向右边网柱，两脚分开约同肩宽，左脚与端线约成45°角，右脚约与端线平行，重心在左脚上。左手持球轻托球拍在腰部，拍头指向前方。呼吸均匀，精力集中。

### 2. 抛球与后摆

抛球与后摆拉拍动作是同步开始的，持球手拇指、食指和中指三指轻轻托住球，掌心向上。当向下、向后引拍时，持球手同时下降至右腿处，紧接着当球拍从身后向头上方做大弧度摆动，身体做转体、屈膝、展肩时，持球手柔和地在身前左脚前上举，直至伸高及头顶。抛球动作要协调、平稳，球送至最高点再离开手指抛向空中。此时右肘向后外展约同肩高，拍头指向天空，左侧腰、胯成弓形，身体重心随着抛球开始先移向右脚，然后平稳地开始前移。此刻，肩与球网成直角。

## 3. 挥拍击球

当左手抛出球时，球拍继续向上摆起，这时握拍手的肘关节放松，可以使向前转动的身体和右肩自动地使手臂产生一个完美的绕圈（注意不是故意让拍子去做搔背动作）。当球下降至击球点时，迅速向上挥拍击球，右脚上蹬，使手臂和身体充分伸展，当身体向前上方伸展击球时，肩、手臂已经回转，双肩与球网平行。挥拍击球时，持拍手腕带动小臂有一个旋内的"鞭打"动作，这就是发球发力的关键动作，也是其他诸如重心前移、蹬腿、转体、挥拍等力量聚集的总和。

## 4. 随挥动作

球发出后，身体向场内倾斜，保持连续的完整的向前上方伸展的随挥动作。球拍挥至身体的左侧，重心移向前方，做到完全自然地跟进，并保持身体平衡。

## （五）接发球

### 1. 握拍法

应根据运动员习惯的握拍法来决定。大陆式握拍，正、反拍无须换握拍；东方式或西方式、混合式握拍的正、反拍击球需换握拍，当球一离开对方的球拍，就应该决定是否要转变握拍。

### 2. 准备姿势及站位

接发球的准备姿势只要能以最快的速度还击球就行。对方发球前，可以膝盖弯曲，两腿叉开；当对方抛球准备击球时，可以重心升起，两脚快速交替跳动，并判断来球，迎前回击。接发球站位要根据对方的发球水平和自己的接发球水平、习惯、场地、快慢和战术需要来确定，一般应站在对方发球范围内外角的中角线上，接第一发球时站位稍后些，接第二发球时站位略前。

### 3. 击球动作

击球动作根据对方发球好坏、速度快慢而定。动作一般介于底线正、反拍击球动作和截击球动作之间。对发球差的选手，可用自己的底线正、反拍动作来接对方的发球；而对发球好、速度快的选手，可用网前截击球的动作来顶接对方的发球，这样击出的球很有威胁。

## （六）截击球

截击球是网前进行的一种攻击性击球方法，即在球落地之前，便将来球击回对方场地。截击球分为正手截击和反手截击两种。

截击球

### 1. 基本技术

（1）握拍法。

截击球一般是在网前，因此，在较短的时间里不可能有充足的时间让你变换正、反握拍法，较合适地就是用大陆式握拍法，它不用变换正、反手握拍，能自如地进行各种凌空截击。

（2）准备姿势。

两脚自然开立，两腿微屈，身体前倾面向球网，左手扶住拍颈，右手握拍，眼睛盯住球，球拍放于体前，拍头略高。

## 2. 正手截击

当球飞向正手时，肩部稍做转动，球拍与肩平行，后拉拍要稳固，不得过肩。在向前挥拍的同时，用左脚朝球飞行的方向迈步，保持手腕固定并在身体前方击球。随挥动作要短，以便快速回到准备接下一个球的位置。（图 7-3-11）

图 7-3-11

## 3. 反手截击

当球飞到反手位时，肩部稍微转动，球拍与肩平行；后拉拍要稳固，在向前挥拍时右脚朝球飞行的方向迈出；保持手腕固定，并在身体前方击球。随挥动作要短，以便快速回到准备接下一个球的位置。（图 7-3-12）

图 7-3-12

## （七）高压球

### 1. 高压球的种类

高压球是一项强攻性技术，一般来说打高压球就意味着得势、得分。高压球可分为凌空高压球、落地高压球、前场高压球、后场高压球等几种，其动作与发球相似。

### 2. 基本技术

高压球的基本技术见图 7-3-13。

图 7-3-13

图 7-3-13（续）

（1）握拍及准备。

高压球采用的是大陆式握拍法。上网或在上网途中随时都要准备，防守对方的高压球，动作外形与一般情况无异。

（2）后摆球拍。

以准备姿势为基础，在脚步开始碎步调整、身体位置相应变化的同时转体、侧身，并以最简捷的动作将球拍摆至肩上。

（3）挥拍击球。

判断准击球点并移动到位后，以双脚为支撑向击球点方向蹬地、转体、收腹（反弹背弓），继而挥拍击球。发力程序和感觉与发球相似，但击球点在能保证球过网的前提下，其位置越靠前越有利于发力和控制球出手的角度，越靠前越具有杀伤性，这与发球时力争高点是不同的。到达击球点时身体应已完全面向对方（已完成转体），收腹（反弹背弓）的强劲势头也爆发于此点。

（4）随挥。

高压球的随挥动作仍与发球类似，击球过后顺势将球拍收于持拍手异侧的腿侧就可以。

# 三、网球基本战术

## （一）单打基本战术

通常的单打比赛开始时，双方都用自己最擅长的技术迎战。在摸透对方的战术后，实施改变战术策略，以达到使对方失去节奏、消耗对方体力、最终赢得比赛的目的。

### 1. 发球战术

发球是最不受对方制约的技术，所以一定要充分利用，争取拿下发球局，掌握主动权。然而一成不变的发球会使对方很容易适应，并找到对付的方法；也许侥幸拿下了第一个发球局，但第二个、第三个发球局就危险了。具体点就是：内角、外角、中路三种路线相结合，上旋、侧旋、平击多变化。

### 2. 接发球战术

从被动到主动。面对快速的发球，不要急于加力回球，这样往往失误较多。如果对方反手较弱，那就打对方的反手；对方发球动作较大就打追身球，令其没有时间调整步法。

### 3. 发球上网战术

如果能准确、快速地发出外角球，那就准备上网。注意不要一次冲到近网，没有回旋的余地。大约发球线附近停顿一下，仔细观察对方回击球的情况，采取下一步行动。上网的要点是：选择适当的时机，把球发到外角时，对方接球的另一侧是空场，也就是说，对方要想把球回到场内，必须把球从靠近发球区的这一侧的球网上方回过来，否则球一定出界，所以只需防住发球的这个区域的来球就可以；对方的回球质量不高，可以截一个深球或者放一个小球到对方的空场区轻松得分。

## （二）双打比赛基本战术

双打比赛和单打比赛有很大的差别，双打更多地依赖配对的两个球员的默契配合以及网前的截击技术。网球双打比赛通常有以下常用的战术。

### 1. 双上网进攻型

男、女职业选手均采用此类型，这也是近年来职业网球双打比赛中采用最多的战术。发球方发球后上网，接发球方也采用积极的进攻型接发球上网，双方四人均来到网前，通过小斜线截击或其他方式得分。

### 2. 双上网防守型

男子职业选手均采用此类型。由于在双上网进攻型中，两人太靠近球网，无法照顾到挑高球，因此该类型重点是接发球方接发上网后，只来到发球线附近，防守发球方的挑高球，且大部分球由此人处理，接发球搭档则伺机打出截击或高压球得分。①发球者：发出刁钻的一发后上网，在发球线处截击，将球打到接发球方脚下，待接发球方回球时跟进到网前，在网前打出直接得分球。②接发球者：选择进攻型的接发球，回到发球者脚下，同时迅速上网，在发球线处截击，并把球打到对方中间结合部，同时防守对方打出的挑高球，把得分机会让给网前搭档。③发球者搭档：根据发球落点，适时调整网前位置，盯住接球方，判断回球方向，及时上前抢网，同时注意防守双打边线和单打边线之间区域的直线穿越球。④接发球搭档：在发球线附近，防守发球者搭档的截击球，同时要提防发球方第一次截击球，根据来球，来到网前打出小斜线或高压球得分。

## 四、网球欣赏与规则简介

### （一）如何欣赏网球比赛

网球比赛是古老的球类项目。那我们该如何去欣赏网球比赛呢？

（1）看发球。发球分为上旋球、下旋球、侧旋球、前冲以及大力发球等。优秀的选手在发球上都具有自己的绝招，如前世界名将桑普拉斯和罗迪克的发球，又刁、又准、又狠，常常让对手难以招架。

（2）看战术的运用。网球战术，具有"快、狠、准、变"的特点，运动员在场上既能满场飞，又能凌空跳跃击球、斜飞鱼跃救球，或者缩前吊后、斜线大力抽打等。正是这些前后左右、真真假假的变化，使得比赛精彩激烈、扣人心弦。

另外，网球运动被看成是高雅的运动。因此它处处注重美感，从场地的设施到器材的使用，以及比赛环境的布置和运动员服装的设计，都很讲究美，美几乎无处不在。网球运动员在场上的动作更富美感，爱好网球的艺术家们认为网球运动的许多动作与舞蹈是相通的。

总之，一场高水平的网球比赛，除了运动员精湛的技艺之外，再加上那富于美感的舞蹈韵味，会使观众如痴如醉，精神上得到极大的满足。

### （二）了解规则

#### 1.比赛场地

网球场地为长方形，长度为 23.77 米，单打比赛的场地宽度为 8.23 米，双打比赛的场地宽度为 10.97 米。场地由一条球网从中间处分隔开，悬挂在网绳或金属绳上，附着或绕在 1.07 米高的两根网柱上。球网应充分伸展开，填满两个网柱之间的空间，网孔的大小应确保球不能从中间穿过。球网中心的高度应为 0.914 米，并用中心带向下绷紧固定，网绳、金属绳和球网的上端应当用一条网带包裹住，中心带和网带均应完全为白色。（图 7-3-14）

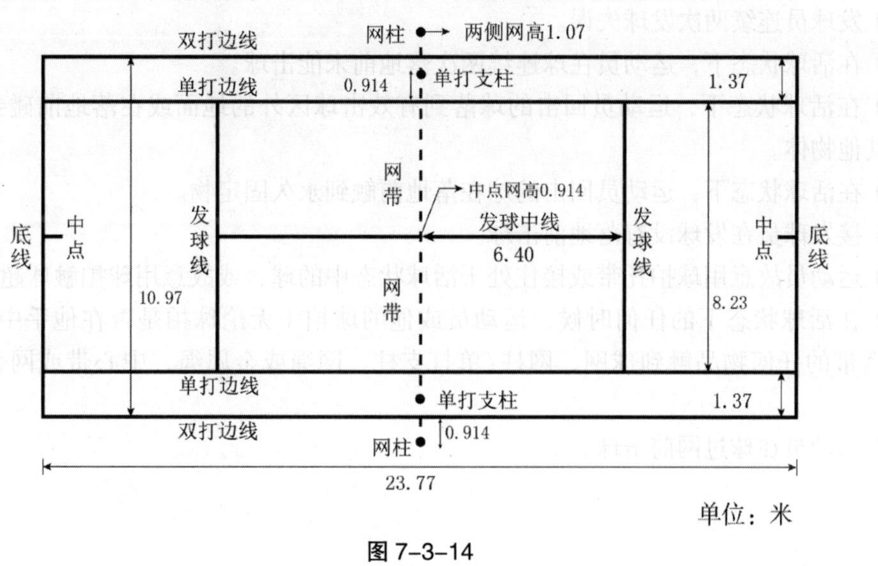

图 7-3-14

**2. 站位和发球的选择**

在准备活动开始前，通过抛硬币的方式决定比赛的第一局站位和发球/接发球权。抛硬币获胜的运动员/队可以选择：① 在比赛的第一局中选择发球或接发球，在这种情况下，对手选择站位；② 选择比赛的第一局站位，在这种情况下，对手选择发球或接发球；③ 要求对手做出以上任意一种选择。

**3. 发球动作**

在即将做出开始发球动作前，发球员必须静止站在底线后（即远离球网的一侧），两脚位于中心标志的假定延长线和边线的假定延长线之间；然后，发球员应当用手将球向任何方向抛出，并在球落地前用球拍将球击出。在球拍击到球或未能击到球的那一刻，整个发球动作即被认为已经完成。对于只能使用一只手臂的运动员，可以用球拍完成抛球。

**4. 发球次序**

（1）在常规局结束后，该局的接发球员在下一局中发球，该局的发球员在下一局中接发球。

（2）双打比赛中，在每一盘的第一局开始前，由先发球的那队决定哪一名运动员先在该局发球。同样，在第二局开始前，他们的对手也应当决定由谁在该局先发球。第一局发球的运动员的搭档在第三局发球，第二局发球的运动员的搭档在第四局发球。这一次序一直延续到该盘结束。

**5. 交换场地**

（1）运动员应该在每一盘的第一局、第三局和随后的每一个单数局结束后交换场地。

（2）运动员还应在每一盘结束后交换场地，但当一盘结束后双方所得局数之和为偶数时，运动员须在下一盘第一局结束后交换场地。

（3）在平局决胜局中，运动员应在每6分后交换场地。

**6. 运动员失分**

如果出现下列情况，运动员将失分。

（1）发球员连续两次发球失误。

（2）在活球状态下，运动员在球连续两次落地前未能击球。

（3）在活球状态下，运动员回击的球落到有效击球区外的地面或在落地前碰到有效击球区外的其他物体。

（4）在活球状态下，运动员回击的球在落地前触到永久固定物。

（5）接发球员在发球没有落地前击球。

（6）运动员故意用球拍托带或接住处于活球状态中的球，或故意用球拍触球超过一次。

（7）在活球状态下的任何时候，运动员或他的球拍（无论球拍是否在他手中），或他穿戴的或携带的任何物品触到球网、网柱/单打支柱、网绳或金属绳、中心带或网带，或对手场地。

（8）运动员在球过网前击球。

（9）在活球状态下，除了运动员手中的球拍以外，球触到了运动员的身体或他穿戴的或携带的任何物品。

（10）在活球状态下，球触到了运动员的球拍，但球拍不在他的手中。

（11）在活球状态下，运动员故意并实质性地改变了球拍的形状。

（12）双打比赛中，同队的两名运动员在回球时都触到了球。

### 7. 压线球

如果球压线，则这个球被认为是落在以该线作为界线的场地之内。

# 第八章
# 形体塑身

## 第一节 啦啦操

### 一、啦啦操概述

#### （一）啦啦操的起源

19 世纪后期，那时候人们就开始有节奏地齐声为他们的球队喝彩、呐喊助威。第一次有证可查的以齐呼口号方式为球队加油的是明尼苏达大学学生约翰尼·坎贝尔，他在 1898 年的赛季中指挥大家为他们的球队助威。

尽管专业的橄榄球队从 20 世纪 60 年代就各自有了自己的啦啦队，但这些啦啦队除了欢呼之外并无特别的喝彩方式，直到达拉斯的姑娘们出现后才有了改观。这些女孩用复杂的舞步赢得了美国观众的瞩目。

20 世纪 80 年代之前，啦啦队主要起支持运动员的作用，之后，美国啦啦队协会开始组织啦啦队之间进行比赛，其他组织也开始兴起。如今，各种体育赛事中随处可见啦啦队员的身影。

啦啦操在中国属于新兴运动，1998 年中国大学生篮球联赛成立，啦啦操表演也同期诞生。1999 年，中国成立全国第一只专业啦啦队，2006 年中国开始选拔啦啦操队伍参加世界级啦啦操锦标赛，这标志着中国啦啦操正慢慢向成熟靠近。

#### （二）啦啦操的定义

啦啦操，是指在音乐伴奏下，通过运动员集体完成复杂、高难度的基本手位与类舞蹈动作、项目特有难度动作和过渡配合等动作内容，充分展示团队高超的运动技能技巧，体现青春活力、积极向上的团队精神，并努力追求团队荣誉感的一项体育运动。

### （三）啦啦操的项目特征

#### 1. 团队精神

团队精神是啦啦操运动最显著的特征。它通过口号、各种动作的配合、各类难度的展示、不同队形的转换与运动员之间的相互协调配合来共同完成团队目标，营造相互信任的组织氛围，激励运动员高昂的斗志，提高团队整体不同能力的展示，使每个队员在参与团队的配合中均能在不同位置扮演不同的重要角色，形成一种风险共担、利益共享的集体意识。它包括团队整体的运动能力、表演的激情、自信心、感染力、号召力、表演能力、默契配合等因素。

#### 2. 技术特征

啦啦操的技术特征主要体现为肢体动作的发力方式，即通过短暂加速、制动定位来实现啦啦操特有的力度感；动作完成干净利落，具有清晰的开始和结束环节；在运动过程中重心稳定、移动平稳、身体控制精确、位置准确。

#### 3. 啦啦操口号

啦啦操口号是技巧啦啦操项目的一种文化，是指在成套动作开始前，参赛队伍全体队员集体上场，在规定时间内通过口号、道具、配合基本手位、难度动作等内容来展现自己的热情。

#### 4. 啦啦操吉祥物

吉祥物是每一支啦啦操参赛队必须拥有的卡通人物。吉祥物一般是各参赛队伍对能代表本队特点的动物或当地的稀有动物进行包装设计的产物。它以其富有活力的独特形象，体现参赛队伍的运动精神和特点，传达参赛队伍的文化和人文精神，能给本队带来好运，能够调动比赛现场气氛，娱乐观众。吉祥物是构成啦啦操参赛队伍形象特征的主要成分，是啦啦操文化传播的重要载体。

#### 5. 啦啦队队旗、徽标

啦啦队队旗、徽标是啦啦队文化的最好体现，是识别一支啦啦队的主要途径。每一支啦啦队都应有属于自己的队旗、徽标，能让社会对本队有一个统一完整的认识，便于社会大众的记忆和接受。队旗、徽标能够体现本队传承、积淀的精神、内涵和文化。

队旗代表了一个队伍的精神和信仰。它是通过一定的图案、色彩和式样反映一个队伍的特色和文化传统。徽标象征着啦啦队的团队精神，是用来佩戴在身上、箱包、物品上，用来表示本队身份、特征、荣誉的一种标志，也是本队特色文化内涵的象征。通过参赛队伍之间队徽的交换与保存，加强啦啦队之间的文化交流，加强队员之间情感的沟通，也是建立各队友谊的桥梁和纽带。

#### 6. 现场鼓励

啦啦队通过鼓励性的语言、口号、歌声、简单的肢体动作与标志牌、队旗、吉祥物等道具来影响观众，调动观众情绪，烘托赛场气氛。

## 二、啦啦操基本技术

啦啦操的基本技术主要体现在 32 个基本手位上，加上不同的手型，结合脚下不同的动作，如跑、跳、踢腿等，连同身体方向的转换和空间的变化而组成。啦啦操手臂动作有着特殊规定和要求，运动员必须严格按照规定的 32 个手位做动作。

啦啦操基本手位

## （一）啦啦操 32 个基本手位

| 1.上M（up M） | 2.下M (hands on hip) | 3.W (muscle man) | 4.高V（high V） | 5.倒V（low V） | 6.T（T） |
|---|---|---|---|---|---|
| 两臂肩上屈，手指触肩，肘关节向外 | 两手叉腰，握拳，拳心向后 | 两臂肩上屈，肘关节成90°，握拳，拳心相对 | 两臂侧上举，握拳，拳心向外 | 两臂侧下举，握拳，拳心向内 | 两臂侧平举，握拳，拳心向下 |
| 7.斜线（diagonal） | 8.短T（down T） | 9.前X（front X） | 10.高X（high X） | 11.低X（low X） | 12.屈臂X（bend X） |
| 一臂侧上举，一臂侧下举，握拳，成一斜线 | 两臂胸前平屈，握拳，拳心向下 | 两臂交叉于体前，拳心向下 | 两臂交叉于头上方，拳心向前 | 两臂交叉于体前下方，拳心向斜下 | 两臂交叉于胸前，拳心向内 |
| 13.上A（up A） | 14.下A（down A） | 15.加油（applauding） | 16.上H（touch down） | 17.下H（low touch down） | 18.小h（little H） |
| 两臂上举，两拳紧挨，拳心相对 | 两臂胸前下举，拳心相对 | 两臂胸前上屈，拳心相对 | 两臂上举，拳心相对 | 两臂前下举，拳心相对 | 一臂上举，另一臂胸前屈，握拳，拳心向内 |

| 19.L（L） | 20.倒L（low L） | 21.K（K） | 22.侧K（side K） | 23.R（R） | 24.弓箭（bow and arrow） |
|---|---|---|---|---|---|
| 一臂握拳上举，拳心向内，另一臂侧平举，握拳，拳心向下 | 一臂侧举握拳，另一臂前下举握拳，拳心向下 | 一臂前上举，另一臂前下举，握拳，拳心相对 | 弓步或开立，手臂像K | 一手头后屈，拳心向内，另一手向下冲拳，做K的一半，拳心向下 | 一臂胸前平屈，前臂低于上臂，另一臂侧平举。两手握拳，拳心向下 |
| 25.小弓箭（bow） | 26.高冲拳（high punch） | 27.侧下冲拳（low side punch） | 28.斜下冲拳（low cross punch） | 29.斜上冲拳（up cross punch） | 30.短剑（half dagger） |
| 一臂侧平举，拳心向下，另一臂胸前屈，拳心向内 | 一臂前上举，拳心向内，另一手叉腰，拳心向后 | 一手叉腰，拳心向后，另一臂做下V的一半，拳心向后 | 左手叉腰，右臂左前下冲拳，拳心向下 | 左手叉腰，右臂左前上冲拳，拳心向下 | 左手叉腰，右臂胸前屈，拳心向内 |
| 31.侧上冲拳（high side punch） | 32.X（X） | | | | |
| 左手叉腰，右臂侧上冲拳，拳心向外 | 两脚开立，两臂头后平屈，拳心贴头，肘关节向外 | | | | |

## （二）花球啦啦操

| 预备造型 | | | | | |
| --- | --- | --- | --- | --- | --- |
| 预备：左手扶臀，右臂侧平举，两腿屈膝外开，右脚点地，面向1点钟方向 | 哒 | 1～4拍双臂成下V，脚上前锁步 | 哒 | 5～7拍双臂向上成上V，双腿开立 | 8拍双手握持花球于胸前，双脚跳成并步 |

**第一个八拍**

| | | | |
| --- | --- | --- | --- |
| 1～3拍手臂垂于大腿前方，右、左、右脚依次向前上步 | 4拍双手成上H，脚下并步提踵 | 5～6拍双手抱于胸前，上右脚成弓步，左膝微屈，脚跟提起 | 7～8拍双手成上V，脚下不动 |

**第二个八拍**

| | | | |
| --- | --- | --- | --- |
| 1～3拍手臂垂于大腿前方，右、左、右脚依次退步 | 4拍双手成上H，脚下并步提踵 | 5～6拍双手抱于胸前，右脚后退成弓步，左膝微屈，脚跟提起 | 7～8拍双手成下V，脚下不动 |

**第三个八拍**

| | | | |
| --- | --- | --- | --- |
| 1～3拍手臂垂于大腿前方，左、右、左脚依次踏步，同时转体左转360° | 4拍双臂屈肘于胸前，脚下成并步 | 5～6拍双臂成K字形，同时迈左脚成屈膝弓步，身体面向7点钟方向，头部面向1点钟方向 | 7～8拍双臂屈肘于胸前，同时收左脚，并腿站立 |

**第四个八拍**

| 1～3拍手臂垂于大腿前方，右、左、右脚依次踏步，同时转体右转360° | 4拍双臂屈肘于胸前，脚下成并步 | 5～6拍双臂成"K"字形，同时迈右脚成屈膝弓步，身体面向3点钟方向，头部面向1点钟方向 | 7～8拍双臂屈肘于胸前，同时收右脚，并腿站立 |
|---|---|---|---|

**第五个八拍**

| 1拍右上L，左脚向左侧迈步，同时半蹲 | 2拍屈肘于胸前，同时收左腿成并步 | 3拍同1拍，动作相反 | 4拍同3拍，动作相反 | 5拍右臂前L，左脚上步成前弓步 | 6拍双臂成上H，并步提踵 | 7拍左臂前L，左脚向左侧迈步同时半蹲 | 8拍双臂垂于大腿前方，双脚跳成并步 |
|---|---|---|---|---|---|---|---|

**第六个八拍**

| 1～2拍成右上斜线，同时迈右脚成右弓步 | 3～4拍成左上斜线，重心左移成左弓步 | 5～6拍含胸，双手收于胸前低头，脚下跳成屈膝并步 | 7～8拍双手并拢，前伸双臂并拢，左脚前迈成屈腿弓步，右脚跟提起 |
|---|---|---|---|

**第七个八拍** / **第八个八拍**

| 1～2拍成右臂高冲拳，左脚向左侧迈出成分腿站立 | 3～4拍点抬头一次，脚下不动 | 5拍左臂成右下冲拳，脚下不动 | 6拍左臂由右下方摆至左上方成左侧上冲拳，脚下不动 | 7～8拍动作同5～6拍，方向相反 | 1～6拍双臂垂直于大腿前方，左右脚依次踏步 | 7～8拍双手抱于胸前成加油手位，脚下成并步 |
|---|---|---|---|---|---|---|

| 第九个八拍 | | | | | |
|---|---|---|---|---|---|
| 1~2拍双手上举成上A手位，双脚大分腿站立 | 3~4拍双手向下成H手位，屈膝俯身 | 5拍双臂平行向右上方斜冲拳，身体右转后靠，两腿分立半蹲，重心移至右脚，同时左脚跟提起 | 6拍双手下压扶右膝，保持体位，重心移至两脚之间 | 7拍双臂垂于大腿前方，向左90°跳成并步直立 | 8拍屈臂收于腰间，右脚在前成锁步 |

| 第十个八拍 | | | |
|---|---|---|---|
| 1拍双手上举成上H，右脚支撑，左腿向侧摆腿 | 2拍双臂经体侧由上向下压，左腿前锁步，身体面向2点钟方向 | 3~7拍双手扶膝低头，身体右转前俯身，两腿分立半蹲，重心在两脚之间，同时左脚跟提起 | 8拍双臂垂于大腿前方，双腿并立。面向1点钟方向 |

| 第十一个八拍 （分组依次动作） 第一组 | | |
|---|---|---|
| 1~3拍双臂成H上举分别于右前、正前、左前三个方位各敲击一次，脚下分腿站立。眼睛随手走 | 4~7拍双手左前上方垂直下压，双手扶膝低头，身体左转前俯身，两腿分立半蹲，右脚跟提起 | 8拍双手垂于大腿前方，双腿并步直立 |

| 第二组 | | |
|---|---|---|
| 1~4拍双手扶膝，低头，双腿屈膝半蹲 | 5~7拍双臂成H上举，分别于右前、正前、左前三个方位各敲击一次，脚下分腿站立。眼睛随手走 | 8拍双手垂于大腿前方，双腿并步直立 |

**第十二个八拍**

| 1～4拍两臂屈肘于胸前成加油手位，脚下左、右依次踏步 | 5～6拍两臂屈肘成短T手位，左右脚依次踏步 | 7～8拍双手垂于大腿前方，双脚并立 |

**第十三个八拍**

| 1拍两臂由体侧摆至腹前，右脚经地面向前踹 | 哒拍两臂屈肘收于腰侧，屈膝收腿 | 2拍两臂向前冲，成马步 | 3拍屈肘成短T手位于胸前，3～5拍保持马步小跳三次 | 4拍成右上斜上冲拳，左手贴于腰际，身体稍向左倾斜 | 5拍成左手斜上冲拳，右手贴于腰际，身体稍向右转前倾 | 6拍双臂侧下举，两腿分立半蹲，低头，重心位于两脚之间，同时左脚跟提起 | 7～8拍向前振胸两次，同时抬起上体 |

**第十四个八拍**

| 1拍右手扶腰，左臂侧平举，分腿半蹲，左脚尖点地 | 2拍左手扶腰，脚下动作同1拍，方向相反 | 3拍双手臂斜下举，脚下动作同1拍。头右侧屈 | 4拍两臂交叉于胸前，两脚开立，右腿屈膝，起踵。头左侧屈 | 5～6拍两臂分开于身体两侧，身体左转前俯身，身体向8点钟方向，两腿分开半蹲，重心位于两脚之间，右脚跟提起 | 7～8拍双臂前举，最后双臂平移于胸前 |

**第十五个八拍**

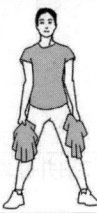

| 1拍右臂下伸，左臂屈肘于胸前，双脚分立，重心移至右脚 | 哒拍左臂下伸，右臂屈于胸前 | 2拍双臂成加油手位，重心位于两脚之间，分腿站立 | 哒拍成H手位 | 5拍上举内绕环 |

| | | | |
|---|---|---|---|
| 哒 双臂右侧平移至左侧，两脚开立 | 6拍双臂平移至左侧 | 7拍含胸低头，双臂屈于胸前，屈膝前俯身 | 8拍双臂成上A形手位，脚下跳成并步。眼睛看手 |

**第十六个八拍** | | | **第十七个八拍** | |

| | | | | | | |
|---|---|---|---|---|---|---|
| 1拍右手屈肘扶于右髋，左脚向前锁步 | 2拍同1拍，动作相反。3拍同1拍。哒拍同2拍。4拍同1拍 | 5～7拍成下M手位，右、左脚依次上步 | 8拍屈肘于胸前，脚下并步 | 1～2拍手臂侧下举，脚下1～8拍直立 | 3～4拍屈肘于胸前，成加油手位 | 5～6拍同1～2拍，7～8拍同3～4拍 |

**第十八个八拍** | | | **第十九个八拍** | |

| | | | | |
|---|---|---|---|---|
| 1拍左臂上举，右臂下垂，1～7拍屈膝并腿弹动，一拍一动 | 2～7拍左臂带到右臂做风火轮 | 8拍成胸前屈臂重叠，双脚站立 | 1～6拍双臂垂于大腿前方，左右脚依次踏步，向左转体360° | 7～8拍成T手位，双脚并拢 |

**第二十个八拍**

| | | | |
|---|---|---|---|
| 1～8拍双臂侧平举，1拍左腿吸腿跳 | 2拍并腿跳 | 3拍左踢腿跳 | 4拍并腿跳，5拍右踢腿跳，6拍并腿，7拍同3拍 |

## 第二十一个八拍（双人配合动作）

| 1～2拍双手扶髋，双脚开立 | 3～4拍向前抛花球（两臂前平举） | 5～6拍接花球（向后递花球） | 7～8拍上举花球（俯身捡花球） |
|---|---|---|---|

## 第二十二个八拍

| 1～4拍右臂高冲拳，脚下左右依次向前走，一拍一动 | 5拍左手叉腰，右手上举，左脚向左移动成开立，双腿屈膝，右脚点地 | 6～8拍右手随髋左右摆动，脚跟随髋摆动 |
|---|---|---|

## 第二十三个八拍

| 1拍双臂向左斜下推，左脚迈十字步。1～4拍眼睛看手 | 2拍同1拍，动作方向相反 | 3拍双臂左斜上推，左脚向左斜前上步 | 4拍同3拍，动作方向相反 | 5拍双臂侧平举，屈肘外绕环 |
|---|---|---|---|---|

| 哒拍 | 6拍手臂侧平举，5～6拍左侧身并步走 | 7拍双臂垂于体侧，迈右脚右后转体180° | 8拍成X形手位，左脚在前成弓步 |
|---|---|---|---|

| 第二十四个八拍 | | | | | | 结束动作 |
|---|---|---|---|---|---|---|
| | | | | | | |
| 1拍双臂上举成高V，1～2拍右腿侧并步走 | 哒拍屈臂于胸前 | 2拍双臂下举成倒V型 | 3～6拍双臂垂于体侧，左脚向左后方迈步转体180°，一拍一动 | 7拍双手持花球于胸前，并步团身半蹲 | 8拍双臂上举，并步提踵 | 向右转180°，右臂于斜前下方，左臂屈肘于头部后方，分腿站立并屈膝，左脚前脚掌点地，屈膝外开，头面向1点钟方向，身体对7点钟方向 |

# 第二节　瑜　伽

## 一、瑜伽概述

### （一）瑜伽运动的起源与发展

"瑜伽起源于古印度。瑜伽的含义是身心处于相对稳定的、平衡的状态。瑜伽主要包括一系列修身养性的方法，对心理的减压作用和对生理的保健作用较为明显。

瑜伽于20世纪80年代传入我国。目前，在我国流行的瑜伽不仅吸收了古老瑜伽的精髓，还融入了我国传统医学与养生的内容，同时加入了一些健身的新内涵。瑜伽体位法练习不但对练习者的肌肉和骨骼有益，而且能强化其神经系统、内分泌系统和主要器官的机能，通过激发人体潜在能量来促进身体健康。在学习的初级阶段，按照个人身体条件练习瑜伽体位法，尽力而为，不可强求。

### （二）瑜伽的锻炼价值

（1）消除疲劳，舒缓压力。通过瑜伽的呼吸法，有意识地呼吸，能排出体内的废气、虚火，消除紧张和疲劳。

（2）改善健康，延年益寿。瑜伽的呼吸法和扭、挤、伸、拉的姿势，能畅通全身经络气血，活化脏腑机能，使细胞延迟衰老，使面色红润，还能增强血液循环，修复受损组织，使身体组织得到充分的营养。

（3）舒展身体，调节体重。借助瑜伽呼吸法配合的各种体位法的姿势，按摩身体器官，可促进血液循环，伸展僵硬的肌肉，使关节灵活，改善人的体质，达到减肥的效果。

### （三）练习瑜伽的注意事项

瑜伽适合任何年龄人士参与。要在运动过程中体验瑜伽的好处和乐趣，练习前应注意以下事项，才能收到更佳的成效。

#### 1. 空腹练习

每天均可练习，可以选择清晨、中午或晚上，最好饭后 2～4 小时练习。保持空腹，可防止瑜伽减少供给大脑及四肢的血液和营养，以致削弱瑜伽体位对身体的功效，同时也可避免因躯干扭动、屈曲引起的胃部及内脏不适。

#### 2. 舒适的环境

练习地点一般选择通风、安静和优美的环境，若有条件，选择空气良好的室外练习更佳。服装要求宽松、轻便、舒适即可，尽量少戴饰物，如项链、耳环、发饰之类的饰品。

#### 3. 用鼻呼吸

空气中充满灰尘、病毒、悬浮粒子，用鼻子进行呼吸能阻隔部分污染物，也能令吸入的空气变得温暖和湿润，减少对呼吸管道的刺激；更重要的是瑜伽讲求呼吸时控制，若没有运用正确的呼吸方法，会令体位练习的效果大打折扣。

#### 4. 莫存攀比

瑜伽是一种着重于内在修炼的运动，而并非一种竞技比赛。练习时不应与其他人攀比，否则会因争斗心而牵动情绪，产生竞争、骄傲、好胜、求成的不良心态，破坏练习时的专注力和学习动机，也易因过度逞强造成受伤。练习者应与自己比较，以之前的表现作评价的准则。

#### 5. 量力而为

每个初学者的柔软度、耐力及学习能力各有不同。练习瑜伽时应按照个人能力，量力而为，跟从教师的指导学习，切勿急于求成，高估自己的能力，盲目仿效他人，练习高难度的瑜伽动作。这样只会增加受伤的风险，产生挫败感，最终得不偿失。

#### 6. 运动安全

一般来说，瑜伽适合任何年龄的人士参与。不过，患有心脏病、高血压病、视网膜脱落的人，以及头颈背有伤患者、怀孕妇女、重病或手术后的病人等在练习前应先征询医生意见，并在上课前通知教师自己的健康状态，以便教师做出适当的跟进和指导。

#### 7. 聆听身体

集中精神，细心聆听身体的声音，感受每一个动作和呼吸对身体的反应。练习时，如果身体出现不正常的剧痛、晕眩、呼吸困难等，莫要逞强，应慢慢地停止练习，并通知教师，等候教师适当的指示和协助。

#### 8. 沐浴护肤

瑜伽课后，不要急于沐浴，待脉搏平稳、体温恢复正常，稍作休息后再沐浴；特别是高温瑜伽后，毛孔扩张，身体容易着凉。沐浴时，水温也不应过热或过冷，以免刺激皮肤，使皮肤变得干燥、失去弹性。沐浴后，宜涂上一些润肤霜，保持皮肤润滑。

### 9. 适量喝水

瑜伽体位有助于按摩腹部内脏，促进肠道蠕动，帮助消化，预防便秘、腹部胀气等疾病。练习瑜伽后半小时宜喝适量水，有助于肠道蠕动，加快排出体内毒素，同时补充练习时（特别是高温瑜伽）出汗所流失的电解质，滋润肠胃和肌肤。

### 10. 持之以恒

瑜伽与其他运动一样，也不是一朝一夕即可练成的。由于练功方法的不同，个体体质的差别，因此所获的效果也不同。无论你练习哪一种瑜伽，都要按照指导并持之以恒地练习，保持定期练习瑜伽的习惯，抱着"不求成功，只求练功，功到自然成"的态度，才能日见成效。

## 二、瑜伽基本技术

### （一）瑜伽呼吸法

#### 1. 腹式呼吸

【方法】取仰卧或瑜伽坐姿，将一只手臂放在肚脐下方，去感受呼吸时带给腹部的不同的起伏。吸气时，腹部鼓起，吸气越深，鼓起的程度就会越大。随着腹部扩张，横膈膜就向下降。呼气时，腹部向内朝脊柱方向回收。尽量深长呼气，收缩腹部，将肺内的气体完全呼出，横膈膜就自然而然地升起。

腹式呼吸

【益处】深层滋养和净化肺部，按摩腹部内脏，促进消化和吸收。

#### 2. 胸式呼吸

【方法】取仰卧或瑜伽坐姿，深长吸气，但不要让腹部扩张，把空气直接吸入胸部区域。在胸式呼吸中，胸部扩张，腹部保持平坦。当吸气加深时，腹部向内朝脊柱方向回收。用这种方法吸气时，肋骨是向外和向上扩张的；呼气时，肋骨向下并向内收。

【益处】加强腹肌肌力，净化血液，改善血液循环。

#### 3. 完全呼吸

【方法】完全呼吸是指把腹式和胸式呼吸结合起来的呼吸方式。缓缓吸气，首先吸入肺部。在肺部鼓起时，气就开始充满胸部区域的下半部分，接着充满胸部的上半部分。用力吸满气，尽量将胸部扩张到最大限度，此时吸气已达到双肺的最大容量，最好能够保持3秒的悬吸；再缓缓呼气，先放松胸部，然后放松腹部。用收缩腹部肌肉的方法结束呼吸。

【益处】由于血氧含量增大，血液被净化，肺部组织更为强壮，从而增强身体抵抗力；神经系统会镇静下来，心律平稳，身心会平静与安详，心境变得清澈又清醒。

### （二）瑜伽坐姿

#### 1. 简易坐

【方法】坐下，双腿前伸。左脚压在右腿下方，或右腿压在左腿下方。挺直上体，紧收下颌。（图8-2-1）

【益处】使两髋、两膝、两踝柔软灵活，补养和加强神经系统，减轻和消除风湿性关节炎。

简易坐

图 8-2-1

### 2. 金刚坐

【方法】两膝跪地靠拢，两脚紧靠，臀部坐在两脚跟之间。挺直上体，紧收下颌。（图 8-2-2）

【益处】金刚坐是一种极好的姿势，有助于使内心和平宁静，特别是饭后练 5 ～ 10 分钟，能促进整个消化系统的功能。

图 8-2-2

### 3. 半莲花坐

【方法】坐下，两腿前伸。屈左腿，让左脚跟顶紧右大腿内侧，再屈右腿，把右脚放在左大腿腹股沟处。挺直上体，紧收下颌。（图 8-2-3）

【益处】具有和莲花坐相同的效果，但程度较逊。

半莲花坐

图 8-2-3

### 4. 莲花坐

【方法】坐下，两腿前伸。屈右腿，放在左腿腹股沟处，再扳过右小腿，把脚放在右腿腹股沟上方，两脚掌朝天。挺直上体，紧收下颌。（图 8-2-4）

【益处】增加脑部、胸部和骨盆区域的血液循环，保护心脏从而使心律平稳，对患呼吸系统疾病的人有益处，使两髋、两腿变柔软，有助于预防及治疗风湿病。

莲花坐

图 8-2-4

## （三）瑜伽体位法

### 1. 下犬式

【方法】使身体成倒V形，两臂前伸，头颈向腿部延伸看齐，能看到两腿中间的上空，脚后跟挨住地面不要抬起。（图8-2-5）

【益处】消除疲劳，恢复精力，缓解脚跟的僵硬和疼痛，帮助软化脚后跟的跟骨刺；增强脚踝，使腿部更匀称；有助于消除肩胛骨区域的僵硬，缓解肩周炎，腹部肌肉得到增强。由于横膈膜被提升到胸腔，因此心率减慢。

图 8-2-5

### 2. 上犬式

【方法】身体要伸直，臀部与肩部、腰部形成舒缓的S形，头颈向前伸，肩部向前用力。（图8-2-6）上犬式与下犬式在练的时候，往往会因为力度不够而做不到位。瑜伽是在舒展筋骨，应该把筋骨舒展到最大限度。

【益处】使脊柱恢复活力，对于腰部疼痛、坐骨神经痛以及椎间盘突出的人有很好的效果。由于胸部得到完全扩张，因此肺部弹性增加，骨盆区域的血液也得到完全的循环，使其保持健康。

图 8-2-6

### 3. 骆驼式

【方法】身体应成一个O字形，头部仰到最大限度，两肩胛向后伸展，两手扶住脚跟，大腿与臀部垂直绷紧。（图8-2-7）

【益处】伸展强壮脊柱，促进血液循环，使脊柱神经得到额外的血液滋养而受益，对于矫正驼背和两肩下垂等不良体态有极佳的效果。

图 8-2-7

### 4. 战士第二式

【方法】战士第二式讲究一个平衡感，上体一定要竖直，右腿弓步，左腿向后伸直，左脚回勾，弓步不能弓得太靠下，臀部要绷住劲，两臂伸平，头颈摆正。（图8-2-8）

【益处】使腿部肌肉更为匀称、强健，同时也能缓解小腿和大腿肌肉痉挛，增强腿部和背部肌肉弹性，强化腹部器官。

图 8-2-8

### 5. 树式

【方法】树式讲究的是无限延伸的感觉，头颈挺直，胳膊伸直向上，想象身体将要冲上云霄，胯部同时向上提。（图 8-2-9）

【益处】补养和加强腿部、背部和胸部的肌肉；加强两踝，改善人体体态的稳定与平衡，增强集中注意的能力；放松两髋部位，并对胸腔区域有益。

图 8-2-9

### 6. 三角式

【方法】上身与下身的弧线要顺畅，胯部不能为省力挺起，两臂伸展成一字形。（图 8-2-10）

【益处】增强腿部肌肉，消除腿部和臀部的僵硬，矫正腿部畸形；缓解背部疼痛及颈部扭伤，强健脚踝、胸部；辅助治疗多种皮肤病，消除腰围区域的脂肪。

图 8-2-10

### 7. 后仰式

【方法】后仰时，臀部、胯部、腰部向前挺，可以用手臂支撑出力使臀部、胯部、腰部向

前，注意逐步做后仰练习，切忌用力过度，使身体仰过头。（图 8-2-11）

【益处】有助于消除疲劳，胸部得到完全伸展，伸展两腿、腹部和喉咙，加强两腕、两踝和骨盆，改善肩关节的活动，使神经系统得到增强，血液循环得到改善。

图 8-2-11

### 8. 蝴蝶式

【方法】此时的两腿就好像是蝴蝶的双翅，要向两边伸展到最大，挺胸抬头。（图 8-2-12）

【益处】对骨盆区域有益，使骨盆、腹部和背部得到足够的血液供应，有助于缓解泌尿功能失调和坐骨神经痛，预防疝气，纠正月经失调现象，孕期经常练习会使分娩更容易、顺利。

图 8-2-12

### 9. 犁式

【方法】仰卧，手臂放于身体的两侧。吸气，双腿上举越过身体，呼气，将两腿向后放在头的上方。脚趾尽量触地。（图 8-2-13）

【益处】对整个脊柱神经极为有益；伸展背部，减轻和消除背痛、腰部风湿痛和背部关节痛；消除肩部和两肘的僵硬；补养增强腘绳肌；有助于消除腰围线、髋部、腿部脂肪，治疗手部痉挛；刺激血液循环，使头部供血增强，滋养面部和头皮；调整甲状腺，使身体新陈代谢得到改善；收缩腹部器官，促进消化功能，消除便秘和胃胀气；有助于纠正月经失调；还可以治疗头痛、痔疮和糖尿病。

图 8-2-13

### 10. 轮式

【方法】仰卧，双手放在身体两侧。屈腿，脚后跟紧贴大腿后侧。双手移到头的两侧，掌心贴地。吸气，拱起背部，髋部与腹部向上升起。（图 8-2-14）

【益处】此体式能增强背部肌群的力量，放松肩关节和颈部肌肉，使脊柱得到完全的伸展，使身体更加柔软，头部供血加强，有效释放压力并感觉敏锐。

图 8-2-14

### 11. 脊柱伸展式

【方法】双手抓住脚踝，身体尽量接近腿，最终双手手掌可平放在脚边的地面上。（图 8-2-15）

【益处】增强人体的柔韧性，伸展脊柱，使脊柱神经得到补养、加强；有助于强壮双肾、肝脏和脾脏；有助于缓解月经期间下腹与骨盆部位的疼痛；是倒立练习必不可少的姿势，使头脑逐渐适应增加的血流和压力；可以克服精神和情绪波动，情绪化严重的人可以练习此姿势在这得到改善，神经系统得到滋养，心率减缓。

图 8-2-15

### 12. 脊柱扭转式

【方法】上体挺直，坐姿，两腿前伸，右边小腿内收，将左脚移过右膝，将右臂穿到左腿下方，双手在背后相握。（图 8-2-16）

【益处】挤压、按摩脊柱周围的肌肉，刺激、兴奋脊柱神经；使背部肌肉更富有弹性，预防背痛和腰部风湿痛的发生；强壮肝脏、脾脏，对双肾起到按摩作用；促进胃肠蠕动，有助于提高消化和排泄功能；调整肾上腺的分泌，胰脏活动增强，对治疗糖尿病和轻微脊椎盘错位有辅助作用。

图 8-2-16

# 第九章
# 武术与搏击

## 第一节　武术运动概述

### 一、武术运动的起源与发展

　　武术萌芽于原始社会时期，源于我国远古祖先的生产劳动。原始人在狩猎的生产活动中，创制了石刀、石锤、木棍等武器，逐渐学会了躲闪、跳远、滚翻，以及运用石器、木棒劈、砍、刺等技能。氏族公社时代，部落战争经常发生，因此在战场上搏斗的经验也不断得到总结，击、刺等进攻技能不断被模仿、传授与习练，促进了武术的萌芽。武术成形于奴隶社会时期。夏朝建立，在连绵不断的战火中，武术为了适应实战需要进一步向实用化、规范化发展，主要体现在军队的武术活动和以武术为主的学校教育。商周时期，出现了武术训练的重要手段——田猎，并利用"武舞"来训练士兵、鼓舞士气；周代设的"序"等学校也把射御、习舞等列为教育的内容之一。进入春秋战国以后，诸侯争霸，都很重视技击在战场中的运用，秦汉以来，盛行角力、击剑等武术活动。随着"宴乐兴舞"的习俗的产生，手持器械的舞练时常在乐饮酒酣时出现。此外，还有"刀舞""力舞"等，虽具娱乐性，但从技术上更近似于今天的套路形式的运动。唐朝以来开始实行武举制，并对有一技之长的士兵授予荣誉称号，对武术的发展起到了促进作用。宋元时期，以民间结社的武艺组织为主体的民间练武活动蓬勃兴起，有习枪弄棒的"英略社"、习射练习的"弓箭社"等。由于商业经济活跃，出现了浪迹江湖、习武卖艺为生的"路歧人"，不仅有单练，而且有对练。明清时期是武术的大发展时期，流派林立，拳种纷显。拳术有长拳、猴拳、少林拳、内家拳等几十家之多，同时形成了太极拳、形意拳、八卦拳等主要的拳种体系。

　　民国时期民间出现了许多武术组织。1927年，在南京成立了中央国术馆。1936年，中国武术队赴柏林奥运会参加表演。中华人民共和国成立后，武术得到了蓬勃的发展。1956年，中国武术协会建立了武术协会、武术队等，形成了空前广泛的群众性武术活动，为武术的发展开拓了广阔的道路。1985年，在西安举行了首届国际武术邀请赛，并成立了国际武术联合会筹委会，这是武术发展历史性的突破。1987 年在横滨举行了第 1 届亚洲武术锦标赛。1990 年，武术被列入第 11 届亚运会竞赛项目，标志着武术开始走进亚运会。1999 年，国际武联被吸收为国际奥委会的正式国际体育单项联合会成员，这是武术发展中的又一历史性突破。

## 二、武术运动的锻炼价值

### （一）提高素质，健体防身

武术套路运动的动作包含着屈伸、回环、平衡、跳跃、翻腾、跌扑等，人体各部位几乎要参与运动。系统地进行武术训练，可提高人体速度、力量、灵巧、耐力、柔韧等身体素质，调动人体各部位都参与运动，使人的身心得到全面锻炼。实践证明，参加武术运动对外能利关节，强筋骨，壮体魄；对内能理脏腑，通经脉，调精神。武术运动讲究调息行气和意念活动，对调节内环境的平衡、调养气血、改善人体机能、健体强身十分有益。

### （二）锻炼意志，培养品德

练武对意志品质的考验是多面的。练习基本功，要不断克服疼痛关，冬练三九，夏练三伏，常年有恒，坚持不懈。套路练习，要克服枯燥关，培养刻苦耐劳、砥砺精进、永不自满的品质。遇到强手，要克服消极逃避关，锻炼勇敢无畏、坚忍不屈的战斗意志。经过长期锻炼，可以培养人们勤奋、刻苦、果敢、顽强、虚心好学、勇于进取的良好习性和意志品德。

### （三）竞技观赏，丰富生活

武术具有很高的观赏价值，历来为人们喜闻乐见。无论是显现武术功力与技巧的竞赛表演套路，还是斗智较勇的对抗性散手比赛，都会引人入胜，给人以美的享受，都具有很高的观赏价值。通过观赏，能给人以教育和乐趣。

### （四）交流技艺，增进友谊

武术运动技理相通，入门之后会有"艺无止境"之感。群众性的武术活动，是人们切磋技艺、交流思想、增进友谊的良好手段。武术在世界的广泛传播，还可促进与国外武术爱好者的交流，在与世界各国人民友好交往中发挥越来越大的作用。

# 第二节　武术基本功练习

练习基本功，不仅可以使练习者掌握武术的基本动作、基本技术、基本方法，还能全面有效地提高身体素质，减少损伤，为学习拳术和器械套路，提高武术的技术水平打下良好的基础。

# 一、肩臂练习

肩臂练习主要是增进肩关节的柔韧性和灵活性，加大肩关节的活动范围，发展臂部力量，提高上肢运动的敏捷、环转等能力。

## （一）压肩

肩功

练习者面对肋木或一定高度的物体，两脚开立，两手抓握肋木，手臂伸直，上体前俯并做下振动作；背对肋木，两臂内旋后伸，手心向上抓握肋木，然后屈膝向下、向前拉压；也可以由同伴做搬压练习。（图9-2-1）

【要点】挺胸、塌腰、直臂。压点集中在肩部，力量适中。

图9-2-1

## （二）握棍转肩

两脚开立，两手上握木棍，相距与肩同宽或稍宽的距离。（图9-2-2）

【要点】两臂伸直，两手横向距离根据自己的情况而定。

## （三）绕环

（1）单臂绕环：右（左）臂向前、向上、向后、向前连续立圆绕环。（图9-2-3）

【要点】臂要直，肩要松，绕环要立圆如轮转。

（2）双臂顺向绕环：左右两臂依次向前、向上、向后、向前绕环。（图9-2-4）

【要点】臂要直，肩要松，抡臂时上臂贴耳朵，下臂贴裤腿，要成立圆。

（3）双臂反向绕环：右臂向前、左臂向后同时于体侧画立圆绕环。数次后，再做反方向练习。（图9-2-5）

【要点】同（2）。

图9-2-2

图9-2-3

图 9-2-4

图 9-2-5

### （四）俯卧撑

两腿并拢伸直，两手与肩同宽，手指朝前直臂撑地成俯卧；上体向后移动，臀部凸起，随即两臂屈肘，上体从后向下、向前移动，再向后移动还原。（图 9-2-6）

【要点】两腿须伸直，上体贴近地面前移。

### （五）倒立

两臂伸直，两手与肩同宽撑地，靠墙做手倒立。（图 9-2-7）

【要点】抬头、挺胸、立腰、两腿并拢伸直。

图 9-2-6

图 9-2-7

## 二、腰部练习

腰部练习可以增强脊椎和腰部各肌肉群的力量与柔韧性。腰是贯通上、下肢的枢纽，又是集中反映武术身法技巧的关键。

### （一）俯腰

两手手指交叉，上体前俯，两手抱住脚踝处，逐渐使胸部贴近腿部。（图 9-2-8）

【要点】两腿伸直，上体下俯。

### （二）甩腰

两脚开步站立，两臂上举，以腰、髋关节为轴，上体向前、向后做屈伸动作，两臂随上体屈伸摆动。（图 9-2-9）

俯腰

甩腰

【要点】两腿伸直，上体前、后屈伸要富有弹性。

## （三）晃腰

两脚开步站立，两臂侧平举，上体后仰向左、右转动，两臂跟随摆动。（图9-2-10）

【要点】腰要松，上体尽量后仰，转动幅度要大。

图9-2-8　　　　　　　图9-2-9　　　　　　　图9-2-10

## （四）涮腰

两脚开立，稍宽于肩，以髋关节为轴，上体前俯，然后向左、向后、向右、向前翻转绕环，两臂随腰摆动。左右交替进行。（图9-2-11）

【要点】松腰活体，尽量增大上体绕环幅度，速度由慢到快。

涮腰

## （五）下腰

两脚开立与肩同宽，两臂伸直上举，上体后倒，两手向后下撑地成"桥"形。（图9-2-12）

【要点】抬头、挺胸、挺髋，桥弓要大，脚跟不得离地。

图9-2-11　　　　　　　　　　　　　　　图9-2-12

# 三、腿部练习

腿部的主要练习方法有压腿、搬腿、劈腿、踢腿等。

正压腿

## （一）压腿

（1）正压腿：面对肋木或有一定高度的物体，并步站立，左脚提起，脚跟放在肋木上，脚尖勾紧，两手按在膝上；上体前屈，向前、向下做压伸动作。（图9-2-13）

【要点】先耗腿，再压腿，两手抱紧脚尖，挺胸立腰，头部向脚尖方向伸出，逐渐由额、鼻过渡到下颌触及脚尖。练习时一定要循序渐进，由轻到重，左右腿交替练习。

（2）侧压腿：身体侧向肋木，右脚跟搁在肋木上，上体侧压（图9-2-14）。左右腿交替练习。

【要点】同正压腿。

（3）后压腿：身体背向肋木，右腿后举，脚背搁在肋木上，脚面绷直，上体向后做压振动作。（图9-2-15）

【要点】两腿伸直，要抬头、挺胸、展髋、上体后仰。

侧压腿　　　　后压腿

图9-2-13　　　　　　　　图9-2-14　　　　　　　图9-2-15

（4）仆步压腿：右（左）腿屈膝全蹲，左（右）腿伸直平铺成仆步。（图9-2-16）

【要点】全蹲，膝关节外展，左（右）腿伸直贴地，充分展髋。

仆步压腿

### （二）搬腿

（1）正搬腿：右腿伸直站立，左腿屈膝提起，右手抱住踝关节，左手抱住膝关节，然后将左脚向上方搬起，挺膝，脚勾紧，也可由同伴帮助向上搬。（图9-2-17）

【要点】由轻到重，循序渐进。

正搬腿

图9-2-16　　　　　　　　　　　　图9-2-17

（2）侧搬腿：右腿提起，右手经小腿内侧托住脚跟，然后将右脚向右侧上方搬起，也可由同伴帮助向侧上方搬起。（图9-2-18）

【要点】支撑腿挺直，挺胸、收腹、开髋。

（3）后搬腿：手扶肋木，由同伴托起左腿从身后向上搬起。（图9-2-19）

【要点】两腿均要伸直，上体前倾。搬腿时力量不可太猛。

侧搬腿

### （三）劈腿

（1）竖劈腿：两腿前后成直线，前脚勾脚尖，脚后跟着地，后脚面或内侧着地。（图9-2-20）

竖劈腿

【要点】髋关节放松，两腿要直，上体要正。

（2）横劈腿：两腿左右分开成直线，脚内侧或脚跟着地，两脚勾脚尖。（图9-2-21）

【要点】两腿伸直与地面平行，上体要正。

图9-2-18　　　　图9-2-19　　　　图9-2-20　　　　图9-2-21

### （四）踢腿

（1）正踢腿：右手扶肋木，左手叉腰或侧平举，身体侧向站立，一腿支撑，另一腿向前额上方踢起（图9-2-22）。左右腿交替练习。

【要点】踢腿时要做到"三直一勾"，即上体直，支撑腿直，摆动腿直，摆动腿脚尖要勾紧。

（2）侧踢腿：面对肋木，双手抓扶肋木。一腿支撑，另一腿由体侧向耳上方踢起。（图9-2-23）

侧踢腿

【要点】上体、支撑腿、摆动腿均要挺直，摆动腿脚尖勾紧。

（3）里合腿：支撑腿自然伸直，全脚着地，另一腿由体侧踢起，向异侧做扇面摆动落下。（图9-2-24）

【要点】做到"三直一勾"。摆动腿的幅度要大，速度要快。

  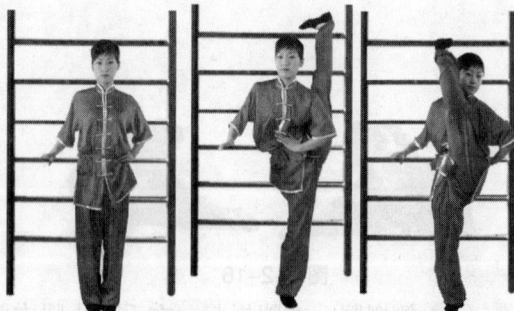

图9-2-22　　　　　　　　图9-2-23　　　　　　　　图9-2-24

（4）外摆腿：动作与里合腿同，唯摆腿方向相反。（图9-2-25）

【要点】同里合腿。

（5）后踢腿：面对肋木，双手扶握肋木，一腿伸直站立，另一腿绷脚挺膝向

外摆腿

后上踢起；也可以屈膝，用脚掌触头部。（图 9-2-26）

【要点】挺胸，展髋，上体前倾，伸直腿挺直，后踢腿脚尖绷展。

图 9-2-25

图 9-2-26

（6）弹腿：两腿并立，一腿屈膝提起，当大腿接近水平时，小腿迅速弹踢，力达脚尖。（图 9-2-27）

【要点】小腿弹击要快速，膝部要挺直，脚面要绷紧。

（7）蹬腿：动作与弹腿同，唯脚尖勾起，力达脚跟。（图 9-2-28）

【要点】同弹腿，唯绷脚尖与勾脚尖不同。

（8）侧踹：一腿伸直支撑，另一腿屈膝提起，脚尖勾紧，脚跟用力向侧上方踹出。（图 9-2-29）

【要点】膝部挺直，脚尖勾紧，踹出的瞬间展髋。

弹腿　　蹬腿

侧踹腿

图 9-2-27

图 9-2-28　　图 9-2-29

## 四、手型、手法练习

### （一）手型

（1）拳：四指并拢握紧，拇指扣在食指和中指的第二指关节上。（图 9-2-30）

【要点】拳要握紧，拳面要平。

（2）掌：四指并拢伸直，拇指弯曲紧扣于虎口处。（图 9-2-31）

【要点】掌心要外撑。

（3）勾：五指第一指关节撮拢、屈腕。（图 9-2-32）

【要点】五指撮紧，尽量勾腕。

手型

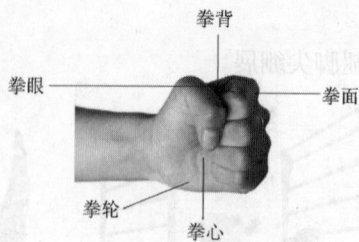

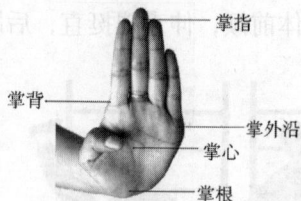

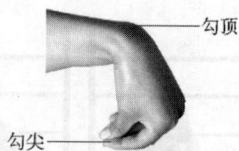

图 9-2-30　　　　　　　　　图 9-2-31　　　　　　　　图 9-2-32

## （二）手法

手法

（1）冲拳：两拳收抱于腰间，右（左）拳由屈到伸，迅速向前冲出，高与肩平，拳眼朝上为立拳，拳背朝上为俯拳。（图 9-2-33）

【要点】冲拳一瞬间要拧腰、送肩、急旋臂。两臂一冲一拉形成合力。

（2）架拳：右拳向左经体前向头上方架起，拳轮朝上，臂成弧形。（图 9-2-34）

【要点】松肩、屈肘、旋臂，力达前臂外侧。

（3）劈拳：右拳向左、向上经头前向右下方快速劈击，臂伸直与肩同高。（图 9-2-35）

【要点】肩要松，拳要握紧，力达拳轮。

（4）推掌：右拳变掌，向前猛力推击，高与肩平，成侧立掌，同时左肘向后拉紧。（图 9-2-36）

【要点】拧腰、送肩、沉腕、侧立掌，快速有力，力达掌外沿。

（5）亮掌：右拳变掌，经体侧向右、向上画弧，至头部右前上方时，抖腕亮掌。臂微屈，掌心斜向上。（图 9-2-37）

（6）格肘：右臂弯曲，从右腰间向左斜上方横格，前臂外旋，力达小臂外沿。（图 9-2-38）

【要点】手臂外旋时，上体可同时稍向左转，拧腰送肩。

图 9-2-33　　　　　　　　图 9-2-34　　　　　　　　图 9-2-35

图 9-2-36　　　　　　图 9-2-37　　　　　　　图 9-2-38

步型

## 五、步型练习

### （一）弓步

前脚微内扣，全脚着地，屈膝使大腿接近水平；后腿挺膝伸直，脚跟后蹬，脚尖内扣，挺胸立腰。（图 9-2-39）

【要点】前腿弓平，后腿蹬直。

### （二）马步

两脚左右开立为脚长的 3～3.5 倍，脚尖正对前方，屈膝使大腿接近水平。（图 9-2-40）

【要点】顶平、肩平、腿平；挺腰、立腰、裹膝、扣足。

### （三）仆步

一腿全蹲，全脚着地，膝和脚尖向外展；另一腿伸直，全脚着地，脚尖内扣。（图 9-2-41）

【要点】挺胸、立腰、开髋、全蹲。

### （四）虚步

后腿屈膝半蹲，大腿接近水平，脚尖外展；前腿微屈，脚面绷直，用脚尖虚点地面。（图 9-2-42）

【要点】挺胸、立腰，两脚虚实分明。

### （五）歇步

两腿交叉屈膝全蹲，前脚全脚着地，脚尖外展；后脚跟离地，臀部坐于小腿上。（图 9-2-43）

【要点】两腿交叉叠紧，挺胸立腰。

图 9-2-39　　　　图 9-2-40　　　　图 9-2-41　　　　图 9-2-42　　图 9-2-43

## 六、平衡练习

平衡

### （一）提膝平衡

右腿伸直支撑，左腿屈膝提起（过腰），脚面绷直，并垂扣于右腿前侧。右臂上举于头上亮掌，左臂反臂后举成勾手。（图 9-2-44）

【要点】挺胸、塌腰、收腹。平衡要站稳，提膝过腰，脚内扣。

### （二）扣腿平衡

右腿屈膝全蹲，左腿屈膝勾脚贴于右腘窝处，脚背朝里。左臂上举于头上架掌，右手向侧立拳冲出。（图9-2-45）

【要点】挺胸、塌腰、扣腿、平稳。

### （三）燕式平衡

左腿屈膝提起，两掌在身前交叉，掌心向内；然后，两掌向两侧直臂分开平举，上体前俯，左脚绷平向后上蹬伸。（图9-2-46）

【要点】挺胸，抬头，弓腰，两腿伸直、静止。

图9-2-44　　　　　　　图9-2-45　　　　　　　图9-2-46

## 七、跳跃练习

### （一）腾空飞脚

腾空飞脚

右腿向前上摆踢，左脚蹬地跃起，身体腾空，左腿向前上方弹（摆）踢，脚面绷直，右手迎击右脚面；同时左腿屈膝收控于右腿侧，脚面绷直，脚尖向下。（图9-2-47）

【要点】右腿在空中摆踢时，脚必须过腰，在击响的一瞬间，左腿屈膝收控于右腿侧；在腾空最高点完成击响动作。拍击动作必须连续、准确、响亮。

### （二）旋风脚

旋风脚

左脚向左上步，同时左掌前推（图9-2-48①）。右脚随即上步，脚尖内扣，准备蹬地踏跳。左臂随上步向下摆动并屈肘收至右胸前，同时右臂向上、向前抢摆，上体向右旋转前俯（图9-2-48②）。重心右移，右腿屈膝蹬地跳起，左腿提起向左上方摆动，上体向左上方翻转，同时两臂向下、向左上方抢摆。身体旋转一周，右腿做里合腿，左手在面前迎击右脚掌，左腿自然下垂。（图9-2-48③）

【要点】右腿做里合腿时，要贴近身体；摆动时，膝挺直，由外向里成扇形。

图 9-2-47

①　　　　②　　　　③

图 9-2-48

五步拳

## 八、五步拳

### （一）并步抱拳

两脚并步站立，两眼平视前方，两臂由体侧屈肘，同时两手抱拳收于腰间，拳心朝上。（图 9-2-49）

### （二）拗步冲拳

左脚向左迈出一步，成左弓步。同时左手向左平搂并收回腰间抱拳，拳心朝上；右拳向前直冲成平拳。目视前方。（图 9-2-50）

### （三）弹踢冲拳

重心前移，右腿向前弹出，高度齐腰。同时，左拳由腰间向前直冲成平拳，右拳收回腰间，拳心朝上。目视前方。（图 9-2-51）

### （四）马步架打

右脚落地，随即身体左转 90°，两腿下蹲成马步，同时左拳变掌，屈臂上架；右拳由腰间向右前直冲成平拳。头右转，目视右拳。（图 9-2-52）

图 9-2-49　　　　图 9-2-50　　　　图 9-2-51　　　　图 9-2-52

### （五）歇步盖打

左脚向右脚后插一步，同时右拳变掌经头上向左下盖，高与胸齐，掌外沿向前，身体左转 90°，左掌收回腰间抱拳。目视右掌（图 9-2-53）。上一动作不停，两腿屈膝下蹲成歇步，

同时左拳向前冲出成平拳，右掌变拳收回腰间。目视左拳。（图9-2-54）

### （六）提膝仆步穿掌

两腿起立，身体左转。随即左拳变掌，手心向下，右拳变掌，手心向上，由左手背上穿出。同时左腿屈膝提起，左手顺势收至右腋下，目视右手（图9-2-55）。左脚落地成仆步。左手掌指朝前沿左腿内侧穿至左脚面。目视左掌。（图9-2-56）

### （七）虚步挑掌

左腿屈膝前弓，右脚蹬地向前上步，成右虚步。同时左手向上、向后画弧成正臂勾手，勾顶略高于肩；右手由后向下、向前顺右腿外侧向上挑掌，掌指向上，高与鼻平。目视右掌。（图9-2-57）

### （八）并步抱拳

重心前移，身体左转90°。随即左脚向右脚靠拢，成并步。同时左勾手和右掌变拳，回收抱于腰间，两拳心朝上。目视前方。（图9-2-58）

继续练习，动作相同，方向相反。

【要点】五步拳是由长拳的主要步型、步法和手型、手法编成的组合练习。

图9-2-53　　图9-2-54　　图9-2-55　　图9-2-56　　图9-2-57　　图9-2-58

# 第三节　24式简化太极拳

## 一、太极拳概述

太极拳是中国武术的一个重要流派，流行于世界各地，很受人们的欢迎。太极拳是根据我国古代哲学的理念而命名的拳术，所有动作的开合、起落、进退、刚柔、蓄发、顺逆、虚实、曲直等，无不和谐地体现出对立与统一的理念。

太极拳在长期的流行过程中形成了陈式、杨式、吴式、孙式、武式等技术流派。中华人民共和国成立以后，又编创了24式简化太极拳、48式太极拳、32式太极剑等。20世纪初到20世纪80年代末，为了适应武术的国际交流与竞赛，又编创了陈式、杨式、吴式、孙式、武式等太极拳和 42 式综合太极拳、剑等竞赛套路。各式太极拳尽管在运动风格上有所不同，但体松心静、柔和缓慢、连绵不断、圆活自然、协调完整的要求是一致的。

## 二、太极拳的技术特点

太极拳具有以下几种技术特点。

### （一）虚灵顶劲竖项

经络学说有以头为百脉之宗的说法。练习太极拳时要求头顶百会穴轻轻上提，好似头顶上有绳索悬着，从而感觉有虚灵顶劲之意，也称顶头悬。虚灵顶劲可使头部自然垂直，有利于练拳时的控制平衡和中枢神经对器官机能的调节等。要保持虚灵顶劲的姿势不松塌和不强硬，颈项要端正竖起，颈项的自然放松竖起能使头部左右转动时自然灵活，达到头正、顶平。

### （二）沉肩坠肘坐腕

上肢的三大关节为肩关节、肘关节和腕关节。练习太极拳时，在松肩的前提下要求沉肩坠肘，沉肩坠肘有利于躯干的含胸拔背，同时会有身体重心下沉的内劲感觉。沉肩坠肘的动作要保持腋下的回旋余地，不要把臂紧贴胸部或体侧，还要有微向前合抱的感觉。坐腕（塌腕）是腕关节向手背一侧自然屈起，在定势动作和运转动作中都须注意坐腕要求。坐腕对各类手法的劲力都有积极作用，如腕部松懈则前臂无力。掌握自然伸展的舒指与坐腕相配合，既有动作形象美感，又有臂部的劲力体现。

### （三）含胸拔背实腹

含胸是胸廓向内微屈 30° 左右，使胸部有舒展、背部有充盈饱满的感觉。太极拳的含胸拔背是一种身体的基本姿势，不是随动作变化而变动的。它既能使胸腔上下径拉长，横膈肌有更大向下舒展的余地，有利于腹式呼吸的深长，又有助于身体重心的下沉。拔背是当胸向内微含时，背部肌肉往下松沉，两肩中间脊背鼓起上提，同时略向后上方拉起，使背部肌肉产生一定的张力和弹性。

### （四）松腰敛臀圆裆

腰是身体转动的关键部位，对动作变化、重心稳定等都起重要作用。练习时，对腰部的要求是松而沉。腰部松沉时要注意腰部能直竖，以利于符合尾闾中正神贯顶的要求。敛臀是在松腰的基础上使臀部稍做内收，同时与含胸拔背相互作用，使身体的脊背成自然的弧形。敛臀时，放松臀部和腰部肌肉，使臀部肌肉向内外下方舒展，然后向前、向内收敛，好似臀部把小腹托起，有利于气沉丹田的要求。当两胯撑开、两膝有微向里扣的感觉时，就能起到圆裆的作用。骨宽关节是协调腰腿动作的主要关节，如果骨宽关节紧张，腰腿就很难相顺相随。圆裆和松胯的配合能使腰部灵活和起到臀部内敛的作用。

### （五）心静体松意注

"心静体松"是练习太极拳最主要的原则，应贯穿于整个太极拳的练习过程中。"心静"

是指练拳时思想集中，抛开一切杂念，全神贯注于太极拳每一个细节动作的练习中，肢体放松，以意念引导动作的变化和运行。"体松"不是指全身的松懈和疲沓，而是要消除身体的拙力和肢体僵硬，按照动作的虚实变化，做到全身不该用力之处不用力，让全身关节、肌肉和内脏等达到最大限度的放松，做到形松意不松，逐步达到以松入柔，积柔成刚，刚柔相济。

### （六）呼吸深长自然

练习太极拳要求呼吸深长细匀，通顺自然。根据太极拳练习者技术水平的高低，呼吸方法可分为自然呼吸、腹式顺呼吸、腹式逆呼吸和拳式呼吸。自然呼吸：练习者在练拳时，呼吸方式不随拳式的变化而变化，完全顺其自然，太极拳初学者较常采用。腹式顺呼吸：吸气时腹部向外凸起，呼气时腹部自然内收的呼吸方式。腹式逆呼吸：与腹式顺呼吸刚好相反。吸气时腹部内收，呼气时腹部外凸。拳式呼吸：是指呼吸随着拳式的变化而变化。

以上几种呼吸方法，不论采用哪种方法，都应自然、匀细，徐徐吐纳，与动作自然配合。对于初学者来讲，首选自然呼吸，保证动作不受呼吸的限制，呼吸同样不受动作的束缚，否则就容易产生憋气的现象。随着练习水平和个人体会程度的提高，可试着运用其他几式呼吸方式。也可随着动作速度的快慢、幅度的大小，按照起吸落呼、开吸合呼、向前下按时呼和向后向上收时吸的原则逐步过渡到"拳式呼吸"。

### （七）连贯圆活形随

太极拳讲究一动无有不动，始终以意念引导动作。每当一个动作完成时，意念中就有下一个动作出现，要有意连形随的感觉。整个套路练习从头到尾给人一种连贯圆活的感觉，如行云流水。太极拳是缓慢匀速的运动，在意念领先的前提下，通过不断练习，达到式式意连形随的境地。周身协调、连贯圆活是衡量一个人太极拳功夫深浅的主要依据。有"一动无有不动，一静无有不静"之说。

### （八）轻沉虚实兼备

太极拳是一种轻灵、缓慢、沉稳的拳术，动作如抽丝，迈步如猫行。轻灵和独立是相对而又统一的。太极拳以转换学说为指导，在每一势和每一动中，始终有着转换，即虚与实的转换。不断地转换就形成了不停顿的运动。太极拳的轻灵、沉稳、虚涵、扎实在不断的练习中转换和变化，达到统一和谐的境地。"虚实"包括重心转换过程中的虚实分明和劲力变化的虚实分明。在重心转换方面，支撑重心的腿为实，辅助支撑或移动转换的腿为虚；在劲力方面，体现主要内容的手为实，辅助配合的手为虚；沉着充实的动作为实，轻灵含蓄的动作为虚。动作的虚实转换不但要互相渗透，还需在意识指导下变换灵活，达到"无一处无虚实，无一处无变化"的状态。

## 三、24 式简化太极拳动作名称

表 9-3-1　24 式太极拳动作名称

| 组别 | 动作名称 | | |
|------|------|------|------|
| 第一组 | （一）起势 | （二）左右野马分鬃 | （三）白鹤亮翅 |
| 第二组 | （四）左右搂膝拗步 | （五）手挥琵琶 | （六）左右倒卷肱 |
| 第三组 | （七）左揽雀尾 | （八）右揽雀尾 | |
| 第四组 | （九）单鞭 | （十）云手 | （十一）单鞭 |
| 第五组 | （十二）高探马 | （十三）右蹬脚 | （十四）双峰贯耳 |
| | （十五）转身左蹬脚 | | |
| 第六组 | （十六）左下势独立 | （十七）右下势独立 | |
| 第七组 | （十八）左右穿梭 | （十九）海底针 | （二十）闪通臂 |
| 第八组 | （二十一）转身搬拦捶 | （二十二）如封似闭 | （二十三）十字手 |
| | （二十四）收势 | | |

## 四、24 式简化太极拳动作图解

### 第一组

### （一）起势

（1）身体自然直立，两脚开立与肩同宽，脚尖向前；两臂自然下垂，两手放在大腿外侧；眼向前平视。（图 9-3-1）

【要点】头颈挺直，下颌微向后收，不要故意挺胸或收腹。精力要集中（起势由立正姿势开始，然后左脚向左分开，成开立步）。

（2）两臂慢慢向前平举，两手高与肩平，与肩同宽，掌心向下。（图 9-3-2、图 9-3-3）

（3）上体保持挺直，两腿屈膝下蹲；同时两掌轻轻下按，两肘下垂与两膝相对；眼平视前方。（图 9-3-4）

【要点】两肩下沉，两肘松垂，手指自然微屈。屈膝松腰，臀部不可凸出，身体重心落于两脚之间。两臂下落与身体下蹲的动作要协调一致。

图 9-3-1　　　图 9-3-2　　　图 9-3-3　　　图 9-3-4

## （二）左右野马分鬃

（1）上体微向右转，身体重心移至右腿；同时右臂收在胸前平屈，掌心向下，左手经体前向右下画弧放在右手下，掌心向上，两掌心相对成抱球状；左脚随即收到右脚内侧，脚尖点地；眼看右手。（图9-3-5、图9-3-6）

（2）上体微向左转，左脚向前方迈出，右脚跟后蹬，右腿自然伸直，成左弓步；同时上体继续向左转，左右手随转体慢慢分别向左上、右下分开，左手高与眼平（掌心斜向上），肘微屈；右手落在右胯旁，肘也微屈，掌心向下，指尖向前；眼看左手。（图9-3-7至图9-3-9）

图9-3-5　　　　图9-3-6　　　　图9-3-7　　　　图9-3-8　　　　图9-3-9

（3）上体慢慢后坐，身体重心移至右腿，左脚尖翘起，微向外撇（45°～60°），随后脚掌慢慢踏实，左腿慢慢前弓，身体左转，身体重心再移至左腿；同时左手翻转向下，左臂收在胸前平屈，右手向左上画弧放在左手下，两掌心相对成抱球状；右脚随即收到左脚内侧，脚尖点地；眼看左手。（图9-3-10至图9-3-12）

（4）右腿向右前方迈出，左腿自然伸直，成右弓步；同时上体右转，左右手随转体分别慢慢向左下、右上分开，右手高与眼平（掌心斜向上），肘微屈；左手落在左胯旁，肘也微屈，掌心向下，指尖向前；眼看右手。（图9-3-13、图9-3-14）

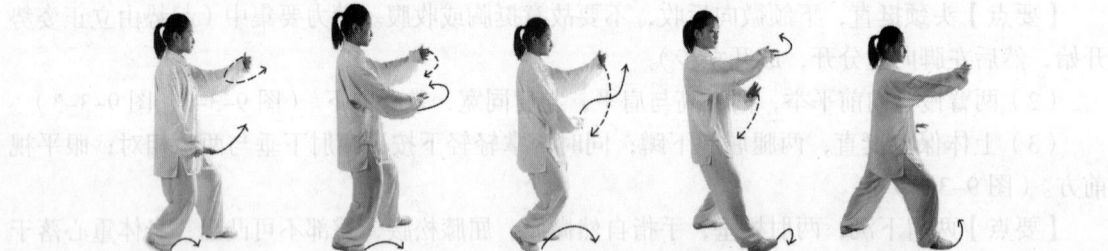

图9-3-10　　　　图9-3-11　　　　图9-3-12　　　　图9-3-13　　　　图9-3-14

（5）与（3）解同，只是左右相反。（图9-3-15至图9-3-17）

（6）与（4）解同，只是左右相反。（图9-3-18、图9-3-19）

【要点】上体不可前俯后仰，胸部必须宽松舒展。两臂分开时要保持弧形。身体转动时要以腰为轴。弓步动作与分手的速度要均匀一致。做弓步时，迈出的脚先是脚跟着地，然后脚掌慢慢踏实，脚尖向前，膝盖不要超过脚尖；后腿自然伸直；前后脚夹角为45°～60°（需要时后脚跟可以后蹬调整）。野马分鬃式的弓步、前后脚的脚跟要落在中轴线两侧，它们之间的横向距离（即以动作行进的中线为纵轴，其两侧的垂直距离为横向）应该保持在10～30厘米。

图 9-3-15　　　图 9-3-16　　　图 9-3-17　　　图 9-3-18　　　图 9-3-19

### （三）白鹤亮翅

（1）上体微向左转，左手翻掌向下，左臂平屈于胸前，右手向左下画弧，掌心转向上，与左手成抱球状；眼看左手。（图 9-3-20）

（2）右脚跟进半步，上体后坐，身体重心移至右腿，上体先向右转，面向右前方，眼看右手；然后左脚稍向前移，脚尖点地，成左虚步；同时上体再微向左转，面向前方，两手随转体慢慢向右上、左下分开，右手上提停于头右侧，掌心向左后方，左手落于左胯前，掌心向下，指尖向前。（图 9-3-21、图 9-3-22）

【要点】胸部不要挺出，两臂上下都要保持半圆形，左膝微屈。身体重心后移和右手上提、左手下按要协调一致。

图 9-3-20　　　　图 9-3-21　　　　图 9-3-22

### 第二组

### （四）左右搂膝拗步

（1）右手从体前下落，由下向后上画弧至右肩外侧，肘微屈，手与耳同高，掌心斜向上；左手由左下向上、向右下画弧至右胸前，掌心斜向下；同时上体先微向左转再向右转；左脚收至右脚内侧，脚尖点地，眼看右手。（图 9-3-23 至图 9-3-25）

（2）上体左转，左脚向前（偏左）迈出成左弓步；同时右手屈回由耳侧向前推出，高与鼻尖平，左手向下由左膝前搂过落于左胯旁，指尖向前；眼看右手手指。（图 9-3-26、图 9-3-27）

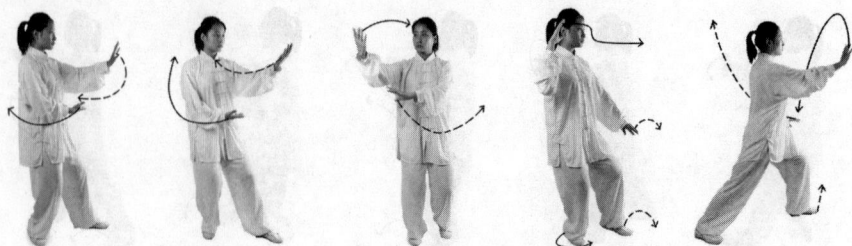

图 9-3-23　　　图 9-3-24　　　图 9-3-25　　　图 9-3-26　　　图 9-3-27

（3）右腿慢慢屈膝，上体后坐，身体重心移至右腿，左脚尖翘起微向外撇，随后脚掌慢慢踏实，左腿前弓，身体左转，身体重心移至左腿，右脚收到左脚内侧，脚尖点地；同时左手向外翻掌由左后向上画弧至左肩外侧，肘微屈，手与耳同高，掌心斜向上；右手随转体向上、向左下画弧落于左胸前，掌心斜向下；眼看左手。（图 9-3-28 至图 9-3-30）

（4）与（2）解同，只是左右相反。（图 9-3-31、图 9-3-32）

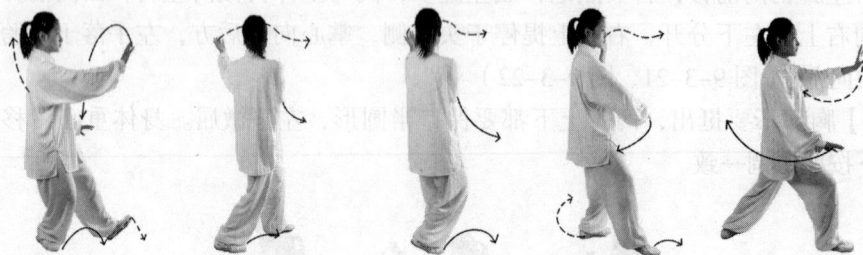

图 9-3-28　　　图 9-3-29　　　图 9-3-30　　　图 9-3-31　　　图 9-3-32

（5）与（3）解同，只是左右相反。（图 9-3-33 至图 9-3-35）

（6）与（2）解同。（图 9-3-36、图 9-3-37）

【要点】前手推出时，身体不可前俯后仰，要松腰松胯。推掌时要沉肩垂肘，坐腕舒掌，同时须与松腰、弓腿上下协调一致。搂膝拗步成弓步时，两脚跟的横向距离约为 30 厘米。

图 9-3-33　　　图 9-3-34　　　图 9-3-35　　　图 9-3-36　　　图 9-3-37

（五）手挥琵琶

右脚跟进半步，上体后坐，身体重心移至右腿，上体向右转，左脚略提起稍向前移，变成左虚步，脚跟着地，脚尖翘起，膝部微屈；同时左手由左下向上挑举，高与鼻尖平，掌心向右，臂微屈；右手收回放在左臂肘部内侧，掌心向左；眼看左手食指。（图 9-3-38、图 9-3-39）

【要点】身体要平稳自然，沉肩垂肘，胸部放松。左手上举时不要直向上挑，要由左向上、向前，微带弧形。右脚跟进时，脚掌先着地，再全脚踏实。身体重心后移与左手上举、右手回收要协调一致。

图 9-3-38　　　　图 9-3-39

## （六）左右倒卷肱

（1）上体右转，右手翻掌（掌心向上）经腹前由下向后上方画弧平举，臂微屈，左手随即翻掌向上；眼睛随着向右转体先向右看，再转向前方看左手。（图 9-3-40、图 9-3-41）

（2）右臂屈肘折向前，右手由耳侧向前推出，掌心向前，左臂屈肘后撤，掌心向上，撤至左肋外侧；同时左腿轻轻提起向后（偏左）退一步，脚掌先着地，然后全脚慢慢踏实，身体重心移至左腿，成右虚步，右脚随转体以脚掌为轴扭正；眼看右手。（图 9-3-42、图 9-3-43）

（3）上体微向左转，同时左手随转体向后上画弧平举，掌心向上，右手随即翻掌，掌心向上；眼睛随转体先向左看，再转向前方看右手。（图 9-3-44）

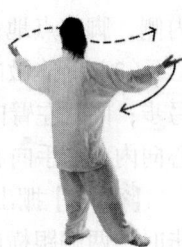

图 9-3-40　　　　图 9-3-41　　　　图 9-3-42　　　　图 9-3-43　　　　图 9-3-44

（4）与（2）解同，只是左右相反。（图 9-3-45、图 9-3-46）

（5）与（3）解同，只是左右相反。（图 9-3-47）

（6）与（2）解同。（图 9-3-48、图 9-3-49）

图 9-3-45　　　　图 9-3-46　　　　图 9-3-47　　　　图 9-3-48　　　　图 9-3-49

（7）与（3）解同。（图 9-3-50）

（8）与（2）解同，只是左右相反。（图 9-3-51、图 9-3-52）

【要点】前推的手不要伸直，后撤的手也不可直向回抽，随转体仍走弧线。前推时，要转腰松胯，两手的速度要一致，避免僵硬。退步时，脚掌先着地，再慢慢全脚踏实，同时前脚随转体以脚掌为轴扭正。退左脚略向左后斜，避免使两脚落在一条直线上。后退时，眼睛随转体动作先向左右看，然后再转看前手。最后退右脚时，脚尖外撇的角度略大些，便于接做"左揽雀尾"的动作。

图 9-3-50　　　　　图 9-3-51　　　　　图 9-3-52

### 第三组

### （七）左揽雀尾

（1）上体微向右转，同时右手随转体向后上画弧平举，掌心向上，左手放松，掌心向上；眼看左手。（图 9-3-53）

（2）身体继续向右转，左手自然下落逐渐翻掌经腹前画弧至右肋前，掌心向上；右臂屈肘，掌心转向下，收至右胸前，两手相对成抱球状；同时身体重心落在右腿，左脚收到右脚内侧，脚尖点地；眼看右手。（图 9-3-54、图 9-3-55）

（3）上体微向左转，左脚向前方迈出，上体继续向左转，右腿自然蹬直，左腿屈膝，成左弓步；同时左臂向左掤出（即左臂平屈成弓形，用前臂外侧和手背向前方推出），高与肩平，掌心向内；右手向右下落放于右胯旁，掌心向下，指尖向前；眼看前臂。（图 9-3-56、图 9-3-57）

【要点】掤出时，两臂前后均保持弧形。分手、松腰、弓腿三者必须协调一致。揽雀尾弓步时，两脚跟横向距离不超过 10 厘米。

图 9-3-53　　　图 9-3-54　　　图 9-3-55　　　图 9-3-56　　　图 9-3-57

（4）身体微向左转，左手随即前伸翻掌向下，右手翻掌向上，经腹前向上、向前伸至左前臂下方；然后两手下将，即上体向右转。两手经腹前向右后上方画弧，直至右手掌心向上，高与肩齐，左臂平屈于胸前，掌心向后；同时身体重心移至右腿；眼看右手。（图 9-3-58、图 9-3-59）

【要点】下将时，上体不可前倾，臀部不要凸出。两臂下将须随腰旋转，仍走弧线。左脚全掌着地。

（5）上体微向左转，右臂屈肘折回，右手附于左手腕里侧（相距约 5 厘米），上体继续向左转，双手同时向前挤出，左前臂要保持半圆；同时身体重心逐渐前移变成左弓步；眼看左手腕部。（图9-3-60、图9-3-61）

【要点】向前挤时，上体要挺直。挤的动作要与松腰、弓腿相一致。

图9-3-58　　　　图9-3-59　　　　图9-3-60　　　　图9-3-61

（6）左手翻掌，掌心向下，右手经左腕上方向前、向右伸出，高与左手齐，掌心向下，两手左右分开，与肩同宽；然后右腿屈膝，上体慢慢后坐，身体重心移至右腿，左脚尖翘起；同时两手屈肘回收至腹前，掌心均向前下方；眼向前平视。（图9-3-62至图9-3-64）

（7）上一动作不停，身体重心慢慢前移，同时两手向前、向上按出，掌心向前；左腿成左弓步；眼平视前方。（图9-3-65）

【要点】向前按时，两手须走曲线，手腕部高与肩平，两肘微屈。

图9-3-62　　　　图9-3-63　　　　图9-3-64　　　　图9-3-65

## （八）右揽雀尾

（1）上体后坐并向右转，身体重心移至右腿，左脚尖内扣；右手向右平行画弧至右侧，然后由右下经腹前向左上画弧至左肋前，掌心向上；左臂于胸前平屈，左手掌向下与右手成抱球状；同时身体重心再移至左腿上，右脚收至左脚内侧，脚尖点地；眼看左手。（图9-3-66至图9-3-69）

（2）同"左揽雀尾"（3）解，只是左右相反。（图9-3-70、图9-3-71）

图9-3-66　　　图9-3-67　　　　图9-3-68　　　　图9-3-69　　　　图9-3-70　　　　图9-3-71

（3）同"左揽雀尾"（4）解，只是左右相反。（图9-3-72、图9-3-73）

（4）同"左揽雀尾"（5）解，只是左右相反。（图9-3-74、图9-3-75）

图9-3-72　　　　　图9-3-73　　　　　图9-3-74　　　　　图9-3-75

（5）同"左揽雀尾"（6）解，只是左右相反。（图9-3-76至图9-3-78）

（6）同"左揽雀尾"（7）解，只是左右相反。（图9-3-79）

【要点】均与"左揽雀尾"相同，只是左右相反。

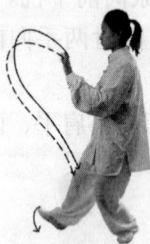

图9-3-76　　　　　图9-3-77　　　　　图9-3-78　　　　　图9-3-79

## 第四组

### （九）单鞭

（1）上体后坐，身体重心逐渐移至左腿，右脚尖内扣；同时上体左转，两手（左高右低）向左弧形运转，直至左臂平举伸于身体左侧，掌心向左，右手经腹前运至左肋前，掌心向后上方；眼看左手。（图9-3-80、图9-3-81）

（2）身体重心再渐渐移至右腿上，上体右转，左脚向右脚靠拢，脚尖点地；同时右手向右上方画弧（掌心由里转向外），至右侧时变勾手，臂与肩平；左手向下经腹前向右上画弧停于右肩前，掌心向里；眼看左手。（图9-3-82）

（3）上体微向左转，左脚向左前方迈出，右脚跟后蹬，成左弓步；在身体重心移向左腿的同时，左掌随上体的继续左转慢慢翻转向前推出，掌心向前，手指与眼齐平，臂微屈；眼看左手。（图9-3-83）

【要点】上体保持挺直、松腰。完成时，右臂肘部稍下垂，左肘与左膝上下相对，两肩下沉。左手向外翻掌前推时，要随转体边翻边推出，翻掌不要太快或最后突然翻掌。全部过渡动作要上下协调一致。如面向南起势，单鞭的方向（左脚尖）应向东偏北（大约为15°）。

图 9-3-80　　　　　图 9-3-81　　　　　图 9-3-82　　　　　图 9-3-83

## （十）云手

（1）身体重心移至右腿，身体渐向右转，左脚尖内扣；左手经腹前向右上画弧至右肩前，掌心斜向后，同时右手变掌，掌心向右前；眼看左手。（图 9-3-84 至图 9-3-86）

（2）上体慢慢左转，身体重心随之逐渐左移；左手由脸前向左侧运转，掌心转向左方；右手由右下经腹前向左上画弧至左肩前，掌心斜向后；同时右脚靠近左脚，成小开立步（两脚相距 10～20 厘米）；眼看右手。（图 9-3-87 至图 9-3-89）

图 9-3-84　　图 9-3-85　　图 9-3-86　　图 9-3-87　　图 9-3-88　　图 9-3-89

（3）上体再向右转，同时左手经腹前向右上画弧至右肩前，掌心斜向后；右手向右侧运转，掌心翻转向右；随之左腿向左横跨一步；眼看左手。（图 9-3-90 至图 9-3-92）

（4）同（2）解。（图 9-3-93、图 9-3-94）

图 9-3-90　　　图 9-3-91　　　图 9-3-92　　　图 9-3-93　　　图 9-3-94

（5）同（3）解。（图 9-3-95 至图 9-3-97）

（6）同（2）解。（图 9-3-98、图 9-3-99）

【要点】身体转动要以腰为轴，松腰松胯，不可忽高忽低。两臂随腰的转动而转动，要自然圆活，速度要缓慢、均匀。下肢移动时，身体重心稳定，两脚掌先着地再踏实，脚尖向前。视线随左右手而移动。第三个"云手"，右脚最后跟步时，脚尖微向内扣，便于接"单鞭"动作。

图 9-3-95　　　　图 9-3-96　　　　图 9-3-97　　　　图 9-3-98　　　　图 9-3-99

## （十一）单鞭

（1）上体右转，右手随之向右运转，至右侧方时变成勾手；左手经腹前向右上画弧至右肩前，掌心向内；身体重心落在右腿，左脚尖点地；眼看左手。（图 9-3-100、图 9-3-101）

（2）上体微向左转，左脚向左前侧迈出，右脚跟后蹬，成左弓步；在身体重心移向左腿的同时，上体继续左转，左掌慢慢翻转向前推出，成"单鞭"式。（图 9-3-102、图 9-3-103）

【要点】与前"单鞭"式相同。

图 9-3-100　　　　图 9-3-101　　　　图 9-3-102　　　　图 9-3-103

## 第五组

## （十二）高探马

（1）右脚跟进半步，身体重心逐渐后移至右腿上；右勾手变成掌，两手翻掌向上，两肘微屈；同时身体微向右转，左脚跟渐渐离地；眼看左前方。（图 9-3-104）

（2）上体微向左转，面向前方；右掌经右耳旁向前推出，掌心向前，手指与眼同高；左手收至左侧腰前，掌心向上；同时左脚微向前移，脚尖点地，成左虚步；眼看右手。（图 9-3-105）

图 9-3-104　　　图 9-3-105

【要点】上体自然挺直，两肩下沉，右肘微下垂。跟步移换重心时，身体不要有起伏。

## （十三）右蹬脚

（1）左手掌心向上，前伸至右手腕背面，两手相互交叉，随即向两侧分开并向下画弧，掌心斜向下；同时左脚提起向左前侧进步（脚尖略外撇）；身体重心前移，右腿自然蹬直，成左弓步；眼看前方。（图 9-3-106 至图 9-3-108）

（2）两手由外圈向里圈画弧，两手交叉合抱于胸前，右手在外，掌心均向后；同时右脚向左脚靠拢，脚尖点地；眼平看右前方。（图9-3-109）

（3）两臂左右画弧分开平举，肘部微屈，掌心均向外；同时右腿屈膝提起，右脚向右前方慢慢蹬出，眼看右手。（图9-3-110、图9-3-111）

【要点】身体要稳定，不可前俯后仰。两手分开时，腕部与肩齐平。蹬脚时，左腿微屈，右脚尖回勾，劲使在脚跟。分手和蹬脚须协调一致。右臂和右腿上下相对。如面向南起势，蹬脚方向应为正东偏南（约30°）。

图9-3-106　　　图9-3-107　　　图9-3-108　　　图9-3-109　　　图9-3-110　　　图9-3-111

## （十四）双峰贯耳

（1）右腿收回，屈膝平举，左手由后向上、向前下落至体前，两掌均翻转向上，两手同时向下画弧分落于右膝两侧；眼看前方。（图9-3-112、图9-3-113）

（2）右脚向右前方落下，身体重心渐渐前移，成右弓步，面向右前方；同时两手下落，慢慢变拳，分别从两侧向上、向前画弧至面部前方，成钳状，两拳相对，高与耳齐，拳眼都斜向内下（两拳中间距离10～20厘米）；眼看右拳。（图9-3-114、图9-3-115）

【要点】完成时，头颈挺直，松腰松胯，两拳松握，沉肩垂肘，两臂均保持弧形。双峰贯耳式的弓步和身体方向与右蹬脚方向相同。弓步的两脚跟横向距离同"揽雀尾"式。

图9-3-112　　　图9-3-113　　　图9-3-114　　　图9-3-115

## （十五）转身左蹬脚

（1）左腿屈膝后坐，身体重心移至左腿，上体左转，右脚尖内扣；同时两拳变掌，由上向左右画弧分开平举，掌心向前；眼看右手。（图9-3-116、图9-3-117）

（2）身体重心移至右腿，左脚收到右脚内侧，脚尖点地；同时两手由外圈画弧合抱于胸前，左手在外，掌心均向后；眼平看左方。（图9-3-118、图9-3-119）

（3）两臂左右画弧分开平举，肘部微屈，掌心均向外；同时左腿屈膝提起，左脚向前方慢慢蹬出；眼看左手。（图9-3-120、图9-3-121）

【要点】与"右蹬脚"式相同，只是左右相反。左蹬脚方向与右蹬脚成180°（即正西偏北，约30°）。

图9-3-116　　图9-3-117　　图9-3-118　　图9-3-119　　图9-3-120　　图9-3-121

## 第六组

### （十六）左下势独立

（1）左腿收回平屈，上体右转；右掌变成勾手，左掌向上、向右画弧下落，立于右肩前，掌心斜向后；眼看右手。（图9-3-122、图9-3-123）

（2）右腿慢慢屈膝下蹲，左腿由内向左侧（偏后）伸出，成左仆步；左手下落（掌心向外）向左下顺左腿内侧向前穿出；眼看左手。（图9-3-124、图9-3-125）

【要点】右腿全蹲时，上体不可过于前倾。左腿伸直，左脚尖须向内扣，两脚脚掌全部着地。左脚尖与右脚跟踏在中轴线上。

（3）身体重心前移，左脚跟为轴，脚尖尽量向外撇，左腿前弓，右腿后蹬，右脚尖内扣，上体微向左转并向前起身；同时左臂继续向前伸出（立掌），掌心向右，右勾手下落，勾尖向后；眼看左手。（图9-3-126）

（4）右腿慢慢提起平屈，成左独立式；同时右勾手变掌，并由后下方顺右腿外侧向前弧形摆出，屈臂立于右腿上方，肘与膝相对，掌心向左；左手落于左胯旁，掌心向下，指尖向前；眼看右手。（图9-3-127、图9-3-128）

【要点】上体要挺直，独立的腿要微屈，右腿提起时脚尖自然下垂。

图9-3-122　　图9-3-123　　图9-3-124　　图9-3-125　　图9-3-126　　图9-3-127　　图9-3-128

### （十七）右下势独立

（1）右脚下落于左脚前，脚掌着地，然后以左脚前脚掌为轴脚跟转动，身体随之左转；同时左手向后平举变成勾手，右掌随着转体向左侧画弧，立于左肩前，掌心斜向后；眼看左手。（图9-3-129、图9-3-130）

（2）同"左下势独立"（2）解，只是左右相反。（图9-3-131、图9-3-132）

（3）同"左下势独立"（3）解，只是左右相反。（图9-3-133）

（4）同"左下势独立"（4）解，只是左右相反。（图9-3-134、图9-3-135）

【要点】左脚尖触地后必须稍微提起，然后再向下仆腿。其他均与"左下势独立"相同，只是左右相反。

图9-3-129　　图9-3-130　　图9-3-131　　　图9-3-132　　　图9-3-133　　图9-3-134　图9-3-135

### 第七组

### （十八）左右穿梭

（1）身体微向左转，左脚向前落地，脚尖外撇，右脚跟离地，两腿屈膝成半坐盘式；同时两手在左胸前成抱球状（左上右下）；然后右脚收到左脚的内侧，脚尖点地；眼看左前臂。（图9-3-136、图9-3-137）

（2）身体右转，右脚向右前方迈出，屈膝弓腿，成右弓步；同时右手由脸前向上举并翻掌停在右额前，掌心斜向上；左手先向左下再经体前向前推出，高与鼻尖平，掌心向前；眼看左手。（图9-3-138至图9-3-140）

图9-3-136　　　图9-3-137　　　图9-3-138　　　图9-3-139　　　图9-3-140

（3）身体重心略向后移，右脚尖稍向外撇，随即身体重心再移至右腿，左脚跟进，停于右脚内侧，脚尖点地；同时两手在右胸前成抱球状（右上左下）；眼看右前臂。（图9-3-141、图9-3-142）

（4）同（2）解，只是左右相反。（图9-3-143至图9-3-145）

【要点】完成姿势面向斜前方（如面向南起势，左右穿梭方向分别为正西偏北和正西偏南，均约30°）。手推出后，上体不可前俯。手向上举时，防止引肩上耸。一手上举一手前推，要与弓腿松腰上下协调一致。做弓步时，两脚跟的横向距离同搂膝拗步式，保持在30厘米左右。

图 9-3-141　　图 9-3-142　　图 9-3-143　　图 9-3-144　　图 9-3-145

### （十九）海底针

右脚向前跟进半步，身体重心移至右腿，左脚稍向前移，脚尖点地，成左虚步；同时身体稍向右转，右手从右耳旁斜向下方插出，掌心向左，指尖斜向下；与此同时，左手向前、向下画弧落于左胯旁，掌心向下，指尖向前；眼看前下方。（图 9-3-146、图 9-3-147）

【要点】身体要先向右转，再向左转。完成姿势后，面向正西。上体不可太前倾。避免低头和臀部外凸。左腿要微屈。

### （二十）闪通臂

上体稍向右转，左脚向前迈出，屈膝弓腿成左弓步；同时右手由体前上提，屈臂上举，停于右额前上方，掌心翻转斜向上，拇指朝下；左手上起经胸前推出，高与鼻尖平，掌心向前；眼看左手。（图 9-3-148 至图 9-3-150）

【要点】完成姿势后上体自然挺直、松腰松胯；左臂不要完全伸直，背部肌肉要伸展开。推掌、举掌和弓腿动作要协调一致。弓步时，两脚跟横向距离同"揽雀尾"式（不超过 10 厘米）。

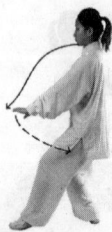

图 9-3-146　　图 9-3-147　　图 9-3-148　　图 9-3-149　　图 9-3-150

### 第八组

### （二十一）转身搬拦捶

（1）上体后坐，身体重心移至右腿上，左脚尖内扣，身体向右后转，然后身体重心移至左腿；与此同时，右手随着转体向右、向下（变拳）经腹前画弧至左肋旁，拳心向下；左掌上举于头前，掌心斜向上；眼看前方。（图 9-3-151）

（2）向右转体，右拳经胸前向前翻转撇出，拳心向上；左掌落于左胯旁，掌心向下，指尖向前；同时右脚收回后（不要停顿或脚尖点地）即向前迈出，脚尖外撇；眼看右拳。（图 9-3-152）

（3）身体重心移至右腿，左脚向前迈一步；左手上起经左侧向前上画弧拦出，掌心向前

下方；同时右拳向右画弧收到右腰旁，拳心向上；眼看左手。（图 9-3-153、图 9-3-154）

（4）左腿前弓成左弓步，同时右拳向前打出，拳眼向上，高与胸平，左手附于右前臂里侧；眼看右拳。（图 9-3-155）

【要点】右拳不要握得太紧。右拳回收时，前臂要慢慢内旋画弧，然后再外旋停于右腰旁，拳心向上。向前打拳时，右肩随拳略向前引伸，沉肩垂肘，右臂要微屈。弓步时，两脚横向距离同"揽雀尾"式，两脚跟横向距离不超过 10 厘米。

| 正面 | 侧面 | 正面 | 侧面 | | | |
| 图 9-3-151 | 图 9-3-152 | 图 9-3-153 | 图 9-3-154 | 图 9-3-155 |

## （二十二）如封似闭

（1）左手由右腕下向前伸出，右拳变掌，两手掌心逐渐翻转向上慢慢分开回收；同时身体后坐，左脚尖翘起，身体重心移至右腿；眼看前方。（图 9-3-156 至图 9-3-158）

（2）两手在胸前翻掌，向下经腹前再向上、向前推出，腕部与肩平，掌心向前；同时左腿前弓成左弓步；眼看前方。（图 9-3-159、图 9-3-160）

【要点】身体后坐时，避免后仰，臀部不可凸出。两臂随身体回收时，肩部、肘部略向外松开，不要直着抽回。两手推出宽度不要超过肩宽。

| 图 9-3-156 | 图 9-3-157 | 图 9-3-158 | 图 9-3-159 | 图 9-3-160 |

## （二十三）十字手

（1）屈膝后坐，身体重心移至右腿，左脚尖内扣，向右转体；右手随着转体动作向右平摆画弧，与左手成两臂侧平举，掌心向前，肘部微屈；同时右脚尖随着转体稍向外撇，成右侧弓步；眼看右手。（图 9-3-161 至图 9-3-163）

（2）身体重心慢慢移至左腿，右脚尖内扣，随即向左收回，两脚距离与肩同宽，两腿逐渐蹬直，成开立步；同时两手向下经腹前向上画弧交叉合抱于胸前，两臂撑圆，腕略高，与肩平，右手在外，成十字手，掌心均向后；眼看前方。（图 9-3-164、图 9-3-165）

【要点】两手分开和合抱时，上体不要前俯。站起后，身体自然挺直，头要微微上顶，下颌稍向后收。两臂环抱时须圆满舒适，沉肩垂肘。

图 9-3-161　　　　图 9-3-162　　　　图 9-3-163　　　　图 9-3-164　　　　图 9-3-165

## （二十四）收势

两手向外翻掌，掌心向下，两臂慢慢下落，停于身体两侧；眼看前方。（图 9-3-166、图 9-3-167）

【要点】两手左右分开下落时，要注意全身放松，同时气也徐徐下沉（呼气略加长）。呼吸平稳后，把左脚收到右脚旁再走动休息。

图 9-3-166　　　图 9-3-167

# 第四节　散打运动

## 一、散打运动概述

散打是两人在规则的制约下，以踢、打、摔等徒手攻防手段，通过攻、防、进、退、还击和反还击进行格斗的对抗性运动项目。

散打运动在继承传统武术的基础上，形成了独特的技术风格。它有别于传统武术的"点到为止"，也不同于"一招制敌"的实用技击技术，比赛双方没有固定的动作顺序，而是互以对方的技击动作随机应变、斗智较技、以长制短。它要求运动员熟练地掌握技术，要有较强的应变能力。

散打运动是较技、较力、斗智、斗勇、对抗性强的运动项目。它对提高人体的速度素质、力量素质、柔韧性素质、耐力素质等身体素质，提高内脏器官的机能，改善神经系统的灵活性等有较大的作用；它能有效地提高人的应变能力，发展思维的敏捷性，增强竞争意识，培养顽强果断、勇于进取的意志品质和尊师爱友、讲礼崇德的良好风尚。

# 二、入门与基本功

散打的基本功练习既可以增强关节、韧带的柔韧性和灵活性，提高控制能力和协调性，提高专项身体素质，规范散打技术动作，又能够防止和减少伤害事故的发生，为学习散打技术、提高技击水平打下良好的基础。

## （一）柔韧性练习

### 1.肩、臂柔韧性练习

肩臂柔韧性练习主要是增进肩关节的柔韧性，加大肩关节的活动范围，提高上肢运动的敏捷、环转等能力。肩臂练习的方法有压肩、握杆转肩、开肩合肩、单臂绕环、双臂前后绕环、双臂交叉绕环、仆步抢拍等。

### 2.腰部柔韧性练习

腰部柔韧练习可提高脊椎和腰部各肌肉群的柔韧性与弹性，加大腰部活动的范围。俗话说："练拳不活腰，终究艺不高。"腰部柔韧性练习的方法有俯腰、甩腰、晃腰、翻腰、涮腰、下腰等。

### 3.腿部柔韧性练习

腿部柔韧性练习主要是拉长腿部的肌肉和韧带，加大髋关节的活动范围。

（1）压腿：主要有正压、侧压、后压、仆步压等方法。

（2）劈腿：劈腿可结合压腿和搬腿进行练习。劈腿的方法有竖叉、横叉两种。

（3）踢腿：主要是通过腿部的动力性练习，提高腿部的柔韧、灵敏、速度等素质。踢腿的方法有正踢、侧踢、后踢、斜踢、里合、外摆等。

## （二）力量性练习

### 1.上肢力量练习

（1）俯卧撑：掌式、拳式、指式、单臂式等。

（2）杠铃练习：握杠铃屈伸、站立推举、坐姿推举、仰卧推举、提拉杠铃等。

（3）其他：引体向上、双杠臂屈伸、爬杠、爬绳、靠墙倒立推手、手握哑铃冲拳、推小车等。

### 2.下肢力量练习

下肢力量练习主要有负重深蹲、负重登台阶、负重半蹲跳、负重全蹲跳、负重马步跳、负重跳换腿、跳绳、腿绑沙袋的各种练习、蛙跳、矮子步走等。

### 3.躯干力量练习

躯干力量练习主要有负重转腰、负重仰卧起坐、负重俯卧体后屈、两头起、立卧撑、悬垂举腿等。

## （三）抗击打练习

抗击打能力，就是人的机体各组织对外界击打的承受能力。

### 1. 肩、臂、背的靠撞练习

（1）单人练习：可对着沙袋、木桩、墙等物体进行身体各部位的靠撞练习。

（2）双人练习：有臂对臂、肩对肩、胸对胸、背对背等的靠撞练习。

### 2. 排打练习

排打主要是采用一定的器具对身体各部位进行击打，增强身体各部位抗击打能力。

## （四）跌扑滚翻练习

跌扑滚翻练习能改善身体内脏器官的承受能力，起到自我保护的作用，提高身体的协调、灵敏、力量等素质。其主要内容有前滚翻、后滚翻、栽碑、后倒、扑虎、盘腿跌、抢背、鲤鱼打挺等。

# 三、基本技术与战术

## （一）基本技术

基本技术是指在实战中完成进攻与防守动作的方法，是竞技水平的重要体现。其主要内容有基本姿势、基本步法、基本拳法、基本腿法、基本摔法和基本防守技术等。

### 1. 基本姿势

两脚前后开立，距离稍大于肩；两脚尖微内扣，后脚跟稍离地；两膝微屈，身体重心落在两腿之间；两臂弯曲，左臂屈肘约成 90°，肘尖下垂，左拳置于体前，拳眼斜朝上，高与鼻平；右臂屈肘小于 90°，右拳置于右肋前，略高于下颌部，大臂内侧紧贴右侧肋部，肘自然下垂。胸、背保持自然，下颌微收，两眼平视前方。左脚在前称"正架"，右脚在前称"反架"。（图 9-4-1）

基本姿势

### 2. 基本步法

（1）前进步：基本姿势站立（以下均同），前脚先前进半步，后脚紧接着跟进半步。（图 9-4-2）

【要点】步幅不宜过大，上体姿势不变，跟步要快速、紧凑。

（2）后退步：后脚先后退半步，前脚紧接着向后回收半步。（图 9-4-3）

【要点】同前进步。

基本步法

（3）上步：后脚向前上一步，左右拳前后交换成右脚在前的反架实战姿势，两眼平视前方。（图 9-4-4）

【要点】身体重心平稳，移动迅速，前后脚保持适当距离。

图 9-4-1　　　　图 9-4-2　　　　　　图 9-4-3　　　　　图 9-4-4

（4）撤步：左脚向后撤一步，成右脚在前、左脚在后，左脚跟离地，右脚尖外展，重心偏右脚。（图9-4-5）

【要点】与上步同。

（5）垫步：后脚蹬地向前脚内侧并拢，同时前腿屈膝提起。（图9-4-6）

【要点】后脚向前脚并拢要迅速，垫步与提膝不可脱节、停顿；身体向前移动时，不能向上腾空。

（6）插步：重心前移，同时后脚经前脚后面前插，两脚成交叉状，随之前脚向前上步。（图9-4-7）

【要点】插步时上体略右转，插步后前脚上步要快，迅速还原成基本姿势。

图9-4-5　　　　　　　　　　图9-4-6　　　　　　　　　　图9-4-7

（7）闪步：左脚向左侧移半步，右脚随之向左滑步，同时身体向右转动约90°（图9-4-8）。右侧与左侧相同，只是方向相反。

【要点】步法灵活，躲闪快速、敏捷。

（8）纵步：主要有单腿纵步和双腿纵步两种。

① 单腿纵步：前腿屈膝上提，后腿连续蹬地向前移动（图9-4-9）。② 双腿纵步：两脚同时蹬地，使身体向上或向前、后、左、右跳跃移动。（图9-4-10）

【要点】腰胯紧收，上体正直，腾空不宜过高。

图9-4-8　　　　　　图9-4-9　　　　　　图9-4-10

（9）环绕步：右（左）脚蹬地，左（右）脚向左（右）斜前（后）方滑移，着地后右（左）脚也向左（右）斜前（后）方滑移。（图9-4-11、图9-4-12）

【要点】连续滑移，移步时应成弧形环绕，后脚步幅稍大于前脚，上体和上肢姿势不变。

### 3.基本拳法

（1）冲拳。

① 左冲拳：基本姿势站立，右脚蹬地，上体微右转；同时左拳内旋，直线向前冲出，力达拳面，右拳收至下颌处（图9-4-13）。② 右冲拳：右脚蹬地，并以前脚掌向内转，转腰送肩，上体左转；同时右拳内旋，直线向前冲出，力达拳

基本拳法

面。左拳收至右肩前。（图9-4-14）

【要点】冲拳时，上体不可前倾，腰要拧转；大臂催动前臂，不可先向后引拳再冲出。

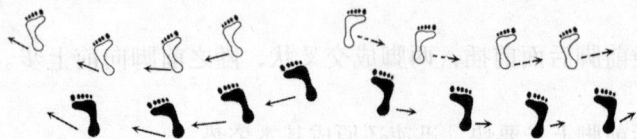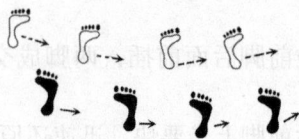

图9-4-11　　　　　　图9-4-12　　　　　　　图9-4-13　　　　图9-4-14

（2）掼拳。

① 左掼拳：上体微右转，同时左臂内旋，抬肘至水平，使拳向外、向前、向内成平面弧形横击，臂微屈，拳心朝下，力达拳面（图9-4-15）。② 右掼拳：右脚蹬地，上体左转，同时右臂内旋，抬肘至水平，使右拳向外、向前、向内成平面弧形横击，拳心朝下，力达拳面。（图9-4-16）

【要点】击打要借助转体的力量，转腰、发力协调一致；上体保持正直，不可掀肘，拳走弧形。

（3）抄拳。

① 左抄拳：上体先向左转，重心微下沉；随之左膝及上体瞬间挺伸，并向右转体；同时左臂外旋，左拳由下向前上方勾起，拳心朝里，力达拳面（图9-4-17）。② 右抄拳：右脚蹬地，扣膝合胯，腰稍右转，同时右臂外旋，右拳由下向前上方勾起，拳心朝里，力达拳面。（图9-4-18）

【要点】发力时，上体不可后仰、挺腹；重心下沉，脚蹬地拧转，上体跟着拧转，以加大抄拳力量。动作要连贯顺达，用力由下至上，发力短促。

图9-4-15　　　　图9-4-16　　　　图9-4-17　　　　图9-4-18

### 4. 基本腿法

（1）蹬腿。

① 左蹬腿：右腿直立或微屈支撑，左腿屈膝前抬，脚尖勾起，当膝高于髋关节时，膝关节快速蹬伸，力达脚跟；亦可送髋，脚掌下压，力达前脚掌（图9-4-19）。② 右蹬腿：重心前移，左腿直立或微屈支撑，右腿屈膝向前抬起，勾脚，膝关节快速蹬伸，力达脚跟；亦可送髋，脚掌下压，力达前脚掌。（图9-4-20）

基本腿法

【要点】上体不可过分后仰，屈膝高抬，爆发用力，快速连贯。

图 9-4-19　　　　　　　　　　　　　　　　图 9-4-20

（2）侧端腿。

①左侧端腿：重心右移，右腿直立或微屈支撑；同时左腿屈膝抬起与髋同高，小腿外翻，脚尖勾起，展髋、挺膝向前端出，上体微侧倾，力达脚底（图 9-4-21）。②右侧端腿：身体左转 180°，重心移至左腿，左腿直立或微屈支撑；同时右腿屈膝抬起与髋同高，小腿外翻，脚尖勾起，展髋、挺膝向前端出，上体微侧倾，力达脚底。（图 9-4-22）

【要点】上体、大腿、小腿和脚要成一条直线，大腿带动小腿直线用力。

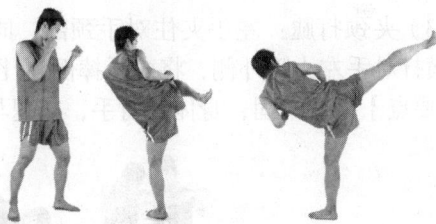

图 9-4-21　　　　　　　　　　　　　　　　图 9-4-22

（3）鞭腿。

①左鞭腿：重心后移，右腿直立或微屈支撑，上体稍右转并侧倾，右脚跟内转；同时，左腿屈膝内扣、绷脚背向左侧提起，随即伸髋、挺膝、向前鞭甩小腿，脚面绷平，小趾外侧朝上，力达脚背（图 9-4-23）。②右鞭腿：重心移至左腿，上体向左转，左脚跟内转；同时，右腿扣膝、绷脚背向右侧摆起，随即右腿经外向斜上、向里、向前鞭甩小腿，脚面绷平，小趾外侧朝上，力达脚背。（图 9-4-24）

【要点】扣膝，绷脚背，发力时大腿带动小腿，力点准确。

（4）勾踢腿。

左腿稍屈支撑，上体左转；同时，右脚尖勾紧，大腿带动小腿以踝关节与脚背接合部为力点，向前弧形勾踢，脚底内侧贴地面擦行，右手向右斜下拨搂对方颈部。（图 9-4-25）

【要点】勾踢腿不可向后预摆；勾踢时接触用力，上下肢协调配合。

图 9-4-23　　　　　　　　　图 9-4-24　　　　　　　　　图 9-4-25

### 5. 基本摔法

（1）抱腿前顶：上左步，身体下潜，双手抱住对手的双腿用力回拉；同时用左肩前顶对手的大腿或腹部，将对手摔倒。（图 9-4-26）

【要点】抱腿要紧，两臂和肩向相反方向协调用力。

（2）夹颈过背：右臂夹住对手颈部，右侧髋部贴紧对手小腹，两腿屈膝；随即两腿蹬直，向下弓腰、低头，将对手背起后摔倒。（图 9-4-27）

基本摔法

【要点】夹颈牢固，屈膝、蹬伸、弓腰、低头协调连贯。

图 9-4-26　　　　　　　　　　图 9-4-27

（3）夹颈打腿：左手夹住对手颈部，同时右脚变步与左脚平行；随即右转体，用左小腿向后横打对手左小腿外侧，将对手摔倒。（图 9-4-28）

【要点】夹颈牢固，身体贴对手，打腿与转体协调一致。

图 9-4-28

（4）抱单别腿摔：抱住对手左腿后，用左腿别住对手右腿腘窝，用胸肩贴住对手左腿向前下靠压。（图 9-4-29）

【要点】靠压有力，腿要别紧，不能让对手右腿有活动的余地。

图 9-4-29

（5）接腿勾踢：左手抄抱住对手右腿，右手向对手颈部下压，右脚勾踢对手左脚；同时上体右转，右手回拉，将对手摔倒。（图 9-4-30）

【要点】接抱腿准确，转腰、压颈、勾踢动作要协调有力、快速完整。

（6）接腿上托：两手抓住对手的脚后跟，屈臂上抬，两手迅速上托并向前上方推送，使对手向后倒地。（图 9-4-31）

【要点】抓脚准而牢，推托动作快速、连贯。

图 9-4-30　　　　　　　　　　　　　　　　图 9-4-31

#### 6. 基本防守技术

（1）后闪：重心后移，上体略后仰闪躲。（图 9-4-32）

（2）侧闪：两膝微屈，俯身，上体向左侧或右侧闪躲。（图 9-4-33）

（3）下躲闪：两腿屈膝下蹲，同时缩头、含胸、收下颌，弧形向下躲闪，眼看对手。（图 9-4-34）

（4）拍挡：左手以掌心为力点向里横向拍挡。（图 9-4-35）

基本防守
技术

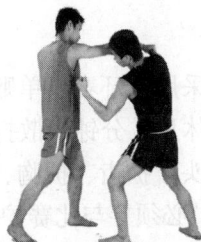

图 9-4-32　　　　图 9-4-33　　　　　图 9-4-34　　　　　图 9-4-35

（5）外格：左前臂边内旋边向左斜举，以内臂部位为力点向外格挡。（图 9-4-36）

（6）拍压：左拳变掌，以掌心或掌根为力点由上向前下方拍压。（图 9-4-37）

（7）前抄抱：左手由上向下、向右上屈肘划弧，掌心向上，以前臂里侧部位为接触点，向上抄抱对手的来腿；同时，右臂贴腹夹紧，以掌心为接触点向前推抱。（图 9-4-38）

图 9-4-36　　　　　　　图 9-4-37　　　　　　　图 9-4-38

（8）侧抄抱：身体左转，左手由下向左上伸肘，左臂屈肘置于胸前，前臂内旋，手心向外；两肘关节相对靠近，以两前臂和掌心为接触点，同时合抱来腿。（图 9-4-39）

（9）阻挡：两脚蹬地，重心稍前移，以肩部和手心阻挡对手直线形拳法的进攻，以臂部阻挡对手直线形腿法的进攻。（图 9-4-40）

图 9-4-39                                    图 9-4-40

### （二）基本战术

散打战术是运动员运用的攻守原则和方法的总称。战术的目的就是针对实战双方的各种具体情况，确定运用技术的方法和形式，以便能充分发挥自己的特长，抑制对方技术水平的发挥，减少自身体力的消耗和无效行为。散打战术的作用在于把已经获得的技能、体能、智能等，在实战中最优化地运用，取得"制人而不制于人"的效果，造成对自己有利的局势，掌握实战的主动权。

## 四、规则简介

散打分团体比赛和个人比赛两种，竞赛办法采用循环赛、单败淘汰赛和双败淘汰赛。每场比赛采用 3 局 2 胜制，每局净打 2 分钟，局间休息 1 分钟。散打比赛时，服装护具分为全护型和点护型两种。全护型运动员应戴拳套、护头、护齿、护胸、护裆、护腿，赤脚穿护脚背；点护型运动员只戴拳套、护齿和护裆。运动员必须穿与比赛护具颜色相同的背心和短裤，护裆必须穿在短裤内。比赛时，后脑、颈部、裆部为禁击部位，头部、躯干、大腿和小腿为得分部位。禁用头、肘、膝和反关节的动作进攻对方；禁用迫使对方头部先着地的摔法或有意砸压对方；禁用腿法攻击倒地者的头部。

胜负的评定如下。

**1. 点数胜**

在一场比赛结束时，被多数边裁判员判为胜方的运动员获胜。

**2. 优势胜**

（1）实力相差悬殊：比赛中，双方实力相差悬殊，台上裁判员征得裁判长的同意，判技术强者为该场胜方。

（2）击倒对方获胜：如果一名运动员受重击倒地，在 10 秒内不能重新比赛，或 10 秒内站起后明显丧失比赛能力，判对方为该场胜方。

（3）因对方被强制读秒获胜：一场比赛中，被重击强制读秒达 3 次，判对方为该场胜方。

（4）因对方被取消资格而获胜：一方运动员因犯规或诈伤等原因被取消资格，另一方即为该场胜方。

# 第五节　跆拳道

## 一、跆拳道概述

### （一）什么是跆拳道

跆拳道是朝鲜半岛的古老民间技击术，是集力学、兵学、哲学、医学、伦理学为一体，运用手脚技术进行搏击的民族传统体育。

跆：指蹬、劈、踢等一些脚上动作。

拳：指格挡或防守。

道：指精神。

### （二）跆拳道的起源与发展

跆拳道古称跆跟、花郎道，起源于朝鲜半岛。朝鲜半岛居民在长期与野兽搏斗和抗击外族入侵的过程中，创造出了一种武术技击形式——跆跟（跆拳道的古称）。跆跟在每个历史时期也获得了不同程度的发展，最终形成了跆拳道。1980 年，国际奥委会正式承认了世界跆拳道联合会。2000 年悉尼奥运会将跆拳道列为正式比赛项目。

### （三）跆拳道的特点和作用

跆拳道的特点是以腿法为主，拳脚并用；强调呼吸，发声扬威；礼始礼终，内外兼修。

练习跆拳道可以促进人体力量、速度、灵敏、耐力、协调等素质的全面发展，有磨炼意志、强身健体、防身自卫、娱乐观赏的作用。

## 二、基本技术与注意事项

### （一）实战姿势和步法

#### 1. 标准实战姿势

左脚在前叫左势，右脚在前叫右势。（图 9-5-1）

（1）动作规格两脚前后开立与肩同宽，前脚尖 45°斜向右前方，后脚跟抬起，膝关节微屈，重心在两脚之间，上身自然直立，45°斜向右前方，两手握拳，拳心相对；两臂弯曲置于胸前；头部直立向前，目视正前方。

（2）动作要领：身体自然，肌肉放松；膝关节松而不懈，富有弹性；心无杂念，以无意为有意。

图 9-5-1

标准实战
姿势

（3）易犯错误：全身紧张，肌肉僵硬；重心偏前或偏后，不利于起动；膝关节不弯曲，缺乏弹性。

### 2. 跆拳道的基本步型

跆拳道的步型是指在跆拳道的练习和实战过程中，练习者站立的位置、姿势和脚步形状。基本步型有多种，每一种站法都跟后面的步法动作有着直接的联系，是练习跆拳道必要的和最基本的姿势。练习者一定要按规格要求练习每一种步型。

（1）并步：两脚并拢，身体直立，两脚内侧贴紧并拢。（图9-5-2）

（2）开立步：亦称自然站立。两脚左右开立与肩同宽，两脚尖微外展，两臂自然下垂于体侧，两手轻握拳，体态自然。（图9-5-3）

（3）准备势：两脚分开与肩同宽，两脚尖微外展，两手握拳抱于腹前，拳面相对，拳心向内。（图9-5-4）

（4）马步：亦称骑马式站立。两脚左右开立，距离大于肩宽，两脚平行，挺胸立腰，上体正直；两膝关节屈下蹲，身体重心在两脚之间。（图9-5-5）

（5）侧马步：亦称半月立。以马步站法为基础，上体侧（左或右）转，屈膝略内扣，身体重心偏重于前脚。（图9-5-6）

（6）弓步：亦称前屈立步。两脚前后开立，相距约一步半；前腿屈膝，后腿伸直，前后开立，后脚与前脚成30°角；前腿膝关节和脚面垂直，身体重心偏于前脚。（图9-5-7）

（7）前行步：亦称高前屈立。两脚前后开立，姿态与平时向前走路时相似，步幅不大，身体重心偏于前脚。（图9-5-8）

图9-5-2　图9-5-3　图9-5-4　图9-5-5　　图9-5-6　　图9-5-7　图9-5-8

（8）虚步：亦称虎步。身体姿势和三七步相似，只是前脚的脚尖点地，脚跟提起，两膝关节微内扣，重心落于后脚。（图9-5-9）

（9）独立步：亦称鹤立步。一腿直膝站立，脚尖外展约90°；另一腿屈膝上提，脚贴于支撑腿内侧或腘窝处。（图9-5-10）

（10）交叉步：亦称交叉立。有两种形式：一种是一脚向另一脚的后面插步，脚掌着地，两腿膝关节交叉，叫后叉步；一种是一脚向另一脚前面插步，脚掌着地，两腿膝关节交叉，叫前叉步。（图9-5-11）

（11）三七步：亦称后屈立。两脚前后相距一步，后脚尖外展约90°，后膝屈曲，前膝微屈，脚尖朝前。（图9-5-12）

图 9-5-9　　　图 9-5-10　　　图 9-5-11　　　图 9-5-12

### 3. 跆拳道的基本步法

跆拳道的
基本步法

跆拳道是一种以腿法为主的武技，实战中步法的灵活运用对充分发挥腿的威力、取得实战的胜利具有极其重要的意义。脚法使用时多以后腿进攻，因此跆拳道的步法具有鲜明的特点，即重心落在两脚之间或偏于前腿，而且身体姿势大都为侧向站立，以便保护身体正中要害部位，使后腿通过拧腰转髋发力，增加击打的力量和速度。

跆拳道的步法在实战中具有极其重要的意义：① 步法是连接技术动作的关键环节。跆拳道实战中，不论是进攻、防守，还是防守反击动作，绝大多数是在运动中完成的，因此需要灵活、快速、敏捷、多变的步法连接技术，以保证后面技术动作的完成和发挥，否则就会处于被动挨打的地位。② 灵活多变的步法移动，能够使对方的进攻或防守落空，同时自己抢占有利的攻击或防守位置，为反击创造条件。③ 灵活多变的步法可以保持身体姿势的平衡，因为身体只有在相对平衡的状态下，才能更有力、更有效地攻击对方，达到攻击目的。跆拳道的实战是在运动中进行的，没有正确、灵活、多变的步法，就难以取得实战的胜利。④ 灵活机智地运用多种步法，可以给对方心理造成压力，使对方产生无所适从的感觉，为战胜对方创造条件。

实战中常用的基本步法包括以下几种。

（1）前进步。

由标准实战姿势开始，两脚成斜马步，两手握拳置于胸前。前进时后脚蹬地向前迈步，身体侧转成另一侧斜马步，可连续进行。这是前进步的一种——上步（图 9-5-13）。注意拧腰转髋。前进时，后脚蹬地，前脚向前滑行称为前滑步；后脚蹬地，前脚向前跳跃为前跃步。前滑步和前跃步都属于前进步，是主动进攻时采用的步法；也可用于假动作，配合手臂的动作进行，便于快速接近对方。

（2）后退步。

由标准实战姿势开始，前脚掌用力蹬地，后脚先退后一步，前脚随即后退，两脚以及身体仍保持原来姿势。前脚掌蹬地后，后脚沿地向后滑行一步，前脚随即同样向后滑行一步，两脚以及身体仍保持原来姿势，叫作后滑步退。这种步法可以拉开和对手的距离，避开对方的进攻，准备做反击动作。

（3）后撤步。

由标准实战姿势开始，以后脚前脚掌为轴，前脚抬起，向后经后脚内侧向后撤一步，形成和原来相反的实战姿势。后撤步可根据实战需要左右变化，调整与对方的相对距离，准备进行攻击或反击。（图 9-5-14）

（4）侧移步。

由标准实战姿势开始，两脚前脚掌同时向左（右）侧蹬地，离开原来的位置。向左移叫左移步，向右移叫右移步。侧移步的作用是避开对方有力的攻击，移动到对方的侧面，准备进行反击。（图9-5-15）

图9-5-13        图9-5-14        图9-5-15

（5）跳换步。

由标准实战姿势开始，两脚同时蹬地使身体腾空，空中两脚前后交换，同时转体；落地时，身体姿势成另一侧的准备姿势。跳换步的腾空不宜太高，略离地面即可；换步时要拧腰转髋，迅速敏捷，其目的是干扰对方的攻防思路，选择适宜自己进攻的方位，转换自己身体的得分部位使对方不能得分。同时，争取反击的空间和时间，马上转入进攻。

（6）弧形步。

由标准实战姿势开始，前脚的前脚掌原地蹍地面，后脚同时向左（右）蹬地后右（左）跨移一脚，成为和原来准备姿势不同方向的准备姿势。向左跨步为左弧形步（或左环绕步），向右跨步为右弧形步（或右环绕步）。

（7）前（后）垫步。

由标准实战姿势开始，后（前）脚向前（后）脚并拢的同时，前（后）脚蹬地向前（后）迈（退）步，仍成原来的实战姿势。垫步动作的要点是后（前）脚向前（后）要迅速，不等后（前）脚落定，前（后）脚就要蹬地前（后）移，前（后）脚移动的距离要适当，既能确保持与对方的位置关系，又便于自己后面的连接运动。垫步动作要迅速、轻捷、连贯，要快速接近或远离对方。后面的连接动作，无论是进攻还是防守，都要连续迅速，可在垫步过程中做动作，不给对方任何机会。

（8）前冲步。

由标准实战姿势开始，后脚向前迈进一步，身体姿势同时转正，随即前脚向前冲一步仍成为实战姿势。可连续冲几步成实战姿势。前冲步的动作要点是两腿动作要连贯快速，类似加速冲刺。其步幅小、频率快、灵活多变，是主动追击对方的有效步法。连续动作要轻捷快速，使对方慌乱。亦可采用向后退的类似方法避守。

## （二）跆拳道的腿法

跆拳道的基本腿法有9种：前踢、横踢、后踢、下劈、侧踢、后旋踢、旋风踢、双飞踢、侧摆踢。下面重点介绍四种腿法。

### 1. 前踢

（1）动作规格。

标准实战姿势，后腿的小腿放松夹紧，直线出腿，膝关节向正前方。前踢时，两拳抬起放在胸口处，身体中正，支撑腿伸直，前踢腿法完成后迅速收腿，回到原位。（图9-5-16）

前踢

图 9-5-16

（2）动作要领。①膝关节上提时大小腿折叠，膝关节夹紧，小腿和踝关节放松，有弹性。②踢击时顺势往前送髋高踢时往上送髋。

（3）易犯错误。①直腿上撩，大小腿没有折叠，膝关节夹不紧。②上体后仰过大，失去平衡。③踢击目标时向前用力，与推踢动作混淆。

### 2. 横踢

（1）动作规格。

标准实战姿势，后腿的小腿放松夹紧，直线出腿，小腿与正前方形成45°角，身体中正，肩部向外侧打开，横踢腿法完成后迅速收腿，回到原位。（图9-5-17）

横踢

（2）动作要领。

膝关节夹紧，向前提膝，尽量走直线；支撑脚外旋180°；髋关节往前顺，身体与大小腿成直线，严格注意击打的着力点为正脚背；踝关节放松，击打的感觉是"面团""鞭梢"。横踢攻击的主要部位有头部、胸部、腹部和肋部。

（3）易犯错误。①膝关节夹不紧，大小腿折叠不够。②外摆的弧形太大。③上身太直、太往前，重心往下落。④踝关节不放松，脚内侧击打（应为正脚背）。

图 9-5-17

图 9-5-17（续）

### 3. 后踢

（1）动作规格。

在标准的准备姿势下，后腿的小腿放松夹紧，支撑腿膝关节伸直，踢腿的脚内侧擦着支撑腿膝关节内侧直线出腿，踢腿前膝关节与胸口同高，脚后跟、髋关节、肩部、视线在一个平面上，踢腿时，脚尖微向下，身体中正，踢腿时双手放在胸口处。（图 9-5-18）

后踢

图 9-5-18

（2）动作要领。①起腿后上身与小腿折叠成一团。②做动作时，用力延伸。③转身、提膝、出腿一次性完成，不能停顿。④击打目标在正前方稍偏右。

（3）易犯错误。①上身、大小腿不折叠，直腿往上撩。②转身、踢腿有停顿，不连贯。③击打成弧线，旋转发力。④肩、上身跟着旋转，容易被反击。

### 4. 下劈

（1）动作规格。

在标准的准备姿势下，后腿的小腿放松夹紧，膝关节抬到胸口时，小腿伸展，超过目标高度时向下劈击；下劈时，双拳摆在大腿的左右两侧，下劈腿法完成后迅速收腿，回到原位。（图 9-5-19）

（2）动作要领。

腿尽量往高、往头后举，要向上送髋，重心往高起；脚放松往前落，落地要有控制；起腿要快速、果断；踝关节要放松。劈腿的主要攻击部位有头项、脸部和锁骨。

（3）易犯错误。① 起腿不够高，不够充分，重心不往高起。② 踝关节紧张，往下压太用力。③ 重心、腿控制不好，落地太重。④ 上身后仰太多，未能随重心一起前移，保持直立。

图 9-5-19

## （三）跆拳道的防守

跆拳道的主要防守方法有三种：一是利用闪躲、贴近等方法，通过脚步的移动，使对方的进攻落空；二是利用手臂的格挡，阻截对方的进攻；三是以攻对攻，用进攻的方法阻止对方的进攻。

### 1. 利用闪躲、贴近等方法进行防守

闪躲就是当对方进攻时通过脚步的移动，向左右两侧或向后闪躲，从而使对方的进攻落空。而贴近就是当对方进攻时快速上步与对方靠贴在一起，使对方由于距离过近而无法发挥进攻的威力。例如当乙方使用后腿劈腿技术进攻甲方时，甲方向左侧或右侧移动身体，避开对方的劈腿进攻；再如当乙方前横踢进攻时，甲方可快速后撤一步或是立即上前一步，贴近乙方，使其不能用规则允许的踝关节以下的部位击打得分。

### 2. 利用格挡的方法进行防守

按照防守方向来划分，格挡的方法基本上有向上、向（左右）斜下、向（左右）斜上防守三种。一般来说，运动员采用格挡的方法是出于以下原因：一是对方进攻速度较快，自己来不及使用闪躲、贴近等方法时，下意识地用格挡进行防守；二是已预测到对方使用的技术，使用针对性的格挡是为了迅速做出反击动作，使格挡成为转化攻防的连接技术，为比赛得分创造条件。

（1）向上格挡，如图 9-5-20。

（2）向（左右）斜下格挡，如图 9-5-21。

（3）向（左右）斜上格挡，如图 9-5-22。

图 9-5-20　　　　　　　　图 9-5-21　　　　　　　　图 9-5-22

### 3.利用进攻动作进行防守

利用进攻动作防守，就是在对方进攻的同时，防守者也使用进攻的动作，即以攻代守。这种防守方法在当前跆拳道比赛中被广泛使用，原因在于：对方进攻时，身体重心发生了移动，他必然有一个调整身体重心的阶段，防守者抓住此阶段实施进攻动作，往往会使进攻者无法快速回撤身体而陷于被动或者失分。此时防守者的进攻动作属于后发制人的动作，与平常使用的进攻动作在移动方向或身体姿势上有一定的差别。

### （四）跆拳道变化组合腿法

（1）横踢变后旋踢（图9-5-23）。

图9-5-23

（2）后踢变劈腿（图9-5-24）。

图9-5-24

（3）横踢、后踢变后旋踢（图9-5-25）。

图9-5-25

（4）前踢变劈腿（图9-5-26）。

图 9-5-26

（5）连变横踢（图9-5-27）。

图 9-5-27

（6）俯身变横踢（图9-5-28）。

图 9-5-28

（7）前踢变横踢（图9-5-29）。

图 9-5-29

（8）旋踢变前踢（图9-5-30）。

图 9-5-30

（9）格挡变后旋踢（图9-5-31）。

图 9-5-31

# 第十章
# 健身气功

## 第一节　健身气功概述

　　健身气功是以自身形体活动、呼吸吐纳、心理调节相结合为主要运动内容的民族传统体育项目，是中华民族悠久文化的重要组成部分。习练健身气功对于增强人的心理素质、改善人的生理功能、提高人的生存质量、提高人的道德修养等具有独特的作用。

　　健身气功修炼的操作活动是三调，即调身、调息、调心，三调活动中最贴近于健身的是调身，因此以调身为主的健身气功在群众中受到广泛青睐。

　　不过，以调身为主的气功与体育运动的身体锻炼活动之间仍然有差别。以调身为主的健身气功功法有些以技击为目的，动作比较激烈，有对抗性质，与健身之目的不尽相符；而作为体育运动的广播体操不讲究达到三调合一的身心状态，缺少健身气功修炼的特征。于是，健身气功需要再次取舍。从健身的目的出发，健身气功舍去了比较激烈和有对抗性质的部分，取了其中较为和缓和养颐自身的部分；而从保持健身气功的特色出发，健身气功舍去了体育运动中身体锻炼的"三调"分离身心状态，趋向于三调合一。据此而言，健身气功的运动形式是比较和缓的、趋向于三调合一身心状态的身体活动。这里之所以说趋向于三调合一，而不说达到三调合一，是因为达到三调合一的境界需要较长时间的修炼，而健身气功作为群众性的体育运动项目，不宜提出过高的要求，但应该指明方向。

　　目前流行的主要健身气功有 4 种：易筋经、五禽戏、六字诀、八段锦。

# 第二节　五禽戏

五禽戏

五禽戏是东汉名医华佗根据古代导引、吐纳、熊经和鸟伸之术，研究了虎、鹿、熊、猿和鸟五禽的活动特点，并结合人体脏腑、经络和气血的功能，编成的一套具有民族风格特色的导引术。五禽戏寓医理于动作之中，寓保健、康复效益于生动形象的游戏之中，这是五禽戏区别于其他导引术的显著特征。

根据中医的脏腑学说，五禽配五脏。虎戏主肝，能疏肝理气，舒筋活络；鹿戏主肾，能益气补肾，壮腰健胃；熊戏主脾，能调理脾胃，充实两肢；猿戏主心，能养心补脑，开窍益智；鸟戏主肺，能补肺宽胸，调畅气机。人体是一个有机的整体，五脏相辅相成，所以五禽戏中任何一戏的演练，既主治一脏的疾患，又兼顾其他各脏，能达到祛病强身、延年益寿的目的。

## 一、虎戏

练习虎戏最重要的是要有虎威：神发于目、威生于爪、神威并重、啸声惊人；要有动如雷霆无阻挡、静如泰山不可摇的气势；既要做到刚劲有力，又要做到刚中有柔，从而体现动静相兼、刚柔并济的特点。

### （一）虎窥

（1）两脚并拢直立，两手垂于体侧；眼平视前方。呼吸自然。（图10-2-1）

（2）身体重心移至右腿，左腿向上抬起，左大腿与地面平行；同时两手成虎爪状沿体侧上举至胸前，掌心向下。配合吸气。

（3）左脚向前跨出一大步，成左弓步；同时两手由上下落至左膝两侧，稍比肩宽，掌心向下；两眼平视前方，眼神威猛。配合呼气。（图10-2-2）

（4）身体向右后方转动，以腰带臂，同时两手随转体向右后方弧摆动，配合吸气（图10-2-3）。再向左转体，以腰带臂，两手向体前方弧，身体转正；眼随手动，配合呼气。

（5）右脚向右前方迈步，做右式，动作同图10-2-2、图10-2-3，唯左右相反。

【要点】要表现出虎的威猛。提膝要高、落步轻灵，两掌下按时意贯虎爪，力达指尖。上体竖直、颈随体转，目光炯炯、虎视眈眈，似猛虎出洞觅食。

图 10-2-1　　　　　　图 10-2-2　　　　　　图 10-2-3

## （二）虎扑

（1）接上一动作。以右脚为轴，向左转体 90°，左脚收至右脚内侧，成左丁步；两腿屈曲，两手随转体摆至两脚前，稍比肩宽，掌心向下。（图 10-2-4）

（2）上体抬起后仰，两腿由屈变伸，两膝微屈；两手沿体侧向上收至胸前侧，掌心向下。配合吸气。（图 10-2-5）

（3）左脚快速向左前方跨出一大步，成左弓步；同时两手向前下方猛扑至左膝下两侧，掌心向下；眼视前下方，配合快速呼气，并发出"嗨"声。（图 10-2-6）

（4）以左脚为轴，向右转体 90°，右脚收到左脚内侧，做右式，动作同图 10-2-4 至图 10-2-6，唯左右相反。

【要点】练习虎扑时，动作应轻灵敏捷、先柔后刚。前扑时发声吐气，以声催力，力达指尖。

【作用】练习虎扑时，配以"嗨"发声，"气自丹田发"，能开张肺气、强腰固肾，并能使周身肌肉、筋腱和骨骼强壮。在虎戏的各种步法变换中，可增强关节的灵活性，对防治老年性慢性支气管炎、神经衰弱、腰背痛、骨关节酸痛和颈椎综合征等有一定辅助疗效。

图 10-2-4　　　　　　图 10-2-5　　　　　　图 10-2-6

# 二、鹿戏

练习鹿戏时要舒松自然，动作轻捷奔放，不能有丝毫的勉强和拘束；精神要安闲雅静，意想在山坡、草原随群鹿行游，自己身为其中一员随群进行各种活动。

## （一）鹿兴

（1）右腿直立，左腿屈膝提起，小腿自然下垂，成右独立式；同时两掌变鹿指，由体侧上举过头，两臂伸直，掌心朝前。配合吸气。（图 10-2-7）

（2）左腿向前迈出，挺膝踏实，右脚脚尖点地；两臂屈肘，大拇指架于头顶两侧，成鹿角状；眼向后看。配合呼气。（图 10-2-8）

（3）右脚屈膝上提，成左独立式，做右式，动作同图 10-2-7、图 10-2-8，唯左右相反。

【要点】独立要稳，脚趾屈勾抓地。两臂上举，神态舒展昂扬。落步回头眺望，躯干和后腿成斜线，颈部尽量后拧。

图 10-2-7　　　　　图 10-2-8

## （二）鹿盘

（1）接上一动作。上体直立，转体向左，同时左脚由后向前上步至右脚前，前脚掌着地，成左高虚步；两臂由头侧下落，左臂屈肘，上臂靠近身体左侧，前臂约与地面平行，掌心向上，右手举至头顶右上方，两掌心斜相对；眼视左手。（图 10-2-9）

（2）左脚稍回收，再向前迈一步，脚尖稍外展踏实，屈膝，右脚向前经左脚内侧，摩擦地面而过，脚尖略内扣，如此连续沿一圆走步（即八卦步）；眼始终注视圆心。（图 10-2-10）

（3）走完八卦步，以两脚为轴，身体左转约 270° 后屈膝下蹲，成左歇步；两手中指和眼神始终对圆心。（图 10-2-11）

（4）身体直立，同时向右转体约 270°，成右高虚步，做右式，动作同图 10-2-9 至图 10-2-11，唯左右相反。

【要点】八卦步要匀速走在圆弧上，走转时两膝适度弯曲，身体下坐，使体重落在两腿。脚尖扣摆转换，前进如蹚泥状，全脚掌平落地面，五趾抓地。眼视圆心，心舒体松，神情怡然，呼吸自然。

【作用】鹿戏善运尾闾，有助于打通任脉和督脉，有强筋骨、固腰肾的作用，对腰背痛、腰肌劳损、阳痿、月经不调和痛经等病症有辅助疗效。鹿兴、鹿盘使身体各关节活利，肌肉得到充分锻炼和牵拉，使肌肉力量增强。鹿盘使脊柱充分拧转，可增进脊柱的灵活性和稳定性，有延缓衰老和防治脊柱畸形的作用。

图 10-2-9　　　　　图 10-2-10　　　　　图 10-2-11

# 三、熊戏

练习熊戏要表现出熊的浑厚、沉稳、性情刚直、勇敢和不怕困难的意志。练习熊戏时，外观上看来笨重拖沓，实际内含无穷气力，且在沉稳中又有轻灵敏捷；同时练习熊戏时要松静自然、气沉丹田。

## （一）熊行

（1）左脚向前迈一步，成左弓步；上体稍前倾，含胸拔背，同时拧腰向右，左肩前靠内旋，松肩、松肘、松髋，由腰带动上体向前下方摆动至左膝前，右臂稍向前摆动，之后再后摆至右髋后侧，两手成熊掌状。配合呼气。（图 10-2-12）

（2）身体转正，重心后移，拧腰晃膀，带动两臂前后摆动。配合吸气。（图 10-2-13）

（3）身体重心前移，成左弓步；左臂摆至体前，右臂摆至右后侧。配合呼气。（图 10-2-14）

（4）右脚经左脚内侧向右前方迈一大步，成右弓步，做右式，动作同图 10-2-12 至图 10-2-14，唯左右相反。

【要点】上步轻灵，落步沉稳。重心前后移动时连贯均匀；两臂顺势前后摆动，如风吹杨柳；前靠时须用内劲。

## （二）熊攀

（1）接上一动作。左脚向前上步，与肩同宽，成开立步；同时两掌收至体侧，再经体前上举至头上方，掌心向前，成握物状；抬头，眼向上看。配合缓缓吸气。（图 10-2-15）

（2）两臂屈肘，两拳变掌慢慢下拉至肩前；同时，身体上引，脚跟慢慢提起。（图 10-2-16）

（3）脚跟慢慢落地，上体前屈同时俯身；两拳变掌落至两脚前。配合缓缓呼气。（图10-2-17）

图 10-2-12　　图 10-2-13　　图 10-2-14　　图 10-2-15　　图 10-2-16　图 10-2-17

（4）上体徐徐抬起，同时两手成熊掌状经两腿前再上提至腹前。配合吸气，之后两拳变掌下落至体侧，配合呼气。

【要点】两手上攀时，身体尽量伸展；两手下落时，身体尽量前屈，两腿不能弯曲。

【作用】练习熊戏有改善脾胃的运化功能、营养脏腑和增强肌力的作用。熊戏中用腰带动身体的晃动，使全身都得到运动，促进血液循环，活跃全身生理机能，有滑利脊柱和髋关节、增强腰腹肌力量、调理脾胃的功效。熊戏中，下肢动作在各种步法变换之时，可以对髋、膝和踝三个主要关节起到活利的作用，有利于疏通经络，改善腿部血液循环，强壮筋骨。

## 四、猿戏

猿生性好动，机智灵敏，善于纵跳，攀枝爬树，躲躲闪闪，永不疲倦，这是由于猿性极静而动的特点所致。练习猿戏，外练肢体运动的轻灵敏捷，内练其精神的宁静，方能收到"动静兼修"和"不是神仙体自轻，似闪似电令人惊"的境界。

### （一）猿采

（1）左脚向左前方跳一小步，右脚快速跟至左脚内侧，成右丁步；同时左手成猿勾状收至左腰侧，勾尖向后，右手经体前弧形上举至额前，掌心向下，指尖向右；眼注视右前方，眼神机敏。（图10-2-18）

（2）左脚向左前方跨一步，踏实，上体前倾，右腿向后平举过腰，脚掌向上；同时，左勾手向右前方平伸屈腕，摆至头前，成摘采式，右手由额前向下划弧摆至身体右后侧，掌变勾手，勾尖向上。（图10-2-19）

（3）左脚蹬地，右脚下落向左后方跳回，右脚收至左脚内侧，成右丁步；同时左臂屈肘，手收至左耳旁，掌心向上，成托桃状，右臂屈肘，手掌捧托在左肘下。（图10-2-20）

（4）右脚蹬地，左脚向右前方跨一步，左脚快速跟至右脚内侧，成左丁步，做右式，动作同图10-2-18至图10-2-20，唯左右相反。

【要点】摘采之前，眼睛先要注视前上方，好似发现树上有桃，摘采收回要快速敏捷。身体前倾摘采，要保持平衡。呼吸自然。

### （二）猿摩

（1）接上一动作。左脚向左前方跳一步，右脚收至左脚内侧成右丁步，上体稍前倾；同时两手向两侧方弧，收至背后，掌心向外，之后沿腰背部做上下按摩数次（图10-2-21）；同时做左右转颈、眨眼、叩齿动作。

（2）右脚向右前方跳一步，左脚收至右脚内侧，成左丁步；同时两手由背后向前方弧再收至背后，同时做左右转头、眨眼和叩齿动作。动作同图10-2-21，唯左右相反。

图 10-2-18　　　　图 10-2-19　　　　图 10-2-20　　　　图 10-2-21

（3）身体直立，两脚并拢，两臂自然下垂，成站立姿势。

【要点】两手上下摩擦腰脊两侧，以肾俞穴为主，摩擦幅度要大，摩背、叩齿、眨眼和窥视要同时进行。呼吸自然。

【作用】久练猿戏能健神、增强肢体的灵活性，进而达到体健身轻和延缓衰老的目的。猿戏的攀登、跳跃动作可增强腿部的肌肉力量及各关节的灵活性和柔韧性。猿戏中的平衡动作能增强人的平衡能力。

# 五、鸟戏

鹤是鸟类的代表。鸟戏要表现出鹤的昂然挺拔、亭亭玉立、轻盈安详、悠然自得的神韵。"熊径鸟伸，为寿而已矣。""鸟伸"这里指的是练鸟戏时要舒缓伸展，用鹤的形象练功，取其轻灵敏捷。

## （一）鸟伸

（1）左脚向前一步，身体重心前移，左脚脚跟抬起，脚尖点地；同时右手由体前向上撑起，左手下按，两手成鸟翅状；眼平视前方。配以吸气。（图 10-2-22）

（2）两臂同时向前立抡一周，上体前俯，两腿屈膝，随之右手下落摸左脚脚尖，左手后抬；眼视右手。配以呼气。（图 10-2-23）

（3）左腿挺膝蹬直，右腿伸直向后抬起，脚掌向上，抬头、挺胸、塌腰；两臂伸直后摆，掌心向上，成燕式平衡；眼视正前方。呼吸自然。（图 10-2-24）

（4）右脚落下，上步踏实，左脚脚跟抬起，左手上撑，右手下按，做右式，动作同图 10-2-22 至图 10-2-24，唯左右相反。

图 10-2-22　　　　图 10-2-23　　　　图 10-2-24

## （二）鸟翔

（1）接上一动作。左腿下落，收至右脚内侧，脚尖点地，两腿稍屈；同时两手由体侧下落，左手在外；眼视两手。配合呼气。（图10-2-25）

（2）右腿伸直，左腿提起，大腿与地面平行，小腿自然下垂；同时，两臂由体侧向上平举；眼视前方。配合吸气。（图10-2-26）

（3）左脚下落踏实，右脚脚跟抬起，脚尖点地；同时两手下落至体前交叉，右手在外；眼视两手。配合呼气。（图10-2-27）

（4）左腿伸直，右腿向上提起；两臂在体侧向上平举；眼视前方。配合吸气。（图10-2-28）

（5）右脚下落踏实，左脚脚跟抬起，脚尖点地；同时两手下落回收至体前交叉，左手在外；眼视两手。配合呼气。（图10-2-29）

图10-2-25　　　　图10-2-26　　　　图10-2-27　　　　图10-2-28　　　　图10-2-29

（6）右腿伸直，左腿向上提起；同时两手交叉，由体前举至头的前上方，右手在外。配合吸气。（图10-2-30）

（7）左脚下落踏实，右脚脚跟抬起，脚尖点地；同时两手由上向体侧弧形下落，至体前交叉，右手在外；眼视两手。配合呼气。（图10-2-31）

（8）左腿伸直，右腿向上提起；同时两手交叉由体前举至头的前上方，左手在外。配合深长吸气。（图10-2-32）

（9）右脚落于左脚内侧踏实，屈膝深蹲，上体前俯；同时两手弧形下落触摸脚外。配合深长呼气。（图10-2-33）

（10）身体直立，两臂自然下垂，成站立姿势；眼平视前方；呼吸自然。

图10-2-30　　　　图10-2-31　　　　图10-2-32　　　　图10-2-33

【要点】两臂摆动，幅度要大，轻松自如，开合升降与呼吸紧密配合。手脚变化协调一致，同起同落。

【作用】鸟戏要求伸展。伸展运动可以加强呼吸的深度，使肺的功能得到充分发挥，也可以使胃肠、心脏等内脏器官功能加强，从而改善人体全身的生理机能。鸟戏中的步法变换较多，能起到活利关节、增强肌力的作用。

# 第三节　八段锦

八段锦

## 一、八段锦简介

八段锦由 8 节动作组成，因简便易学，深受人们喜爱，被比喻成"锦"（精美的丝织品），故名八段锦。八段锦是中国古代导引术中的一个重要组成部分，是一套针对特定脏腑、病症而设计的练功功法。其中每一句歌诀都明确总结了动作的要领、作用和目的。功法中伸展、前俯、后仰、摇摆等动作，分别作用于人体的三焦、心肺、脾胃和肾腰等部位和器官，可以防治心火、五劳七伤等各种疾病，并有滑利关节、发达肌肉、增长气力、强壮筋骨、帮助消化和调整神经系统的功能。

八段锦之所以对人体有良好的作用，是因为它的动作对特定脏器起到一定的针对性作用，但是这种作用又是综合性、全身性的，并非头痛医头、脚痛医脚。只有把八段锦各节动作综合起来，才能起到调脾胃、理三焦、去心火和固肾腰的作用。

## 二、动作说明

**预备动作**

（1）两脚并步站立；两臂自然垂于体侧；身体中正，目视前方。（图 10-3-1）

（2）随着松腰沉髋，身体重心移至右腿；左脚向左侧开步，脚尖朝前，约与肩同宽；目视前方。（图 10-3-2）

（3）两臂内旋，两掌分别向两侧摆起，约与髋同高，掌心向后；目视前方。（图 10-3-3）

（4）上一动作不停。两腿膝关节稍屈；同时，两臂外旋，向前合抱于腹前成圆弧形，与脐同高，掌心向内，两掌指间距约 10 厘米；目视前方。（图 10-3-4）

图 10-3-1　　　　图 10-3-2　　　　图 10-3-3　　　　图 10-3-4

### （一）两手托天理三焦

（1）接上式。两臂外旋微下落，两掌五指分开在腹前交叉，掌心向上；目视前方。（图 10-3-5）

（2）上一动作。两腿徐缓挺膝伸直；同时，两掌上托至胸前，随之两臂内旋向上托起，掌心向上；抬头，目视两掌。（图 10-3-6）

（3）上一动作。两臂继续上托，肘关节伸直；同时，下颌内收，动作略停；目视前方。（图 10-3-7）

（4）身体重心缓缓下降；两腿膝关节微屈；同时，十指慢慢分开，两臂分别向身体两侧下落，两掌捧于腹前，掌心向上；目视前方。（图 10-3-8）

图 10-3-5　　　　　图 10-3-6　　　　　图 10-3-7　　　　　图 10-3-8

本式托举、下落为 1 遍，共做 6 遍。

### （二）左右开弓似射雕

（1）接上式。身体重心右移；左脚向左侧开步站立，两腿膝关节自然伸直；同时，两掌向上交叉于胸前，两掌心向内；目视前方。（图 10-3-9）

（2）上一动作。两腿徐缓屈膝半蹲成马步；同时，右掌屈指成"爪"，向右拉至肩前；左掌成八字掌，左臂内旋，向左侧推出，与肩同高，坐腕，掌心向左，犹如拉弓射箭之势；动作略停；目视左掌方向。（图 10-3-10）

（3）身体重心右移；同时，右手五指伸开变掌，向上、向右方画弧，与肩同高，指尖朝上，掌心斜向前；左手手指伸开成掌，掌心斜向后；目视右掌。（图 10-3-11）

（4）上一动作。重心继续右移；左脚回收成并步站立；同时，两掌分别由两侧下落，捧于腹前，指尖相对，掌心向上；目视前方。（图 10-3-12）

图 10-3-9　　　　　图 10-3-10　　　　　图 10-3-11　　　　　图 10-3-12

（5）动作（5）～（8）：同动作（1）～（4），只是左右相反。（图10-3-13至图10-3-16）

本式一左一右为1遍，共做3遍。第三遍最后一动时，身体重心继续左移；右脚回收成开步站立，与肩同宽，膝关节微屈；同时，两掌分别由两侧下落，捧于腹前，指尖相对，掌心向上；目视前方。（图10-3-17）

图10-3-13　　图10-3-14　　图10-3-15　　图10-3-16　图10-3-17

## （三）调理脾胃须单举

（1）接上式。两腿徐缓挺膝伸直；同时左掌上托，左臂外旋上穿经面前，随之臂内旋上举至头左上方，肘关节微屈，力达掌根，掌心向上，掌指向右；同时，右掌微上托，随之臂内旋下按至右髋旁，肘关节微屈，力达掌根，掌心向下，掌指向前，动作略停；目视前方。（图10-3-18）

（2）松腰沉髋，身体重心缓缓下降；两腿膝关节微屈；同时，左臂屈肘外旋，左掌经面前落于腹前，掌心向上；右臂外旋，右掌向上捧于腹前，两掌指尖相对，相距约10厘米，掌心向上；目视前方。（图10-3-19）

（3）同动作（1）～（2），只是左右相反。（图10-3-20、图10-3-21）

本式一左一右为1遍，共做3遍。第三遍最后一动时，两腿膝关节微屈；同时，双臂内旋收至腰侧，掌心向下，掌指向前；目视前方。（图10-3-22）

图10-3-18　　图10-3-19　　图10-3-20　　图10-3-21　　图10-3-22

## （四）五劳七伤往后瞧

（1）接上式。两腿徐缓挺膝伸直；同时，两臂伸直，掌心向后，指尖向下，目视前方（图10-3-23），然后上一动作，两臂充分外旋，掌心向外；头向左后转。动作略停；目视左斜后方。（图10-3-24）

（2）松腰沉髋，身体重心缓缓下降；两腿膝关节微屈；同时，两臂内旋按于髋旁，掌心向下，指尖向前；目视前方。（图10-3-25）

图 10-3-23          图 10-3-24          图 10-3-25

（3）同动作（1），只是左右相反。（图 10-3-26、图 10-3-27）

（4）同动作（2）。（图 10-3-28）

本式一左一右为 1 遍，共做 3 遍。第三遍最后一动时，两膝关节微屈，同时，两掌捧于腹前，指尖相对，掌心向上，目视前方。（图 10-3-29）

图 10-3-26       图 10-3-27       图 10-3-28       图 10-3-29

## （五）摇头摆尾去心火

（1）接上式。身体重心左移；右脚向右开步站立，两腿膝关节自然伸直；同时，两掌上托与胸同高时，两臂内旋，两掌继续上托至头上方，肘关节微屈，掌心向上，指尖相对；目视前方。（图 10-3-30）

（2）上一动作。两腿徐缓屈膝半蹲成马步；同时，两臂向两侧下落，两掌扶于膝关节上方，肘关节微屈，手指侧向前；目视前方。（图 10-3-31）

（3）身体重心向上稍升起，随后右移；上体先向右倾，随之俯身；目视右脚。（图 10-3-32）

（4）上一动作。身体重心左移；同时，上体由右向前、向左旋转；目视右脚。（图 10-3-33）

（5）身体重心右移，成马步，同时，头向后摇，上体起立，随之下颌微收；目视前方。（图 10-3-34）

图 10-3-30       图 10-3-31       图 10-3-32    图 10-3-33    图 10-3-34

（6）动作（6）～（8）同动作（3）～（5），只是左右相反。（图10-3-35至图10-3-37）

本式一左一右为1遍，共做3遍。做完3遍后，身体重心左移，右脚回收成开步站立，与肩同宽；同时，两掌向外经两侧上举，掌心相对；目视前方（图10-3-38）。随后松腰沉髋，身体重心缓缓下降。两腿膝关节微屈；同时屈肘，两掌经面前下按于腹前，掌心向下，指尖相对；目视前方。（图10-3-39）

图10-3-35　　　图10-3-36　　　图10-3-37　　　图10-3-38　　　图10-3-39

## （六）两手攀足固肾腰

（1）接上式。两腿挺膝伸直站立；同时，两掌指尖向前，两臂向前、向上举起，肘关节伸直，掌心向前；目视前方。（图10-3-40）

（2）两臂外旋至掌心相对，屈肘，两掌下按于胸前，掌心向下，指尖相对；目视前方。（图10-3-41）

（3）上一动作。两臂外旋，两掌心向上，随之两掌掌指顺腋下向后插；目视前方。（图10-3-42）

（4）两掌掌心向内沿脊柱两侧向下摩运至臀部；随之上体前俯，两掌继续沿腿后向下摩运，经脚两侧置于脚面；抬头，动作略停；目视前下方。（图10-3-43）

（5）两掌沿地面前伸，随之用手臂举动上体起立，两臂伸直上举，掌心向前；目视前方。（图10-3-44）

本式一上一下为1遍，共做6遍。做完6遍后，松腰沉髋，重心缓缓下降；两腿膝关节微屈；同时，两掌向前下按至腹前，掌心向下，指尖向前；目视前方。（图10-3-45）

图10-3-40　　　图10-3-41　　　图10-3-42　　　图10-3-43　　　图10-3-44　　　图10-3-45

### （七）攒拳怒目增气力

（1）接上式。身体重心右移，左脚向左开步；两腿徐缓屈膝半蹲成马步；同时，两掌握固，抱于腰侧，拳眼朝上；目视前方。（图10-3-46）

（2）左拳缓慢用力向前冲出，与肩同高，拳眼朝上；瞪目，视左拳冲出方向。（图10-3-47）

（3）左臂内旋，左拳变掌，虎口朝下；目视左掌（图10-3-48）。左臂外旋，肘关节微屈；同时，左掌向左缠绕，变掌心向上后握固；目视左拳。（图10-3-49）

（4）屈肘，回收左拳至腰侧，拳眼朝上；目视前方。（图10-3-50）

图10-3-46　　图10-3-47　　图10-3-48　　图10-3-49　　图10-3-50

（5）动作（5）～（7）同动作（2）～（4），只是左右相反。（图10-3-51至图10-3-54）

本式一左一右为1遍，共做3遍。做完3遍后，身体重心右移，左脚回收成并步站立；同时，两拳变掌，自然垂于体侧；目视前方。（图10-3-55）

图10-3-51　　图10-3-52　　图10-3-53　　图10-3-54　图10-3-55

### （八）背后七颠百病消

（1）接上式。两脚跟提起；头上顶，动作略停；目视前方。（图10-3-56）

（2）两脚脚跟下落，轻震地面；目视前方。（图10-3-57）

本式一起一落为1遍，共做7遍。

图10-3-56　　　　图10-3-57

**收势**

（1）接上式。两臂内旋，向两侧摆起，与髋同高，掌心向后；目视前方。（图10-3-58）

（2）两臂屈肘，两掌相叠置于丹田处（男性左手在内，女性右手在内）；目视前方。（图10-3-59）

（3）两臂自然下落，两掌轻贴于腿外侧；目视前方。（图10-3-60）

图10-3-58　　　　图10-3-59　　　　图10-3-60

# 第十一章

## 特色体育

## 第一节 花样跳绳

### 一、花样跳绳概述

#### （一）花样跳绳运动简介

花样跳绳是近几年国内新兴的体育运动项目。它在中华民族传统跳绳运动的精华和现代表演项目特色的基础上发展而来，融汇街舞、体操、武术、杂技、音乐等现代元素，在绳艺、绳技、绳舞、绳操等方面使跳绳者的个性得到淋漓尽致的发挥，更加突出其休闲、娱乐、趣味和健身效果。花样跳绳花式繁多、新颖别致、动感十足、吸引眼球，是深受青少年喜爱的时尚运动之一。

#### （二）花样跳绳运动的益处

（1）运动负荷量随意，跳绳节拍快慢皆可，适合不同体能的人士参与。

（2）运动时手、足、脑并用，有助于提高身体四肢的运动负荷量及灵敏程度。

（3）跳绳一下，犹如背负相等于个人体重的物件跳一下，有助于增强个人的肌肉耐力和心肺功能。

（4）跳绳是全身运动，能加速人体新陈代谢，增强血液运行，强化血管功能。

（5）每天进行跳绳运动有助于保持均匀体态，促进身心健康。

（6）能增加骨质密度。

#### （三）花样跳绳注意事项

（1）须在平滑地面进行，注意地面不可有高低落差及坑洞。

（2）室内跳绳时须留意天花板的高度，亦应远离挂墙风扇及家私杂物。

（3）多人跳绳时须留意人与人之间的距离，避免被他人的绳子打伤。

### （四）花样跳绳的步骤

#### 1. 选择一条适合你的绳子

绳子长度应适合跳绳者的身高。长度适中的绳子可以畅顺地绕过跳绳者身体及头部，过长或过短的绳子会令跳绳动作不协调。

计算绳子长度的方法：初学者可以双脚踏住绳的中央，两手执绳的两端拉直至胸口位置（或以下），便是适当长度。

#### 2. 选择适合的运动鞋

为减轻脚部因跳绳时与地面接触而产生的撞击力，最好选择有避震或弹性设计的运动鞋。

#### 3. 跳绳前须做热身运动

热身运动应以伸展动作为基础，每个动作须保持 8～10 秒，使肌肉柔和舒缓地伸展，能充分地适应进一步的运动量。一般而言，全套热身运动所需时间长 5～10 分钟，但也须配合当时天气的温度而加长或缩短，务求使体温轻微上升。

#### 4. 跳绳姿势要正确

（1）眼向前望，腰背要伸直。

（2）沉肘：手臂与手肘约成 90° 角。

（3）以手腕力量摆绳。

（4）跳跃时两脚并合，脚尖或前脚掌有节奏地踏地跳。

（5）着地时膝盖微屈，以吸收跳跃时的震荡力。

（6）踏跳时以脚前掌着地，足跟大部分时间是不着地的。

#### 5. 跳绳后须做舒缓运动

将身体尽量放松，做深呼吸，可重复先前用绳进行的伸展运动，亦可利用散步方式放松身体各部位，直至体温和呼吸恢复正常为止。

## 二、花样跳绳基本技术

跳绳基本技术

### （一）个人花样

#### 1. 左中右跳

左中右跳见图 11-1-1 至图 11-1-3。

  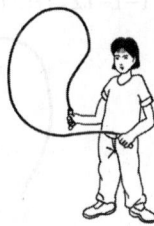

图 11-1-1　　　　　　图 11-1-2　　　　　　图 11-1-3

#### 2. 左右钟摆跳

左右钟摆跳见图 11-1-4、图 11-1-5。

图 11-1-4　　　　　　　　图 11-1-5

### 3. 前绳交叉及后绳交叉跳

前绳交叉及后绳交叉跳见图 11-1-6、图 11-1-7。

图 11-1-6　　　　　　　　图 11-1-7

### 4. 开合跳

开合跳见图 11-1-8 至图 11-1-11。

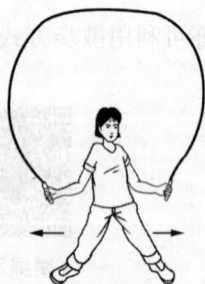

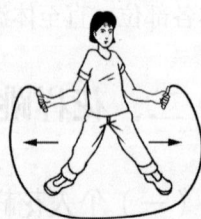

图 11-1-8　　　　图 11-1-9　　　　图 11-1-10　　　　图 11-1-11

### 5. 扭动跳

扭动跳见图 11-1-12、图 11-1-13。

图 11-1-12　　　　　　　　图 11-1-13

**6. 胯下一跳，胯下二跳**

胯下一跳，胯下二跳见图 11-1-14 至图 11-1-17。

图11-1-14　　　　　图11-1-15　　　　　图11-1-16　　　　　图11-1-17

**7. 单脚跳**

单脚跳见图 11-1-18、图 11-1-19。

图 11-1-18　　　　　　　　　图 11-1-19

**8. 脚踝跳**

脚踝跳见图 11-1-20、图 11-1-21。

图 11-1-20　　　　　　　　　图 11-1-21

**9. 脚步花样——如踢腿或肯肯舞跳（大家可以自由创作新的脚步方式，编成一套独有的跳绳动作）**

脚步花样——如踢腿或肯肯舞跳，见图 11-1-22、图 11-1-23。

图 11-1-22　　　　　　　　　图 11-1-23

肯肯舞跳（提膝跳+踢腿跳）：

第一跳：提膝跳；

第二跳：双脚跳；

第三跳：踢腿跳；

第四跳：双脚跳。

**10. 不同摆绳花样（不需跳过绳子）**

（1）花样一（图 11-1-24 至图 11-1-26）。

图 11-1-24　　　　　　图 11-1-25　　　　　　图 11-1-26

（2）花样二（图 11-1-27 至图 11-1-29）。

图 11-1-27　　　　　　图 11-1-28　　　　　　图 11-1-29

（3）花样三（图 11-1-30 至图 11-1-32）。

图 11-1-30　　　　　　　图 11-1-31　　　　　　　图 11-1-32

## （二）双人花样

### 1. 朋友跳

朋友跳见图 11-1-33，可加转身跳或摆绳者出入等动作。

图 11-1-33

### 2. 单侧回旋跳

单侧回旋跳如图 11-1-34、图 11-1-35 所示。

图 11-1-34　　　　　　　　　　图 11-1-35

### 3. 横排跳

横排跳如图 11-1-36、图 11-1-37 所示。

图 11-1-36　　　　　　　　　　图 11-1-37

### 4. 连锁跳

可随意增减人数，若绳子没有绳柄，则需要在跳动时转动绳头。（图 11-1-38、图 11-1-39）

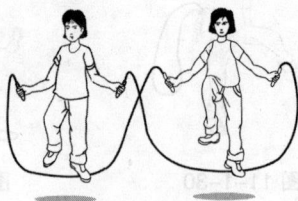

图 11-1-38　　　　　　　图 11-1-39

## （三）多人花样

### 1. 跳大绳

可自创花式，如猜拳、转球、转换位置和集体舞步等。（图 11-1-40）

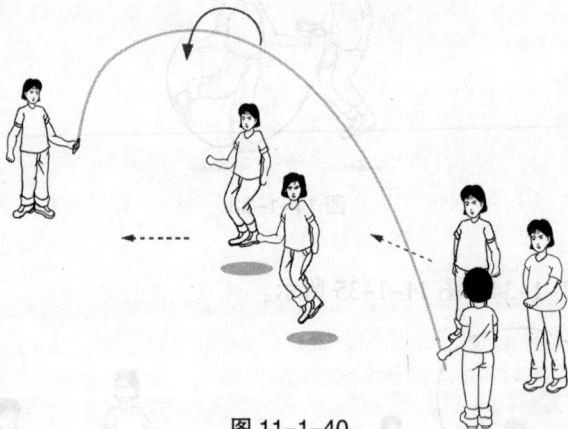

图 11-1-40

### 2. 大绳绳中绳

大绳绳绳中绳见图 11-1-41。

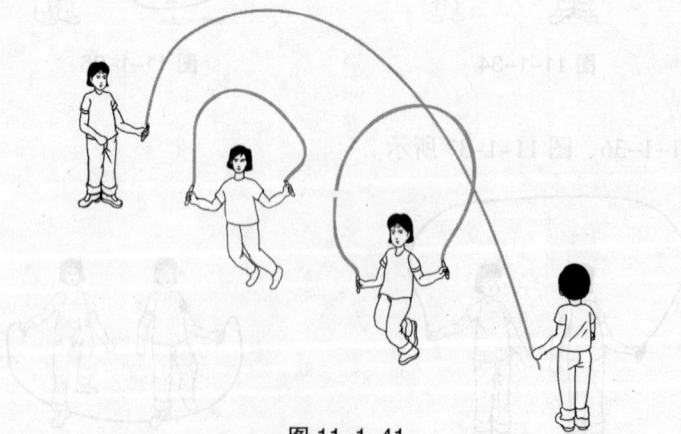

图 11-1-41

### 3. 十字绳

十字绳见图 11-1-42。

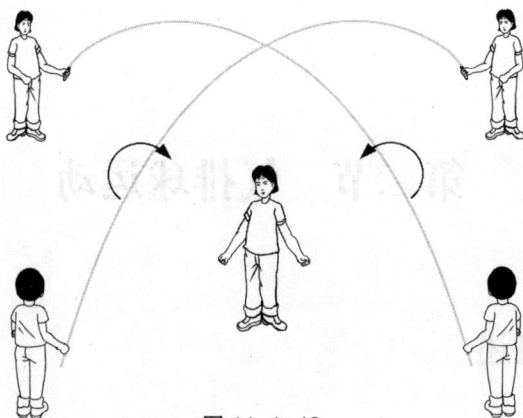

图 11-1-42

### 4. 交互跳

基本上所有集体跳都可以加入绳中绳动作，若技术许可，更可加入双人跳。（图 11-1-43）

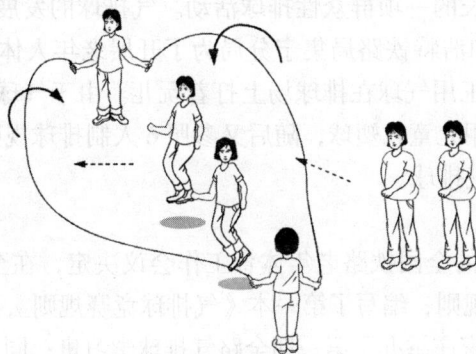

图 11-1-43

### 5. 伞形跳

伞形跳见图 11-1-44。

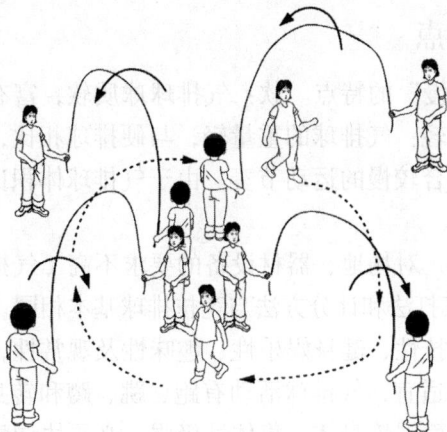

图 11-1-44

## （四）集体花样

根据音乐节奏做出不同的跳绳花样，将单人、双人、多人串联起来，再配合不同队形编排出一套原创的跳绳动作。

# 第二节　气排球运动

## 一、气排球概述

### （一）气排球运动的起源与发展

#### 1. 气排球的起源

气排球是我国土生土长的一项群众性排球活动。气排球的发展历史并不是很长，至今只有 30 多年。1984 年，呼和浩特铁路局集宁分局为了开展老年人体育活动，在没有规则限制的情况下，组织离退休职工用气球在排球场上打着玩儿。由于气球过轻且易爆，他们将两个气球套在一起打，后又改用儿童软塑球，随后又参照 6 人制排球规则制定了简单的比赛规则，并将这种活动形式取名为气排球。

#### 2. 气排球的发展

1991 年，在北京举行的全国铁路老年体育工作会议决定，在全路老年人中推广气排球。火车头老年体协依据排球规则，编写了第一本《气排球竞赛规则》，并在上海特制了比赛用气排球。1992 年 3 月，在石家庄举办了第一期全路气排球学习班；同年 11 月，在武汉举行了首届全国铁路系统气排球比赛，共有 7 支男队和 6 支女队参赛。1993 年 3 月，火车头老年人气排球协会在北京正式成立，同年 7 月，全路第 2 届老年人气排球赛分别在齐齐哈尔和锦州举行。从此，一年一届的老年气排球赛在全路形成。

### （二）气排球运动的特点

（1）气排球有"软、轻、慢"的特点。软：气排球球质软，富有弹性，手感舒适，安全性好，不易伤到手指或身体；轻：气排球的重量轻，与硬排球相比，重量约轻一半；慢：在空中飘游缓慢、容易控制，适合较慢的运动节奏。由于气排球体积比排球、软式排球大，重量较轻，容易受到风速的影响。

（2）气排球比赛规则简单，对场地、器材设备的要求不高（气排球运动的场地，也可选用羽毛球球场），容易开展。其打法和计分方法与竞技排球基本相同。

（3）气排球同时具备了竞技性、健身娱乐性、趣味性及观赏性，并且技术起点低，初学者较易掌握技术动作。运动量适宜，气排球活动有跑、跳、蹲和转身，使脑、眼、手、腰和脚等都得到了锻炼，有利于全面锻炼身体；集体性极强，必须协调配合，有利于表现团结奋进和展现道德风范；规则宽，同硬排球一样，人体任何部位都可以触球，有时候为了救球，手来不及的情况下，可以用脚踢，只要按规则要求，将球打到对方场内地面上空即为有效。上述特点使得它不受性别、年龄、体质和体育基础的限制，深受男女老少各类人群的喜爱。

气排球的上述特点使排球运动的技巧性降低，比赛中球的飞行速度减慢，来回球的次数增加，击球花样增多，初学者对球的恐惧感消失，因而大大提高了气排球比赛的趣味性、吸引力和可观赏性。这些特点使它尤其能满足老年人健身和少年儿童活动的需要。

## 二、气排球基本技术

气排球技术是运动员在比赛规则允许的条件下采用的各种合理的击球动作和配合动作的总称。它是气排球运动的基础和重要的组成部分。

气排球技术有两种：一种是有球技术，包括传球、垫（捧）球、扣球、发球和拦网；另一种是无球技术，包括准备姿势、移动、起跳及各种掩护动作等。气排球技术主要由步法和手法组成。

### （一）准备姿势与移动

准备姿势要合理，判断准确，启动迅速，移动步法灵活，制动有力。

#### 1. 准备姿势

两脚左右分开，稍比肩宽，一脚在前，两脚尖稍内收，两膝弯曲成半蹲。脚跟稍提起，身体重心稍前倾，两臂放松，自然弯曲，两手置于胸前。身体适当放松，两眼注视来球，两脚始终保持微动。

#### 2. 移动步法

滑步：当来球距离身体较近、弧线较高时，可采用滑步。

交叉步：当来球距离身体两米左右时，可采用交叉步。

跨步：当来球较低且距身体较近时，可采用跨步。

跑步：采用跑步移动时，两臂要配合摆动，应根据来球的方向，边跑边转身。

综合步法：将以上各种步法结合起来综合运用。

### （二）发球

发球是由后排右边队员在发球区内将球击出而进入比赛的技术动作。其是比赛的开始，既能直接得分，又能破坏对方的战术配合。（图11-2-1）

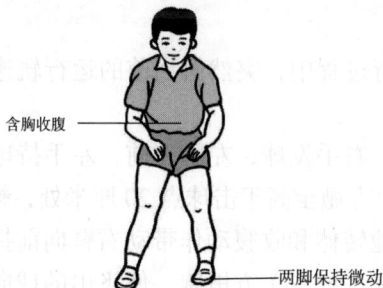

含胸收腹

两脚保持微动

半蹲准备姿势正面图

**图 11-2-1**

按照发出球的性能，发球主要可分发飘球和发旋转球。发飘球主要有正面上手发飘球、勾手发飘球和跳发飘球；发旋转球主要有正面上手发球、勾手大力发球、跳发球、正面下手发球、侧面下手发球、侧旋球和高吊球。下面介绍在气排球中最基本、也是最常见的几种发球方式。

**1. 正面下手发球（以右手发球为例）**

面对球网，两脚前后开立，两膝微屈，上体稍向前倾，左手持球于腹前。发球时，将球在右肩前向上方抛出 20 ～ 30 厘米高，同时右臂伸直后摆。击球时，以肩为轴向后再向前挥臂，在腰腹右侧用手掌击球的后下部，同时右脚蹬地，重心随着前移。

**2. 侧面下手发球（以右手发球为例）**

基本姿势同正面下手发球。发球时，将球在身前正前方上抛约 30 厘米高，离身体一臂远，同时右臂摆至侧下方。击球时，右脚蹬地左转，带动右臂前摆并用手掌或虎口击球后下部，重心移至左脚，面向球网。

**3. 正面上手发球（以右手发球为例）**

面对球网，两脚前后开立，右手发球，左脚在前，左手持球于胸前。发球时，将球向右肩前上方抛至高于击球点 30 厘米处，同时右臂伸肘向后上方举起，挺胸展腹，上体稍右转，当球下落至约一臂高度时，利用蹬地转体和收腹动作带动右臂向前挥动，用手掌击球后半部。

以下介绍几种较难控制但能有效破坏对方一传的发球。

（1）落叶球：即为在飞行过程中，突然由当前的运行轨迹变成急速下坠的球。

面对球网，两脚前后开立，右手发球，左脚在前，左手持球与头部同高，右臂伸肘向后上方举起。发球时，将球向右肩前上方抛至高于击球点 20 厘米处，挺胸展腹，上体稍右转，当球下落至约一臂高度时，利用蹬地转体和收腹动作带动右臂向前挥动，用手掌击球后半部，在手掌接触球的同时向下方甩腕，使飞出的球向后飞快地旋转，这样的旋转能使球在过网后产生一定程度的下坠。跳发球可以增加击球点的高度，也能增加向下的旋转程度，从而增加球的下坠速度。

（2）侧旋球：即为在飞行过程中，突然由当前的运行轨迹变成向左（或右）的弧线运行的球。

面对球网，两脚前后开立，右手发球，左脚在前，左手持球与头部同高，右臂伸肘向后上方举起。发球时，将球向右肩前上方抛至高于击球点 20 厘米处，挺胸展腹，上体稍右转，当球下落至约一臂高度时，利用蹬地转体和收腹动作带动右臂向前挥动，用手掌击球后中稍稍偏左（或右）部，在手掌接触球的同时向下方甩腕，使飞出的球产生强烈的向左或向右的旋转。

（3）侧旋落叶球：即在飞行过程中，突然由当前的运行轨迹变成向左（或右）的弧线急速下坠的球。

面对球网，两脚前后开立，右手发球，左脚在前，左手持球与头部同高，右臂伸肘向后上方举起。发球时，向右肩前上方抛至高于击球点 20 厘米处，挺胸展腹，上体稍右转，当球下落至约一臂高度时，利用蹬地转体和收腹动作带动右臂向前挥动，用手掌击球后半部，在手掌接触球的同时向下稍稍偏左（或右）方甩腕，使飞出的球向后稍稍偏左（或右）方快速地旋转，这样的旋转能使球在过网后产生一定程度的偏左（或右）下坠。跳发球可以增加击球点的高度，也能增加向下的旋转程度，从而增加球的下坠速度。

## （三）垫球

它是在全身协调用力的基础上，通过手臂的迎击动作，使来球从垫击面上反弹出去的一项击球技术，是用于接发球、接扣球、接吊球、接拦回球和处理各种球的主要方法，也是保证本方进攻的基础。垫球时，必须有正确的准备姿势、合理的击球手型、准确的击球动作和合理的击球部位，并调整手臂与地面的适宜用力角度，才能取得良好的垫球效果。按动作要领，垫球可分正垫、背垫、半跪垫球、前扑垫球、肘滑垫球、滚翻垫球、鱼跃垫球、侧卧垫球、单臂滑行铲球、单手垫球和挡球等十多种。

垫球在比赛中主要用于接发球、接扣球、接拦回球以及防守和处理各种困难球。

### 1. 垫球的准备姿势

应根据不同情况采用相应的准备姿势。初学垫球时，由于是垫击一般的轻球，故可采取一般的准备姿势。上体稍前倾，两脚开立，两脚间的距离稍宽于肩，两臂微屈置于腹前，两肘稍内收，两眼注视来球。

### 2. 击球手型、击球点和击球部位

垫击手型目前常用的有以下三种：

叠指法：两手手指上下相叠，两拇指对齐平行相靠压在上面一手的中指第二指节上，掌根紧靠，两臂伸直相夹。注意手掌部分不能相叠。

抱拳法：两手抱拳互握，两拇指平行放于上面，两掌根和两前臂外旋紧靠，手腕下压，使前臂形成一个垫击平面。

捧捞法：两手成掌自然打开，两掌相距约 10 厘米，形成一球窝状的垫击平面。

击球点、击球部位：正面双手垫球的击球点，一般应尽量保持在腹前约一臂距离的位置。用腕上 10 厘米左右的两前臂桡骨内侧所构成的平面击球。

### 3. 动作要领

插：及时移动取位，降低重心，两臂前伸插至球下，使两前臂的垫击面对准来球，并初步取好手臂的角度。

夹：是指两手掌根紧靠，手臂夹紧，手腕下压，用平整而稳定的击球面去迎击球。

提：由下肢蹬地，提肩、顶肘、压腕的动作去迎击来球，身体重心要随球前移，两臂在全身协调动作的配合下伴送球。

### 4. 常用垫球的动作

正面双手垫球：垫球时，双臂伸直夹紧插入球的下部，用前臂形成的平面触球，并利用蹬地、抬肩和身体协调动作将球垫起。

体侧垫球：右肩微向下倾斜，用两臂在左后方向前截住球，用两前臂击球后下部将球垫出。

跨步垫球：当来球部位低、离人远时，要看准来球，及时向前侧跨一大步，两臂前伸，用前臂击球后下部。要做到"一插快、二夹紧、三抬臂"。

## （四）传球

正面双手传球是最基本的传球方法，运用最为广泛，只有在先学好正面双手传球的基础

上，才能进一步掌握和运用其他各种传球技术。

### 1. 准备姿势

两脚左右开立，与肩同宽。一脚在前，后脚跟稍提起，两膝微屈，身体稍前倾，两臂屈肘抬起，肘部下垂，两手张开成近似传球手型，放在脸前。

### 2. 击球点

传球时，为了便于观察来球的情况和看清手及传球的目标，便于对准来球与控制传球方向和落点，击球点应在额前上方约一球距离处。如击球点过高或过低，都会减少对球的作用力，影响手型的正确性。

### 3. 手型及触球部位

传球时，手型应该是手腕后仰，两手自然张开，围成半球形，拇指尖相对成近似一字形。传球时，以拇指的指腹或内侧触球的下部或后中下部；食指的全部和中指的二三指节触球的后上部，无名指和小指触球的两侧。当手指触及球时，以两手的拇指、食指和中指随来球的压力与无名指及小指的协助来控制传球的方向。

### 4. 传球动作和用力

当来球接近前额上方时开始蹬地、伸膝及伸臂，两手张开向脸前上方迎击球，球触手的瞬间，手指和手腕应保持适当的紧张，传球时主要以蹬地、伸髋和伸臂的协调动作及手指、手腕的弹力将球传出。

## （五）扣球

扣球是气排球运动技术中攻击性最强的一项技术，是比赛得分的关键因素之一。扣球成功与否与一传和二传的质量好坏密切相关，因此，在提高扣球技术水平的同时，必须加强一传和二传的训练，才能使攻防技术和战术水平得到全面提高。

扣球由运动员通过合理的助跑起跳在空中快速挥臂击球而完成，是进攻中积极有效的方法及得分的主要手段，也是衡量一个球队的进攻实力的重要因素之一。（图 11-2-2）

### 1. 准备姿势

扣球助跑前采用稍蹲姿势，两臂自然下垂，站在离网 3 米左右处，身体转向来球方向，观察来球，做好向各个方向助跑起跳的准备。

### 2. 助跑

助跑的方向、速度和步数依二传来球的方向、速度和弧度来定。助跑时可采用一步、二步或三步助跑。左脚先向前迈出一步，右脚跨出一大步，支撑点在身体重心之前，并以脚跟先着地，两臂由体前经体侧摆至身体后下方。上体前倾，重心前移，着地的右脚跟过渡到脚掌，左脚随即在右脚的前方着地，身体重心下降，两膝弯曲，上体稍向左转准备起跳。助跑总的要求是：连贯、轻松、自然，由慢到快，由小到大。只要脚一动，就要有相应的手臂协同动作。

### 3. 起跳

在助跑跨出最后一步（即第二步），左脚并上踏地制动的同时，两臂自后积极向前摆动，随着双腿蹬地向上起跳，两臂配合起跳有力地向上摆动。

#### 4. 空中击球

起跳后，挺胸展腹，上体稍向右转，右肩向上方抬起，身体成反弓形。挥臂时，以迅速转体、收腹动作发力，依次带动肩、肘和腕各关节成鞭甩动作向前上方弧形挥动，在右肩前上方最高点击球。击球时，提肩、伸臂，五指微张成勺形，以全掌包满球，击球的后中部，力量通过球心，利用手腕的甩压动作，使球向后下方旋转飞行。

#### 5. 落地

空中完成击球后，身体自然下落，尽量使双脚的前脚掌先着地，以缓冲身体与地面的撞击力，落下时保持身体平衡。

图 11-2-2

### （六）拦网

拦网是排球运动基本技术之一，是防守的第一道防线，是得分和得发球权的重要手段，是反攻的重要环节。拦网水平的高低直接影响比赛的胜负。拦网由准备姿势、移动、起跳、空中击球和落地 5 个动作衔接而成，有单人拦网和集体拦网。成功的拦网能直接拦死对方的进攻，使本方由被动转变为主动，并能削弱对方进攻的锐气，给对方造成较大的心理威胁。

单人拦网是集体拦网的基础。（图 11-2-3）

#### 1. 准备姿势

队员面对球网，两脚左右开立，约与肩同宽，距网 30～40 厘米。两膝微屈，两臂屈肘置于胸前。

#### 2. 移动

常用的步法有一步、并步、交叉步和跑步等。无论采用哪种移动步法，都要做好制动动作，以保证向上起跳时不会触网和冲撞同队队员。

#### 3. 起跳

原地起跳时，两腿屈膝，重心降低，随即用力蹬地，两臂以肩发力，在体侧近身处，做画弧前后摆动，帮助身体迅速跳起。移动后的起跳，其起跳动作与原地起跳一样，但要注意制动并使移动与起跳动作紧密衔接。

#### 4. 空中动作

起跳时，两手从额前沿球网向上方伸出，两臂伸直并保持平行，两肩上提。拦网时，两臂应伸过网去接近球。两手自然张开，屈指、屈腕成半球状。当手触球时，两手要突然紧张，手腕下压盖在球的前上方。

图 11-2-3

**5. 落地**

拦球后，要做含胸动作，以保持身体平衡。手臂要先后摆或上提，从网上收回至本方上空，再屈肘向下收臂，以免触网。与此同时，屈膝缓冲，双脚落地，随即转身面向后场，准备接应来球或做下一个动作。

# 三、气排球基本战术

气排球战术是指运动员在比赛中，根据气排球竞赛规则和气排球运动的规律、比赛双方的具体情况和临场变化，合理运用个人技术及集体配合所采取的有意识、有组织的行动。

气排球战术分为个人战术和集体战术两大类。个人战术中又分发球战术、一传战术、扣球战术、拦网战术及防守战术等；集体战术根据气排球运动的攻防结合和攻防转化的基本特点，按比赛中不同来球的情况，分为接发球及其进攻，接扣球及其进攻，接拦回球及其进攻，接传球、垫球及其进攻四种相应的进攻战术体系。

## （一）阵容配备的形式

### 1. "四一"配备

"四一"配备由 4 名攻手和 1 名二传手组成。这种配备的优缺点是非常鲜明的：优点在于每个轮次都有 4 个进攻点，有利于统一指挥、相互配合，能够更好地控制比赛，使得进攻战术富于变化，并且增强拦网的力量，战术配合灵活性较强，进攻隐蔽性强；缺点在于当二传轮转到后排时，难以协调拦网及跟进保护配合。目前采用这种配备形式的队伍较少，仅在水平很高的队伍中采用。

### 2. "三二"配备

"三二"配备由 3 名攻手和 2 名二传手组成。这种配备广泛使用于中上水平的气排球队伍。其优点在于每个轮次上都有固定的二传手，便于协调轮次上的攻防组织；缺点在于有两个轮次在前排只有 1 名主攻手，这会拉开进攻的力度，导致拦网的力度不够，所以不能满足高水平球队的要求。

## （二）个人战术

个人战术是指在集体战术配合的基础上，队员根据个人的特点和战术的需要，巧妙地运用个人技术的变化，以达到有效的进攻和防守的目的。个人战术有发球、一传、二传、扣球、拦网及后排防守等。

1. **发球个人战术**

任务：在观察和分析对方的具体情况后，有针对性地采用不同的发球战术，先发制人。

常用的发球战术有：加强发球的性能、控制发球落点及改变发球的方法。

2. **一传个人战术**

任务：在第一次接对方来球时采用有目的、有意识的击球动作，组成本队战术。

常用的一传战术有：组织快攻的低弧度一传、组织强攻的高弧度一传和突袭对方空当的一传。

3. **二传个人战术**

任务：有效地组织进攻战术，给扣球队员创造有利的进攻条件，突破对方拦网。

常见的二传战术有：集中与拉开、近网与远网、升点与降点传球，声东击西、假动作以及突然把球传入对方场区。

4. **扣球个人战术**

任务：根据对方的拦网和防守情况，选择合理的扣球技术和路线，有效突破对方的防御。

常见的扣球战术有：扣球线路变化和扣球动作变化。

5. **拦网个人战术**

任务：根据对方扣球的情况，利用时间和空间等变化因素，用不同手法阻拦对方进攻。

常见的拦网战术有：侧跳拦直线、直跳拦斜线、改变拦网手位置和空中撤手。

6. **防守个人战术**

任务：选择最有利的位置，采用合理的接球动作，按战术要求把球防起。

常见的防守战术有：根据进攻点和进攻手段采用相对应合理的防守站位及手型。

## （三）集体战术

集体战术是指运动员在比赛中，为了突破对方防守或抑制对方进攻，灵活地运用合理的攻防技术，按照一定的形式，采取有目的、有组织以及有针对性的集体配合行动。

1. **接发球阵型和站位**

常见的接发球阵型是3人接发球和4人接发球。（图11-2-4）

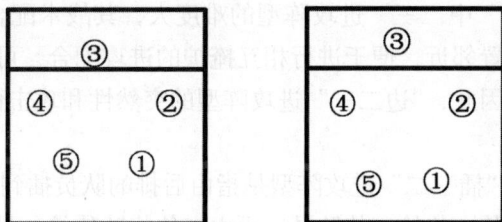

图 11-2-4

3人接发球主要用于减少场上某一名一传较差或有其他特殊战术安排的队员的防守面积。

4人接发球是4名防守队员面向3号位成小弧形站位。这样的阵型好处在于控制住场上的防守空当，便于把球接起。

2. **接扣球防守阵型和站位**

接扣球防守阵型是由前排拦网与后排防守组合而成。根据拦网的人数可以分为无人拦网、单人拦网、双人拦网和3人拦网四种阵型。后排防守常用的是活跟、内撤防守和双卡防守。

活跟：是由排球当中的"心跟进"和"边跟进"演化形成的。这种防守阵型比较灵活，多针对对方的战术球来判断防守。

内撤防守：多用于防守对方开网的进攻，不便扣小斜线球时使用，可以弥补心空弱点。缺点是对内撤保护的队员转入反攻有所不便。

双卡防守：多用于对方以吊球和轻扣为主时，可以加强前区的防守，但后方空当太大。

### 3. 进攻阵型

进攻阵型即进攻时采用的组织形式。合理的进攻阵型有助于某些集体战术的组成。由于气排球规则的特殊性，在进攻时已经不分前排、后排了，所以需要气排球的阵型更能发挥战术价值。进攻阵型可分为"中二三""边二三"和"插三二"三种。

"中二三"进攻阵型："中二三"进攻阵型是指前排3号位队员担任二传，其他队员将球垫、传给二传队员，再由二传队员传给4号位队员、2号位队员或后排两名队员进攻，这种战术配合方法称为"中二三"进攻阵型。（图11-2-5）

这种阵型是气排球战术中最基础、最简单的一种进攻阵型。其优点是二传队员位置居中，距离场上各个位置都比较近，一传的目标明确，二传队员也易于接应，加之战术配合简单，因此便于进攻；缺点是战术配合方法少，进攻点较清楚，战术意图易被对方识破，对方容易组成集体拦网。

"边二三"进攻阵型："边二三"进攻阵型是指由二传站在2号位与3号位之间，其他队员将球传、垫给二传队员，再由二传将球传给4号位、3号位、2号位及后排队员进攻。（图11-2-6）

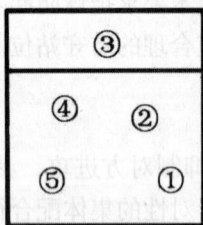

图 11-2-5

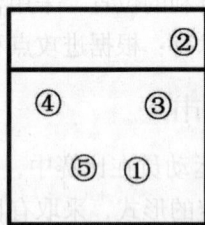

图 11-2-6

"边二三"进攻阵型比较简单，容易掌握，但由于对一传和二传的要求都较高，组织"边二三"进攻阵型要比组织"中二三"进攻阵型的难度大，其战术配合也较为复杂。"边二三"进攻阵型由于进攻队员位置邻近，便于进行相互掩护的进攻配合，可以组织较多的快变战术，有利于后排进攻的掩护。因此，"边二三"进攻阵型的突然性和攻击性要比"中二三"进攻阵型威力大。

"插三二"进攻阵型："插三二"进攻阵型是指由后排的队员插到前排2号位、3号位之间担任二传，其他队员将球传、垫给二传队员，再由二传将球传给4号位、3号位、2号位及后排队员进攻。这种战术称为"插三二"进攻阵型。

高水平的队多采用"插三二"进攻阵型。"插三二"进攻阵型的最大特点是前排能保持3个攻手，同时增强了拦网的力度，而且可以利用球网的全长，有利于发挥进攻队员的多种互相掩护战术配合。加上后排的1个点进攻，形成多方位、前后交错的"立体进攻"，更有利于突破对方的防线。因此，"插三二"阵型更具突然性和攻击性。

"插三二"进攻阵型的缺点在于对插上的时间、一传的能力要求较高。

## 四、气排球竞赛规则简介

### （一）竞赛场地与设备

#### 1. 比赛场地

比赛场区为长 12 米、宽 6 米的长方形。其四周至少有 2～3 米宽的无障碍区，从地面向上至少有 7 米高的无障碍空间。所有的界线宽 5 厘米。两条边线和端线划定了比赛场区。边线和端线都包括在比赛场区面积之内。中线连接两条边线的中点。中线的中心线将比赛场区分为长 6 米、宽 6 米的两个相等的场区。每个场区各画一条距离中线中心线 2 米的进攻线。进攻线（包括进攻线的宽度）前为前场区，进攻线后为后场区。进攻线外两侧间距 20 厘米、长 15 厘米的三段虚线为进攻线的延长线。两条进攻线的延长线之间、记录台一侧边线外的范围为换人区。端线后两条边线的延长线上各画一条长 15 厘米、垂直并距离端线 20 厘米的短线，两条短线（包括短线宽度）之间的区域为发球区，发球区深度延至无障碍区的终端。在距端线后 1 米处画一条平行于端线且与端线长度相等的平行线为跳发球限制线，跳发球必须在该线后完成起跳动作。

#### 2. 球网

球网架设在垂直于地面中线的上空，长 7 米，宽 0.8 米。男子球网高度 2.1 米，女子球网高度 1.9 米。

#### 3. 球

球为圆形，球的面料由柔软的高密度合成革材质制成。圆周长为 72～78 厘米，重量为 120～140 克，气压为 0.15～0.18 千克/厘米。

### （二）竞赛队与队员

#### 1. 球队的组成

一个队由 10 人组成，其中有 1 名领队，1 名教练员，8 名队员，比赛中领队、教练员可兼运动员。

#### 2. 队员服装

队员服装要统一，上衣前后须有号码，序号为 1～10 号。身前号码至少 15 厘米高，身后号码至少 20 厘米高。号码笔画宽度至少 2 厘米。队长上衣应有一条与上衣颜色不同的长 8 厘米、宽 2 厘米的标志。

#### 3. 队长和场上队长

队长应有队长标志，赛前在记分表上签字，并代表本队抽签。比赛中如队长在场上，为当然的场上队长；如他被换下场时，由教练员或队长指定另一名场上队员担任场上队长。在教练员缺席的情况下，场上队长在比赛中可以请求换人和暂停。

### （三）比赛方法

#### 1. 胜 1 场

比赛采用三局两胜制，胜两局的队为胜一场。如果 1:1 平局时，进行决胜局（第三局）的比赛。

### 2. 胜 1 局

第 1 局、2 局先得 21 分同时至少超过对方 2 分为胜 1 局，当比分为 20 ∶ 20 时，比赛继续进行至某队领先 2 分为胜 1 局。决胜局，先得 15 分同时至少超过对方 2 分的队获胜，当比分为 14 ∶ 14 时，比赛继续进行至某队领先 2 分为胜 1 局。决胜局 8 分时，双方队员交换场地进行比赛，比赛按照交换时的阵容继续进行。

### 3. 得 1 分

球成功地落在对方场区；对方犯规；对方受到判罚。

### 4. 弃权和阵容不完整

某队被召唤后拒绝比赛，则宣布该队为弃权。对方以每局 21 ∶ 0 的比分和 2 ∶ 0 的比局获胜。某队无正当理由而未准时到达比赛场地，则宣布该队为弃权。某队被宣布 1 局或 1 场比赛阵容不完整时，则输掉该局或该场比赛，判给对方胜该局或该场比赛所必要的分数和局数。阵容不完整的队保留其所得分数和局数。

## （四）比赛的组织

### 1. 抽签

比赛开始前和决胜局开始前，由第一裁判员召集双方队长抽签。获先者选择其中一类：① 发球或接发球；② 场区。另一方可挑选余下部分。

### 2. 准备活动

比赛开始前，两队各自在自己的半场练习 10 分钟。

### 3. 开始阵容

每队场上必须始终保持 5 名队员或 4 名队员的比赛阵容。队员的轮转次序应按位置表登记的顺序进行。

位置表一经交给第二裁判员或记录员，除正常换人外，其阵容不得更改。

1 局开始前，场上队员的位置与位置表不符时，须按位置表进行纠正，不予判罚。

### 4. 场上位置

（1）4 人制比赛队员位置：靠近球网的 2 号位（右）、3 号位（左）2 名队员为前排队员，另外 2 名队员 1 号位（右）、4 号位（左）为后排队员。1 号位队员与 2 号位队员同列，3 号位队员与 4 号位队员同列。

（2）5 人制比赛队员位置：靠近球网的 2 号位（右）、3 号位（中）、4 号位（左）3 名队员为前排队员，另外 2 名队员 1 号位（右）、5 号位（左）为后排队员。1 号位队员与 2 号位队员同列，4 号位队员与 5 号位队员同列。

（3）队员站位是否错误应根据其脚的着地部位判定。同列后排队员的双脚距中线更近；5 人制前排 3 号位队员与后排队员没有站位位置关系。

同排队员站位规定：4 人制前排右（左）边队员至少有一只脚的部分，比同排左（右）队员的双脚距右（左）边线更近。后排右（左）边队员至少一只脚的一部分，比同排另一名左（右）边队员的双脚距右（左）边线更近；5 人制前排右（左）边队员至少有一只脚的部分，比同排中间队员的双脚距右（左）边线更近。后排右（左）边队员至少一只脚的一部分，比同排另一名左（右）边队员的双脚距右（左）边线更近。

站位错误：当发球队员击球时，如果队员不在其正确位置上，则构成位置错误犯规；当发球队员击球时的犯规与对方位置错误同时发生，则判发球犯规；当发球队员击球后的犯规与对方位置错误同时发生，则判位置错误犯规。位置错误判罚如下：该队被判失去1分，由对方发球；队员必须恢复到正确位置。

（4）轮转次序、发球次序以及队员位置的确定均以位置表为依据。某队得1分，同时得发球权后，所有队员必须按顺时针方向轮转1个位置，由2号位队员轮转至1号位发球。没有按照轮转次序进行发球为轮转错误，该队失1分，由对方发球；队员的错误轮转次序必须纠正。

## （五）比赛行为

### 1.击球

比赛中队员与球的任何触及都视为击球。队员必须在本方场区和本方无障碍区空间击球。每队最多击球3次，无论是主动击球或被动触及，均作为该队的1次击球。一名队员不得连续击球两次。球可以触及身体的任何部分。球必须被击出，不可接住或抛出。击球时允许身体不同部位在一个动作中连续触球。

击球时的犯规："4次击球"：1个队连续触球4次；"借助击球"：队员在比赛场地内借助同伴或任何物体的支持进行击球；"持球"：没有将球击出，造成接住或抛出；"连击"：1名队员连续击球两次或球连续触及其身体的不同部位。

### 2.球网附近的球

球的整体必须通过球网上空的过网区进入对方场区。球通过球网时可以触及球网。球入网后，在该队的3次击球内，可以再次击球。

### 3.球网附近的队员

在不妨碍对方比赛的情况下，允许队员在网下穿越进入对方空间。队员的一只（两只）脚部分越过中线触及对方场区的同时，其余部分接触中线或置于中线上空是允许的，不判为犯规。队员除脚以外，身体任何其他部位触及对方场区为犯规。

队员触网即犯规，比赛过程中在任何情况下都不得触网。队员击球后可以触及网柱、全网长以外的网绳或其他任何物体，但不得干扰比赛。

队员在球网附近的犯规：对方进攻性击球前或击球时在对方空间触球或触及对方队员；从网下穿越进入对方空间并妨碍对方比赛；整个脚越过中线踏及对方场区；除脚以外的身体任何部分越过中线触及对方场区。

### 4.发球

（1）第一局和决胜局由抽签选定发球权的队首先发球。队员发球的次序按位置表上的顺序进行。胜1球时，必须轮转发球，由前排右（2号位）队员轮换至1号位发球。

（2）球被抛起或持球手撤离后，必须在球落地前，用一只手或手臂将球击出。跳发球起跳时，脚不得踏及或超越跳发球限制线。起跳空中击球后，脚可以落在任何位置。

（3）发球队的队员个人或集体挥臂、跳跃或左右移动，或集体密集站位遮挡球的飞行路线，则构成发球掩护犯规。

### 5.进攻性击球

进攻线后（后场区），队员可以对任何高度的球完成进攻性击球，但击球起跳时脚不得踏及或越过进攻线；队员可以在进攻线前（前场区）完成进攻性击球，但球的飞行轨迹必须高于击球点，有明显向上的弧度过网进入对方场区。

### 6.拦网

允许拦网队员的手过网拦网，但不得干扰对方击球。过网拦网的触球必须在对方进攻性击球之后；在对方进攻性击球同时或之前拦网触球均为犯规。拦网的触球不算作球队三次击球中的一次击球。拦网后可以由任何一名队员进行第一次击球，包括拦网时已经触球的队员。

## （六）比赛间断

每局比赛中，每队最多请求两次暂停和 4 人次（4 人制）或 5 人次（5 人制）换人，所换队员不受位置限制。

每次暂停时间为 30 秒。暂停时，比赛队员必须离开比赛场区到球队席附近的无障碍区。

换人必须在换人区内进行。换人由教练员或场上队长请求，换人时，场外队员要做好上场的准备。

## （七）局间休息与交换场区

（1）第一局结束后休息 2 分钟，决胜局前休息 3 分钟。

（2）第一局结束后，比赛队交换场区。决胜局中某队获得 8 分时，两队交换场区，不休息，队员在原来的位置继续比赛。

## （八）不良行为

### 1.轻微的不良行为

对轻微的不良行为不进行处罚，但第一裁判员有责任防止运动队出现接近被处罚程度的行为。

### 2.给予处罚的不良行为

球队的成员对裁判员、对方、同伴或观众的不良行为，按程度分为三类。

粗鲁行为：违背道德准则或文明举止。

冒犯行为：诽谤或侮辱的言语或形态，或有任何轻蔑的表示。

侵犯行为：人身攻击、侵犯或威吓行为。

### 3.判罚的实施

（1）轻微的不良行为：口头警告或出示黄牌。

（2）粗鲁行为：裁判员出示红牌，对方得 1 分并发球。

（3）冒犯行为：裁判员出示红牌+黄牌（同持一手），取消该局比赛资格，无其他判罚。被判罚的球队成员必须坐在本队球队席上。如果被判罚的是教练员，则失去该局的指挥权利。

（4）侵犯行为：裁判员出示红牌+黄牌（双手分持），取消该场比赛资格，离开比赛控制区，无其他判罚。

# 第三节 毽 球

## 一、毽球运动发展概述

毽球运动在花毽的趣味性、观赏性、健身性基础上，增加了对抗性，它集羽毛球的场地、排球的规则、足球的技术为一体，是一项简单易行且技法多样的群众性体育运动项目，深受人民群众的喜爱。同时，毽球也是全国少数民族传统体育运动会最早设定为正式比赛的项目之一。

毽球运动是从我国古老的、民间广为流传的踢毽子衍生而来的。踢毽子是我国的一项民族传统体育活动，至今已有两千多年的历史，源远流长，是中华民族在长期生活中逐步积累和发展起来的一项宝贵的文化遗产。历史文献和出土文物证明，踢毽子起源于我国汉代，盛行于六朝、隋、唐。

目前，作为少数民族传统体育项目比赛的毽球，是由侗族、苗族、水族等少数民族喜爱的手毽演变而来的，而手毽则是模仿在田间插秧时抛接秧苗的动作形成的。1984年，国家体育委员会将毽球列为正式比赛项目，正式公布了《毽球规则试行草案》，并组织了全国毽球邀请赛。目前举办的主要赛事有全国少数民族传统体育运动会毽球比赛、全国毽球锦标赛、全国职工毽球联赛、全国中学生毽球锦标赛和国际毽球邀请赛、全国农民运动会毽球比赛等。目前，国内毽球运动主要分为以竞技为主的网毽和娱乐休闲为主的花毽。

毽球主要是用下肢做接、落、跳、绕、踢等动作来完成的，使下肢的关节、肌肉、韧带都得到很大的锻炼，同时也使腰部得到锻炼。其主要特点为：① 趣味性。踢毽子寓游戏于运动之中，一个小小的上下飞舞不定的毽子，踢毽者要在最有利的一刹那控制它，需要做到反应快、时间准、动作灵敏协调。② 观赏性。毽球是我国独有的民族体育运动之一，其踢法多种多样，有单人踢、双人踢、多人踢；有正踢、反踢、交叉踢等二三百种花样。③ 对抗性。毽球运动发展至今，运动员水平不断提高，技术动作的难度不断加大，脚踏球、倒勾、凌空扫射等难新动作层出不穷。④ 普及性。毽球对男女老少都适宜，可视自己的体能来决定运动量，不必与人争抢冲撞，不受场地限制，占地小，器具简单，投资少。⑤ 健身性。点滴时间也可以利用，老年人和患慢性病者，可以通过不十分激烈的动作进行练习，坚持下去大有好处。经常适度踢毽对舒筋活血、益寿保健有一定的效果。

## 二、毽球基本技术

### （一）毽球基本技术

毽球技术是运动员在参加毽球比赛中所采用的合理动作。为了适应比赛中不断变化的复杂情况，运动员必须熟练掌握毽球的各种技术。毽球基本技术动作包

毽球基本
技术

括六大类，即准备姿势、移动起球、发球、踢传球、进攻和防守。

### 1. 准备姿势

准备姿势是运动员在场上接球前身体的一种等待状态。保持良好的姿势，是使身体能随时在瞬间由静变动、由被动的状态变主动状态的关键。准备姿势一般分为以下两种：

（1）左右开位站势。这种站势使运动员能从静止状态快速转向左右移动的状态，尤其是用在比赛的防守过程中。

（2）前后开位站势。这种站势使运动员能从静止状态快速转向前后的移动状态，较多应用在比赛过程中的接发球和防守当中。注意脚后跟离地，身体重心要向前移，随时保持静中带动的状态。

### 2. 步法移动

步法是移动的灵魂，没有纯熟的步法移动技巧，在比赛中就不能变被动为主动。步法移动一般有 8 种，分别为前上步、后撤步、滑步、交叉步、并步、跨步、转体上步和跑动步。只有熟悉各种步法的移动运用，在比赛中才能更具主动性和灵活性。

### 3. 起球（基本脚法）

起球的基本技术动作主要可分为脚内侧起球、脚外侧起球和脚背起球。

（1）脚内侧起球。

起球前，两脚前后自然分立，两腿微屈，击球脚在后，两臂放松垂于体侧，目视来球。起球时，身体重心前移到支撑脚上，击球脚大腿带动小腿由后向前上方摆动。在向上摆腿的过程中，髋关节外张，膝关节弯曲外展，踝关节内翻击球。击球瞬间足弓击球面应端平，用脚内侧足弓的中部击球，击球点一般在支撑腿膝关节高度和体前40厘米处。在起球的全过程中，应动作柔和，协调用力，大腿、小腿应顺用力方向完成送球的动作。脚内侧起球多用于第二人次传球或调整处理球，特点是击球稳、准，便于控制球。（图 11-3-1）

（2）脚外侧起球。

两脚自然分立，成准备姿势，目视来球。当来球在自己身体的侧面时，将身体重心移到支撑脚上，击球腿的髋、膝内扣，屈踝，屈膝，踝关节外翻，触球脚外侧端平。击球是利用小腿内翻快速上抬的动作完成，触球部位一般在脚外侧的中部和后部，击球点的高度一般不超过膝关节。当来球较高并快速向体侧后方飞行时，击球腿快速从下向后摆，踝关节自然勾起、外翻，脚趾向外，使脚的外侧基本成平面，上体成前俯姿势。击球时大腿后摆，小腿屈膝，用迅速上摆的动作向身体前上方击球，触球部位在脚外侧的中部或中后部。（图 11-3-2）

（3）脚背起球。

击球前做好准备姿势，目视前方。正面来球时，先移动调整体位，前脚为支撑脚，后脚从后向前摆起，脚背与地面基本平行，利用适度的伸膝和踝关节背屈协调用力的勾踢动作，把球向上踢起。击球部位应在脚的脚趾关节处，击球点应在离地面 10～15 厘米的高度为好。起球的方向、弧度和落点可以通过脚背的变化、踝关节背屈勾踢的幅度来调整。（图 11-3-3）

### 4. 触球

在身体膝关节以上部位的踢球都叫触球，又可以分为大腿触球、腹部触球和胸部触球等。（图 11-3-4）。

（1）大腿触球时，要注意抬大腿迎球，放松小腿，用大腿正面前段击球。

（2）腹部触球时，对准来球屈膝略向后蹲，稍含胸收腹，腹部触球的一刹那稍挺腹。

（3）胸部触球时，两脚自然开立，当球传到胸前约 10 厘米处时，两臂自然微屈，两肩稍用力后拉挺胸，同时两脚蹬地，身体挺起，用胸部触球。

图 11-3-1　　　　图 11-3-2　　　　图 11-3-3　　　　图 11-3-4

### 5. 发球

发球技术可分为脚内侧发球、脚正背发球和脚外侧发球三种。

（1）脚内侧发球。持球抛脚前，抬大腿带小腿加转髋，用内足弓部位向前上方送髋推踢。其特点是既稳又准，破坏性强。（图 11-3-5）

（2）脚正背发球。持球抛脚前，伸腿绷脚面，抖动加力击出球。注意绷脚尖，用正脚背向前上方发力挑踢。其特点是平、快、准。（图 11-3-6）

（3）脚外侧发球。注意稍侧身站位，抬腿，踝内转，绷脚尖，用脚外侧发力扫踢。其发球的特点是既快又狠，攻击力强。（图 11-3-7）

图 11-3-5　　　　　　　图 11-3-6　　　　　　　图 11-3-7

## （二）键球进攻技术

### 1. 脚踏攻球技术（正面脚掌）

进攻队员面对网站立，两膝微屈做好攻球准备姿势，当二传传球至攻球点时，进攻队员支撑脚迅速上步，也可两步、三步助跑，然后击球腿大腿带动小腿迅速上摆至最高点，支撑腿伸直、提踵式跳起提高击球点，同时两臂放松上摆，提高身体重心并保持平衡。击球时，击球腿、髋、膝、踝依次发力鞭打式下压，用脚掌的前 1/3 处击球。击球点一般保持在攻手头前上方离身体 50 厘米的高度，远网球宜展腹直腿发力踏球，近网球可屈膝，小腿主动发力踏球，还可以利用身体的转动和脚腕的变化改变攻球路线和落点。

### 2. 倒勾攻球技术

主攻队员在进攻中采用脚的正面、内侧、外侧和凌空扣球动作将球击向对方场区，从而得分。

（1）正倒勾球。

背向网两脚平行站立，右腿蹬地起跳，左脚屈膝上摆到空中最高点时，左腿迅速下摆，同时右腿屈膝，大腿带动小腿用力上摆，当球下落到头的右侧斜前方时，小腿用力摆出，击球脚腕抖屈以脚趾或脚趾跟部击球，击球后，应注意控制击球腿的腾空摆动幅度，避免触网，两腿依次缓冲落地，保持身体平稳。其特点是线路多，能变线，是进攻的主要手段；但背对防守者时，易被对方拦网堵防。

（2）正倒勾脚掌吊球。

攻球前，进攻队员背网站立，做好攻球准备姿势并密切观察传球情况。当二传传来的球离身体较近，落点在头前上方时，迅速调整好位置，采用原地或调整一步起跳做脚背倒勾佯攻，当身体腾空时突然变脚背倒勾攻球为脚掌触击将球吊入对方场区。击球时，击球腿微屈上摆，逐步伸直，勾脚尖屈踝使脚掌在头前成水平状，脚掌触球并用腿向后摆的托送动作将球吊入对方场区的空当。完成攻球动作后，摆动腿和击球腿依次缓冲下落，保持身体平衡。

（3）外摆脚背倒勾攻球。

进攻队员稍向右侧背对球网站立，两腿微屈做好攻球准备姿势，密切观察二传传球信号。当传球至击球点时，采用一步或两步助跑，起跳时膝踝关节充分蹬直，摆动腿和摆臂协调用力。身体腾空后，摆动腿下落，击球腿迅速外摆，膝关节猛力伸踢，屈踝用脚背勾踢动作攻球过网。击球部位在脚背外侧的脚趾根处，击球点应在攻手头上方右侧约 50 厘米的落点上。击球后，应注意控制击球腿的腾空摆动幅度，避免触网，两腿依次缓冲落地，以保持身体的平稳。

### （三）毽球防守技术

毽球的防守技术有拦网、踢防、触防和跑防四种。

#### 1. 拦网

拦网是防守的第一道防线，是得分、得权的重要手段，是破坏对方进攻并组织反击的重要手段，有效的拦网能使本方化被动为主动，削弱对方的进攻威力，给对方造成心理压力，在比赛中占有重要地位。

拦网时，面向球网，距网 20～25 厘米，双脚平行开立，与肩同宽，双膝微屈，身体重心下降，自然收腹，上体稍前倾，两臂自然下垂，置于体侧，目视来球。起跳后，提腰收腹挺胸击球。击球后自然下落，缓冲落地。为及时对准对手击球点，应采用并步、交叉步等技术移动取位，准备起跳拦网。

#### 2. 踢防

毽球的踢防技术有内踢、外踢和挑踢三种。

（1）内踢。

当球的落点在身体前面时，快速移动，膝关节外张，小腿由内向上摆动，用脚内侧完成踢球动作。

（2）外踢。

当球落于体侧时，在腰和髋关节的带动下，利用小腿的外摆和脚外侧击球，完成踢球动作。

（3）挑踢。

当球落于较低位置时，将脚插入球底下，在踢球的瞬间，依靠髋、膝、踝三个关节的带动，抖动上挑脚尖，同时绷直膝关节，完成踢球动作。

**3. 触防**

触防是根据对方攻球的情况，在单人拦网的同时，另外两名防守队员判断击球路线，用膝关节以上的身体部位挡球。

**4. 跑防**

跑防就是对方的攻球将落于较大的空当区域，而球速又不是太快的情况下，快速跑动接近球，使用恰当的防守技术"起球"。

# 三、毽球基本战术

战术是技术在实战中的组合运用，进攻战术是追求最佳攻击效果的方法和手段。为此，制定进攻战术时，首先应考虑本方队员，特别是上场主力队员的能力和技术特点，根据队员本身的生理、心理、技术、意识的不同特点和个体差异布置阵容，恰当地搭配组合，再经过一段时间的实践磨炼。一般说来应制订一套或多套进攻战术，临场再根据对方阵容、防守特点和赛场变化有针对性地进行战术调整。

## （一）毽球进攻战术

### 1. "一二"阵容

（1）阵容形式。

"一二"阵容配备就是在3个上场队员当中有1名主攻手，2名二传手。运用此阵容配备时，主攻手一般不参与接发球，2名二传手交替接发球和做二传。这种战术的进攻特点是分工明确、稳而不乱，尤其适用于有高大主攻手善打中一二和两次攻等高举高打的打法。（图11-3-8）

（2）战术特点。

① 战术形式简单易行。"一二"阵容战术比较简单，容易掌握和实施，适用于球队在初级阶段时的战术需要，是最基本的战术形式。随着训练水平的提高，若有1名个子较高、攻球凶狠、脚法细腻、反应敏捷的主攻手和两名脚下功夫好的二传手相互默契配合，供球质量高，往往也能打出较高的水平。

② 分工明确。"一二"阵容战术的攻手、保护队员和防守并组织反击队员的战术角色分工明确，稳而不乱。这样战术既容易形成，又能稳中求变。

③ 战术意图较明显。由于"一二"阵容在战术上只设1名攻手，战术意图容易被对方识破，若打法变化不多，比较单一，对方将重点防守攻手的进攻点，提高拦网的成功率。

### 2. "二一"阵容

（1）阵容形式。

"二一"阵容及战术形式："二一"阵容就是上场的3名队员中，有1名主攻手、1名副攻手和1名二传手的配备组合。这种阵容配备适用于有倒勾球、脚踏球攻击力较强的攻手各1名和1名传球水平较高的二传手的队伍。（图11-3-9）

（2）战术特点。

① "二一"阵容的战术形式易于掌握，适合队员技术水平比较平衡、攻防兼备的队采用。在战术组织中可以同时出现两个攻击点，并能相互掩护，攻其不备，有效地突破对方的防守。

②由于两名攻手参与进攻，能充分利用网距拉开战线，扩大攻击面，分散守方的注意力，给拦网造成困难。

③"二一"阵容在战术组织过程中，战术变化大，隐蔽性强，是当前各类正式比赛中运用较多的一种阵容。它要求队员密切配合，减少失误，加强攻击力，这样就可打出较高水平。

### 3."三三"阵容

（1）阵容形式。

全攻性战术形式。"三三"阵容配备就是3名上场队员当中任何一名既是攻球手又是二传手。"三三"阵容配备场中队员接球站位一般成倒三角形，任何一名队员接到球后随时都可以组织2人以上同时参与进攻。这种阵容可以打出掩护交叉战术，还可以打出快攻、背溜、双快一掩护等较复杂多变的战术进攻球。（图11-3-10）

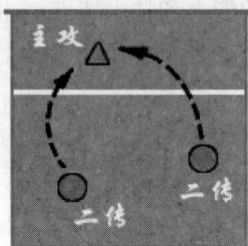
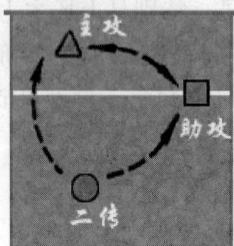
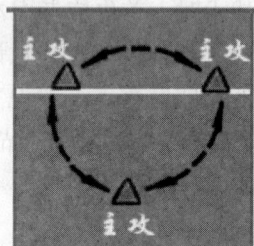

图11-3-8　　　　　　　图11-3-9　　　　　　　图11-3-10

（2）战术特点。

①能攻善守，技术全面。该阵容要求队员基本功扎实，技术全面，尤其是攻球技术较高并且具有创造性，能在任何一个轮次的任何位置上接发球，随时可以组织起两人以上同时参与进攻。

②战术灵活多变，不拘陈套。全攻性战术可以充分利用规则允许的"3人4次击球"规定，不拘泥于接球手、二传手和攻球手的固定分工以及"接、传、扣"的老三步节奏。而是根据场上实际情况，能快则快，能变则变，在6.1米长的网口上进行多点的复合式进攻，具有快速多变、战术组成率高的特点。

③快速多变不易防守。该战术进攻队员和防守队员不固定，场上3名队员都可防守和保护，同时也可以成为攻手，能充分利用网距拉开战线，使防守者陷入既要防点，又要防线，既要防面，又要在防变的恐慌和忙乱中，防不胜防，使其处于极为不利的被动挨打局面。

## （二）键球防守战术

拦网战术是防守中的重要战术，是破坏对方进攻并组织反击的重要手段，在比赛中占有重要地位。拦网战术应根据对方进攻的不同特点决定本方的防守阵型。拦网一般分为单人拦网和双人拦网两种形式。

### 1.单人拦网

单人拦网又称"一拦二防"战术，就是3名防守队员中，1名队员在网前拦网，另2名队员在其身后分区防守。这种战术在对方进攻威力不太大、变化不多时采用，在拦快球时也常常被迫运用。单人拦网时，拦网队员一定要判断准确，把握好起跳时机，用身体堵防攻球点，拦住攻手主要的、威胁最大的进攻路线。其余的2名防守队员可在其身后平行落位防守或一前一后防守。这种封线分防的特点是：有两道防线，网上拦网封线路，网下中场防落点，拦防结合，利于反击。（图11-3-11、图11-3-12）

### 2. 双人拦网

双人拦网又称"二拦一防"或简称为"二一"防守战术，就是场上3名队员中，有2名队员在网前拦网，1名队员在场区中后区防守。当对方进攻力量强大，有多条进攻线路时可采用双人拦网。这样不论对方在任何位置进攻，本方均有两人起跳拦网，防守队员应站在拦网队员身后中间位置，可靠前，也可靠后加强保护与防守。这种"封线补防"的特点是：网上强行拦网封堵线路，网下保护补空缺，拦防互补，上下配合；网上争先抑制对方进攻，又可网下补空，防住对方的进攻变化，变被动为主动。（图11-3-13）

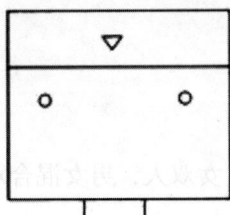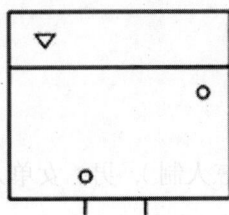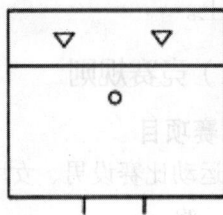

图11-3-11        图11-3-12        图11-3-13

### 3. 全防守战术

这是一般球队较少采用的一种战术，就是在对方进攻威胁性不大，己方基本技术较熟练，防守能力很强，队员脚上基本功比较过硬时，也可以不拦网，谓之全防守战术。

## 四、毽球竞赛规则简介

### （一）比赛场地与器材

#### 1. 比赛场地

团体、双人和混合双人赛的场地长为11.88米、宽6.1米，单人赛场地长11.88米，宽5.18米，以中线等分两片长各5.94米的半场，中间用1.5米（女子）或1.6米（男子）高的球网相隔。（图11-3-14）

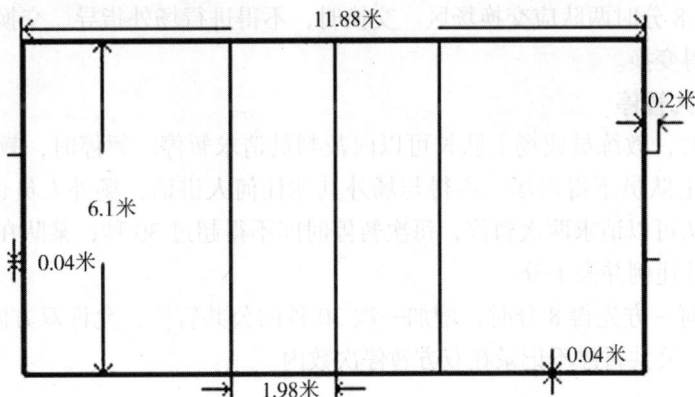

图11-3-14

界线：比赛场地应按平面图画出清晰的界限，线宽4厘米，线的宽度包括在场地面积之内。较长的两条界线叫边线，较短的叫端线。

发球区：距两端线中点两侧各1米处向场外各画一条长20厘米、距端线4厘米并与端线垂直的短线叫发球区线（此线不包括在发球区内）。发球区线向后无限延长的区域叫发球区。

### 2. 球网

球网长7米、宽76厘米。

### 3. 毽球

球由毽毛、毽垫等构成。毽毛为四支桃红色鹅翎成十字形插在毛管内，每支羽毛宽3.2～3.5厘米。毽垫由上垫、下垫和毛管构成，均用橡胶制作。下垫和毛管连在一起，上垫套在毛管上。

## （二）竞赛规则

### 1. 比赛项目

毽球运动比赛设男、女团体（三人制），男、女单人，男、女双人，男女混合双人共7个项目。

### 2. 比赛队的组成

团体赛（三人制）的比赛队由6人组成，上场队员3人，其中队长1人（左臂应佩戴明显标志）。参加团体赛的人员可报名参加单人、双人、混合双人赛；参加双人和混合双人赛的队员经检录确认后，不得替换和变更。教练员和替补队员应坐在指定的位置上。

### 3. 队员的场上位置

团体赛的双方队员必须站在本方场区内。站在靠近球网的两名队员从左至右分别为3号位和2号位队员，靠近端线的队员为1号位队员。场上队员的位置必须与登记的轮转顺序相符合。发球时的位置，团体赛的发球的一方，2号位、3号位的队员在发球队员的前方，彼此间相距不得少于2米。球发出后，双方队员可以在本方场区内任意交换位置。

### 4. 比赛局数、得分、场区选择

各项比赛采用三局两胜每球得分制。团体赛每局21分，其他各项每局15分。比赛前抽签获胜的一方选择一个场区或另一个场区，或者发球或接发球，第一局结束后双方交换场区和发球；决胜局开始前，正裁判员召集双方队长重新选择场区或发球。决胜局比赛中，任何一队先得10分或8分时两队应交换场区。交换时，不得进行场外指导。交换场区后，双方队员的轮转位置不得变换。

### 5. 暂停与公共暂停

比赛成死球时，教练员或场上队长可以向裁判员请求暂停。暂停时，教练员可以在场外进行指导，但场上队员不得出场，不得与场外其他任何人讲话，场外人员也不得进入场内；每局比赛中，每队可以请求两次暂停，每次暂停时间不得超过30秒；某队在一局中请求第三次暂停，应判该队违例并失1分。

单人比赛任何一方先得8分时，增加一次30秒的公共暂停，允许双方队员在场内休息，但不准场外指导。公共暂停不记录在双方暂停次数内。

### 6. 换人

团体赛允许换人。比赛成死球时，教练员或场上队长可以向裁判员请求换人；每队每局换人不得超过 3 人次；替补队员上场前，应在记录台附近做好准备，换人时不得超过 15 秒，否则判该队一次暂停。如该队在该局已暂停过两次，则判该队失 1 分。

### 7. 局间间隙

一局比赛结束后，下局比赛开始前，中间最多可有 2 分钟供两队交换场区、换人和记录员登记号码；双方教练员在不影响上述工作进行的情况下，可进行场外指导。

### 8. 发球与接发球

（1）各项比赛的发球队员须站在本方发球区内，用手持球，将球抛起，用脚将球从网上踢入对方场区，使比赛进行。发球队员必须在发球区内发球，在球发出后才能进入场区。

（2）团体赛发球时，2 号位、3 号位队员不得有任何掩护动作，否则，判对方得 1 分。

（3）比赛各局若出现 20 平或 14 平，执行轮换发球法，即每方轮发 1 分球。

### 9. 团体赛的轮转顺序

某队取得发球权时，先按顺时针方向轮转一个位置，然后由轮转到 1 号位队员发球；新的一局开始前，可以变换本队队员的轮转顺序，并填好位置表交给记录员；每局比赛结束之前，队员的轮转顺序不得调换。

### 10. 比赛进行中的击球与附加动作

团体赛每队在将球踢入对方场区前，在本方场区最多只能有 3 人次共击球 4 次，双人、混合双人赛为 3 人次，3 次击球过网。

### 11. 触网球和触网

比赛进行中球触及两标志杆以内的球网为好球，球触标志杆为失误。比赛进行中，队员身体任何部位触及两标志杆以内的球网，均为触网违例；队员击球后，触及标志杆或标志杆以外的球网、网柱、网绳或其他物体，不判违例。

### 12. 进入对方场区和空间

过网击球为犯规；比赛进行中，身体任何部位不得从网上标志杆以内区域进入对方场区的空间；队员若用头攻球时，必须在限制线以外起跳，落地时两脚可落在限制线内。

### 13. 死球与中断比赛

发生以下情况，裁判员应鸣哨，中断比赛：球触地及违例为死球；中断比赛；其他人或物品进入比赛场区；更换损坏的器材；运动员发生意外事故等。上述情况终结即鸣哨恢复比赛。

### 14. 计胜方法

各项比赛先得 21 或 15 分的队为胜一局；如比分是 20 平或 14 平时，比赛应继续进行，直到某队领先 2 分，方为胜一局；某局出现 20 平或 14 平时则实行轮换发球法，即首先由有发球权一方发球，无论得、失分后，均由对方发球，依此类推，直到某队领先 2 分结束比赛。

# 第四节　游泳运动

## 一、熟悉水性

### （一）呼吸练习

在浅水区站立，用嘴吸气后，闭气，把头浸入水中。稍停片刻后，在水中用嘴鼻慢慢吐气至尽，然后起身，在水面上用嘴吸气。（图 11-4-1）

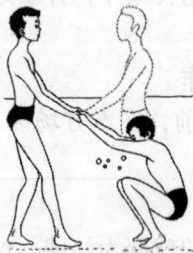

图 11-4-1

### （二）水中闭气练习

学生站立在浅水区，吸足气后，慢慢下蹲，闭气并把头没入水中，睁眼，停留片刻后起立。

### （三）水中走动练习

在齐腰深水中向不同方向走动。可先 3～5 人互相拉手做走动练习，而后过渡到个人单独练习。

### （四）浮体练习

浮体练习有抱膝浮体、展体浮体和仰卧浮体练习。

#### 1. 抱膝浮体

吸气后下蹲，闭气潜入水中，低头，屈腿抱膝，自然漂浮于水中。而然后松手，两臂向下压水，抬头伸腿站立。（图 11-4-2）

图 11-4-2

## 2. 展体浮体

从站立开始，深吸气，身体前倒，两臂前伸。两脚蹬离池底后，俯卧上漂。而后收腹、收腿，两臂下压水，再抬头，两腿伸直，脚触池底站立。（图 11-4-3）

## （五）互相泼水练习

学生排成两行，相对站立，互相泼水。不能用手捂脸或转身背向对方。（图 11-4-4）

图 11-4-3

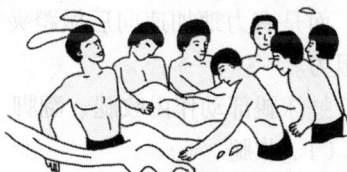

图 11-4-4

## （六）滑行练习

背向池壁站立，一臂前伸，另一臂抓水槽，一腿后屈，脚蹬池壁。吸气后低头浸入水中，再收另一腿，两脚同时用力蹬壁底（或池底），展体向前滑行。（图 11-4-5）

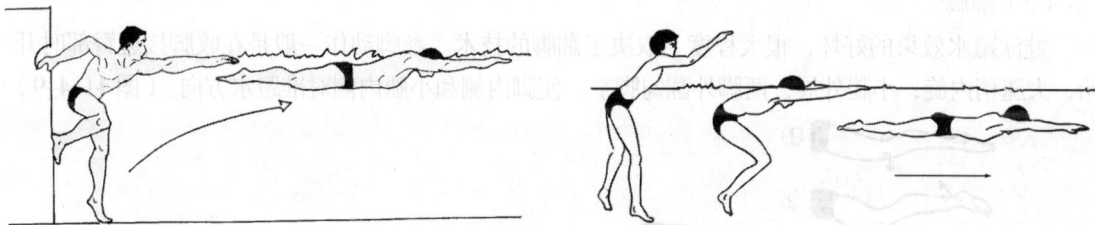

图 11-4-5

# 二、游泳基本技术

## （一）蛙泳

蛙泳因模仿青蛙游水动作而得名。游进时，人体俯卧水面，一次划臂配合一次蹬腿和呼吸，构成一个完整动作。蛙泳要求两肩与水面平行，两腿要同时在同一水面上弯曲，向外翻脚做蹬腿动作，两手应在水面或水面下收回，并须从胸前伸出，除出发和转身后准许做一次潜泳动作外，在整个过程中不得做潜泳动作。

蛙泳

### 1. 身体姿势

滑行时，身体平卧水中，两臂前伸并拢，头略抬，置于两臂间，掌心朝下，水齐发际，稍挺胸，腹部和下肢尽量处于水平位置，身体纵轴与水平面成 5°～10° 角（图 11-4-6），吸气时，下颌露出水面，肩部升起，这时身体与水面约成 15° 角。

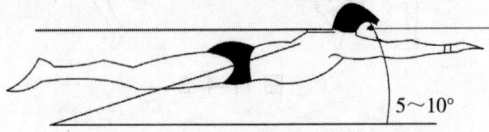

图 11-4-6

### 2. 腿部技术

蛙泳的腿部动作是游进中产生主要推进力的动作之一。正确掌握腿的技术，对提高蛙泳成绩起着重要作用。

蛙泳的腿部技术包括宽蹬腿和窄蹬腿两种。从目前蛙泳发展趋势来看，普遍采用窄蹬腿技术。其特点是：两膝距离窄，大腿收得较少，收腿路线较短。蹬腿时没有明显的蹬和夹阶段，而是有力地加速向后做蹬夹相结合的鞭状动作。这种技术有利于加快动作频率和减少迎面阻力。

蛙泳腿部动作由收腿、翻脚、蹬夹水和滑行四个阶段组成。它们是紧密联系的完整过程。

（1）收腿。

收腿是翻脚和蹬腿的准备动作。滑行时，由于本身的重量，膝关节开始弯曲下沉，这时由大腿带动小腿，两膝边收边分，小腿和脚应始终收在大腿的后面，以避开迎面水流，减少小腿前收时的阻力（图 11-4-7①～④）。收腿结束时，大腿与躯干之间的夹角为 130°～140°（图 11-4-8），两膝间隔距离约与肩同宽（图 11-4-7⑤），脚尽量靠近臀部，小腿与水面接近垂直。与蹬腿相比，收腿速度较慢，动作也较放松。

（2）翻脚。

蛙泳蹬水效果的好坏，很大程度上取决于翻脚的技术。翻脚动作一般是在收脚接近臀部时开始，大腿稍内旋，小腿外展，两脚外翻勾脚掌，使脚内侧和小腿内侧对准蹬水方向。（图 11-4-9）

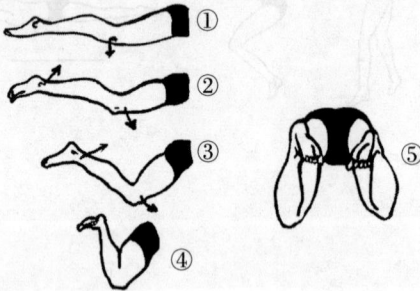

图 11-4-7

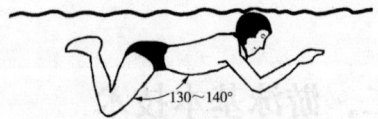

图 11-4-8

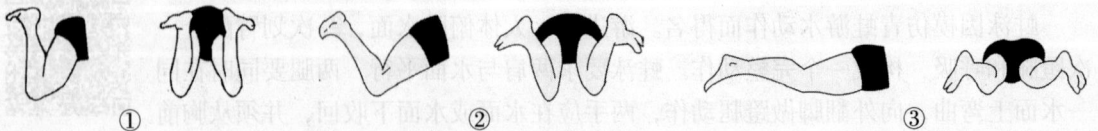

图 11-4-9

（3）蹬夹水。

蹬腿是在翻脚的连贯动作下开始的，即翻脚后不停顿地向后做弧形蹬夹水（图 11-4-10），直至两腿并拢。蹬腿时应以大腿发力，先伸髋，再伸膝，到最后还有约 1/4 的行程时快速地伸踝关节并拢两腿，使蹬水获得更大的效果。伸踝关节时伴有下压的动作，可使身体升起，有利于向前滑行。

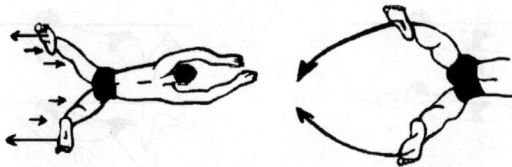
图 11-4-10

（4）滑行。

蹬腿结束后，腿略低于身体，随着蹬水产生的推进力向前滑行时，腿应快速稍上抬，以减少滑行的阻力。

### 3. 臂部技术

蛙泳臂的动作同样是推动身体前进的重要因素，其动作可分为划水（外划）、收手（内划）和伸臂三个阶段。

（1）划水（外划）。

在身体平卧，臂、腿伸直滑行的基础上进行划臂（图 11-4-11）。开始划水时，两臂稍内旋，两掌心转向外侧并微勾手腕，直臂向侧下方划水，当两臂划至比两肩距离略宽时，就用力转入屈臂高肘划水，这时肘关节移动得慢一些，手继续向侧下、后方加速划水。要求划水以肩为轴，动作连贯，肘部保持比手高的位置，但不超过两臂肩的垂直面。当划至两上臂夹角约成 120° 角时（图 11-4-12），连贯地向里做收手（内划）动作。

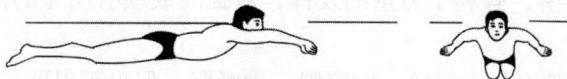
图 11-4-11

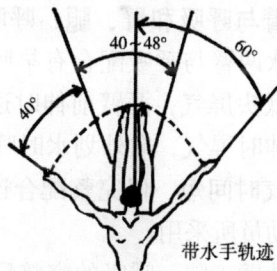
带水手轨迹
图 11-4-12

（2）收手（内划）。

收手是由向后划水转到向前伸臂的过渡动作，也是划水的继续。当划水阶段结束时，两手靠近，上臂稍外旋，两臂由下向前上方收至下颌前，掌心转向内斜下方。整个收手动作应积极、快速、圆滑地来完成。收手后不停顿地向前伸臂。

（3）伸臂。

伸臂紧接收手动作，由伸肩关节和肘关节来完成。由于先伸肩关节，继而伸肘关节，所以两手不是完全沿直线向前移动，而是向上、再向前伸（图 11-4-13），两臂完全伸直并拢后有短暂的滑行。

蛙泳整个划水的轨迹是向"侧→下→后→内（上）→前"的方向移动，划水的力量由小到大，速度由慢到快，收手（内划）时达到最快。

图 11-4-13

**4. 臂腿配合**

蛙泳由于是臂腿相互交替产生向前的推进力，因此，臂腿配合的时机是十分重要的。配合得好，游速均匀效果好；配合得不好，出现减速效果差。

臂划水时腿伸直放松（图 11-4-14 ②～⑥），收手（内划）时收腿（图 11-4-14 ⑦～⑨），臂将伸直时开始蹬腿（图 11-4-14 ⑩～⑫），接着臂腿伸直滑行（图 11-4-14 ⑬～①）。

图 11-4-14

**5. 臂与呼吸和臂、腿、呼吸完整配合**

蛙泳两臂与呼吸配合有早吸气和晚吸气两种形式。早吸气是两臂划水开始时抬头吸气，收手时低头屏气，两臂前伸时逐渐呼气。晚吸气是两臂内划时吸气，内划结束吸气也完成，两臂前伸时屏气，向外划水时呼气。早吸气的吸气时间长，对初学者来说较容易掌握；晚吸气的吸气时间短，但完整配合连贯、紧凑，有利于力量的发挥，对提高成绩有明显的优势，多为运动员所采用。

蛙泳臂、腿、呼吸的完整配合，一般为一次划臂一次蹬腿一次呼吸，但也可以两三次臂腿动作呼吸一次。

## （二）自由泳

自由泳又称爬泳，是身体俯卧在水中，靠两臂轮流向后划水，两腿不停地上下向后打水，头向侧面呼吸来完成的一种泳式。

游自由泳时身体俯卧在水中，身体几乎与水面平行，身体倾斜度小，有较好的流线型，阻力面积小，因此阻力较小；依靠两腿不停地上下、向后方打水，两臂轮流向后划水，推动力均匀，动作结构简单，划水效果好；动作配合协调，既省力，又能发挥最大的速度，是速度最快的游泳姿势。

目前，自由泳的技术特点，除了臂腿配合形式多样化外，还强调身体的位置和高肘技术，主要是为了加强两臂的作用，以求得更快的速度。

### 1. 身体姿势

身体伸直成流线型，几乎水平地俯卧在水面，稍收腹，脸面部和与前额浸入水中，臀部接近水面，身体纵轴与水平面构成 3°～5° 的仰角，眼睛注视前下方。由于划臂和转头吸气，形成身体围绕纵轴有节奏地转动。（图 11-4-15）

### 2. 腿部动作

两腿稍内旋，踝关节自然伸展，以髋关节为轴，大腿发力带动小腿和脚，做向上直腿、向下屈腿的上下交替鞭状打水，两脚之间距离为 30～40 厘米，脚不要打出水面，但要溅起些浪花。（图 11-4-16）

图 11-4-15

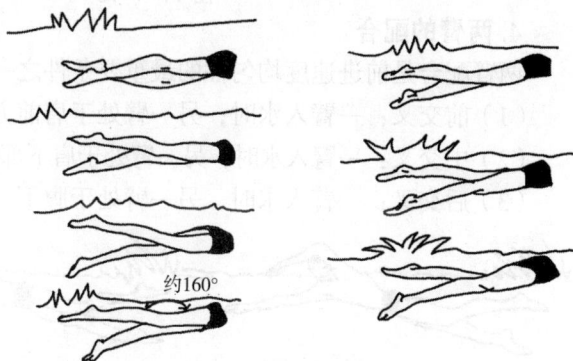

图 11-4-16

### 3. 臂部动作

自由泳臂的动作可分为入水、划水、出水和移臂三个部分。

（1）入水。

肘略高于手，手掌自然伸直并拢，约与水面成 45° 角，拇指领先斜插入水。入水的范围在肩的延长线上或在肩的延长线和身体中线之间。入水点约是臂前伸的 2/3 位置上。臂入水后积极向前方伸肘伸肩，掌心朝下。

（2）划水。

在臂向前伸展的基础上，开始下滑并屈腕屈肘，使前臂转成向后对水。在肘约屈成 150° 角时开始用力划水，前臂的速度应快于上臂，肘要高于手，当臂划至肩下时，手在身体中线下方，肘成 90°～120° 角。接着，上臂与前臂同时向后划，直划到大腿旁，这个过程中肩向后移，肘靠向体侧，以加长划水路线并使前臂和手掌能以最大面积向后推水。在划水的全过程中，从臂入水后下滑到划至肩下时手腕与前臂成 180° 角，然后逐渐伸腕使手掌展开，划至大腿旁时，手掌与前臂成 200°～220° 角（图 11-4-17）。整个划水动作由慢到快，划水结束时达到最快。

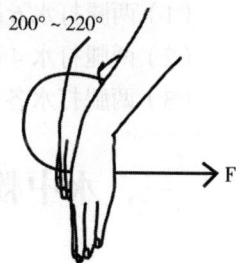

图 11-4-17

（3）出水和移臂。

划水结束后，前臂和手腕放松，提肩提肘使整个手臂出水，动作迅速而不停顿。接着，在肩的转动下带动整个手臂向前移动，移臂时仍保持高肘屈臂的姿势。出水和移臂动作要放松，使用力划水后的肌肉得到短暂的休息。（图 11-4-18）

在自由泳划臂的整个周期中，动作是不停顿的，划水动作的内部循环是有节奏地进行的，随着阶段的不同，各部分所用力量不同，动作速度也不一样。整个水下划臂的路线从仰视图来看成"倒问号"形。（图11-4-19）

约40°

① ② ③ ④ ⑤

图11-4-18　　　　　　　　　　　　　　　　　　　　　图11-4-19

### 4. 两臂的配合

两臂配合是前进速度均匀性的最重要条件之一，一般有以下三种配合形式。

（1）前交叉：一臂入水时，另一臂处于肩前方，与水平面约成30°角。（图11-4-20①）

（2）中交叉：一臂入水时，另一臂处于肩下部位，与水平面约成90°角。（图11-4-20②）

（3）后交叉：一臂入水时，另一臂处于腹下，与水平面约成150°角。（图11-4-20③）

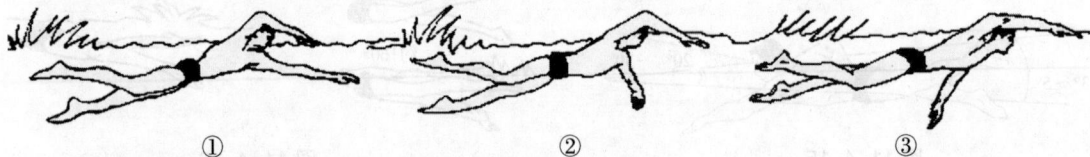

① ② ③

图11-4-20

### 5. 呼吸与臂的配合

一般是两臂各划一次做一次呼吸。以向左侧转头吸气为例，左臂入水后，口鼻开始呼气，左臂划至肩下并继续后划，同时，头随身体绕纵轴向左侧转动，并加速呼气，在臂出水时把气呼完，立即张口吸气，当左臂前移至肩侧时吸气结束，并随着左臂的入水，闭气将头转正。待臂入水后又开始第二个循环动作。

### 6. 臂、腿、呼吸配合

自由泳的配合技术有以下三种。

（1）两腿打水6次，两臂划水各1次，呼吸1次的配合方法。

（2）两腿打水4次，两臂划水各1次，呼吸1次的配合方法。

（3）两腿打水各2次，两臂划水各1次，呼吸1次的配合方法。

## 三、水中救护与安全

### （一）水上救护

水上救护是指采取各种有效措施将溺水者救上岸的过程，可分为直接救护和间接救护。

直接救护是救护者下水对溺水者进行施救的方法。当发现溺水者时，救护者要沉着冷静，入水前应观察周围环境，辨别水流方向、水面宽窄，选择入水地点。对熟悉的水域可起跳入水，但对不熟悉的水域应脚先入水，以最快速度接近溺水者。救护者不论采用爬泳还是蛙泳，头必须露出水面，以便观察溺水者的情况。当救护者游到距溺水者 2～3 米时，要深吸气潜入水中游近溺水者，两手扶住其髋部，将其移至背向自己，然后抬高。另一种办法是正面接近溺水者后，救护者用左（右）手握住其右（左）手，迅速用力向左（右）拉，借助惯性使溺水者的身体转至背向自己，然后进行拖运。如溺水者背向自己，可直接游近溺水者，用手拖其腋下，使其口鼻露出水面后再进行拖运。拖运采用侧泳或仰泳进行。

**1. 侧泳拖运法**

一臂伸直拖住溺水者的后脑勺，一手在体侧划水，两腿用侧泳蹬剪水进行。

**2. 仰泳拖运法**

仰泳拖运法是指救护者仰卧水中，一手或两手扶住溺水者，用反蛙泳腿的动作使身体前进。

（1）救护者仰卧水面，两臂伸直，两手扶住溺水者的两颊，用反蛙泳腿的动作使身体前进。

（2）救护者仰卧水面，两臂伸直，用两手的四指扶在溺水者的两腋窝下，大拇指放在溺水者的肩胛骨上，用反蛙泳动作使身体前进。

## （二）抢救

将溺水者救上岸以后，立即检查溺水者的心跳和呼吸是否停止。如心跳停止或极微跳动，首先按压心脏。救护者立或跪在溺水者胸侧，两手重叠，用手掌根部置于溺水者胸前的 1/3 处（偏下）心窝的上方，手指放松，手臂伸直，上体前倾，用力下压，使胸前下端下陷 3～4 厘米，两手松压（掌根不离位），使胸前下端恢复原位。下压时要慢，放松时要快，一压一松反复进行，节律为每分钟 60～80 次。呼吸停止或微弱者，胸外心脏按压与口对口的人工呼吸同时进行。在进行人工呼吸前，先要清除溺水者口鼻中的淤泥、杂草或呕吐物等，使上呼吸道通畅。如果溺水者有活动的假牙，应取出，以免坠入气管内。在迅速完成上述处理后，可进行控水。控水的方法是救护者一腿跪着，另一腿屈膝，将溺水者腹部放在屈膝的大腿上，一手扶着溺水者的头，使溺水者嘴向下，另一手压在背上把水排出，然后再进行人工呼吸。人工呼吸主要采用口对口吹气法，操作方法是使溺水者仰卧，救护者在其身旁，一手捏住溺水者的鼻子，另一手托住其下颌，深吸一口气，用嘴对准溺水者的嘴将气吹入，吹完一口气后，离开溺水者的嘴，同时松开捏鼻子的手，并用手压一下溺水者的胸部，帮助其呼气。如此有规律地反复进行，每分钟做 14～20 次，开始可稍慢，以后可适当增加次数。施救已经停止呼吸的溺水者时需要很长时间，因而最好由两人轮流进行抢救。

## （三）自我救护

在游泳时经常发生抽筋的部位是小腿和大腿，但手指、脚趾甚至胃部也可能发生抽筋。其原因是准备活动不充分，身体过于疲劳或突然遇到寒冷的刺激、过分紧张、动作不协调等。

发生抽筋时应保持镇静，可呼救也可自救。自救的办法有以下几种：

**1. 手指抽筋**

将抽筋手握拳，然后用力张开。这样迅速地反复做几次，直到抽筋解除为止。

**2. 小腿或脚趾抽筋**

先吸一口气仰浮于水上，用抽筋肢体对侧的手握住抽筋肢体的脚趾，并用力向身体方向拉。同时用同侧的手掌压在抽筋肢体的膝盖上，帮助抽筋腿伸直。

**3. 大腿抽筋**

仰浮于水面，弯曲抽筋的大腿，两手用力抱小腿，贴近大腿，反复震压以解除抽筋。

### （四）安全知识

（1）游泳前，首先了解水域的情况，选择水底平坦，无淤泥、碎石、水草、桩柱、急流漩涡、水质污染的水域，并应结伴进行，防止意外事故发生。

（2）空腹或饭后1小时不宜游泳，以免给身体健康带来不良影响，如可能发生呕吐、食物呛进呼吸道内，甚至溺水等。

（3）下水前应做好充分的准备活动。

（4）游泳时遇到雷雨，应迅速上岸进入室内，切不可在大树底下躲避或更衣。

（5）出现抽筋现象，切不可慌张，应设法自救和向他人求救。

# 第五节　高尔夫运动

## 一、高尔夫运动概述

### （一）高尔夫运动的起源与发展

高尔夫（golf）的英文名字是由绿色（green）、氧气（oxygen）、阳光（light）和步履（foot）的第一个字母组成。它将运动、自然风光、礼仪风范、服饰时尚、建筑欣赏融为一体，为人们提供了一种别具一格的休闲方式，成为风靡全球的运动项目。据史料记载，该项运动的发源地为苏格兰。当时的牧羊人喜欢玩一种用木板将石头击进动物洞穴的游戏，并逐渐形成了一定的规则。在中国古代和古罗马也都曾流行过类似高尔夫的一杆击球的游戏。

高尔夫运动自500多年前在英格兰的圣·安德鲁斯风行之后，已经走过了一段漫漫长路。最早的高尔夫球是用石头制成的；在15—16世纪使用的是一种非常粗糙的圆形木球；到了17—18世纪，人们才开始用一种新型的羽毛制球替代老式的木制高尔夫球；1899年，美国人科伯恩·哈斯凯尔发明了橡胶心外包麻面胶布的高尔夫球，并于1911年在美国大西洋全美高尔夫赛中首次采用，后沿用至今。

15世纪，高尔夫运动盛行于苏格兰；17世纪，高尔夫运动被欧洲人带入美洲；18世纪，高尔夫运动传入英国；19世纪，高尔夫运动传入亚洲和非洲。世界上第一家高尔夫俱乐部出现在苏格兰的爱丁堡后，此项运动的发展才逐渐进入正轨，并开始举办各种赛事。英国公开赛、美国公开赛、高尔夫精英赛、高尔夫世界杯等赛事的开展，为不同国别的球手创造了同场竞技的机会，也使这项地方性运动走上了国际化的道路。

20世纪，高尔夫运动传入我国。1931年，上海成立了高尔夫游戏中心。同年，中英美商人合办的高尔夫俱乐部在南京陵园体育场旁开辟了高尔夫球场。进入20世纪80年代后，高尔夫运动在我国得到迅速发展。1985 年，中国高尔夫协会成立。1986 年 1 月，中国首次国际高尔夫赛"中山杯"职业、业余选手混合邀请赛，在中山市温泉高尔夫球场举行。

### （二）高尔夫运动的锻炼价值

高尔夫球场一般都被大量的绿色植物覆盖，空气中的氧含量较高，空气新鲜，是健身的好场所。在自然环境中打高尔夫，步行虽远但用时长，运动强度较小，对于预防心血管疾病、癌症、高血压病、糖尿病等都有很好的作用。另外，高尔夫球场优美的自然环境，高尔夫运动悠然的休闲特点，使现代商务人士将高尔夫作为重要的社交运动和社交媒介。

## 二、高尔夫运动的主要器材与用具

### （一）高尔夫运动的主要器材

高尔夫运动的器材包括球、球杆、球座、标记、修钉、球杆袋和推车等。这里我们主要介绍球和球杆。

#### 1. 高尔夫球

高尔夫球是一个质地坚硬、富有弹性的实心小白球。高尔夫球一般有两种：一是凹球，这种球的球体被"巴拉塔"橡胶覆盖，表面均匀并有微凹。凹洞的多少可以从球的编号看出，大多数球场都有"324"或"326"凹洞球，现已生产出"384"凹洞球。凹球弹性好，飞行距离远，而且耐磨损，职业球员一般选用这种球；二是固胶球，由固体橡胶做成，表面为硬塑料，这种球耐用，且价格较凹球更便宜，是初学者的理想用球。

高尔夫球球体必须对称，直径不得小于 4.26 厘米，最大重量为 45.93 克。

高尔夫球硬度有软硬之分，数字越大球越硬，目前最硬为 105，最软为 70。硬度高的适合年轻力大的职业选手，而软的适合年纪大的球手或力量小的女球手。

#### 2. 球杆

高尔夫杆由杆头、杆身和杆把三个部分组成，可分为木杆和铁杆两大类，每类包括不同用途的各种型号的球杆。球杆的号码越大，杆身越短，杆头倾斜角度越大，击球越高，打出的距离相对较短。在比赛中，每名球手最多可以带 14 支球杆上场。

（1）木杆。

因传统木杆顶端击球部位为木制而得名，主要用于开球。木杆按长度分为 1 号、2 号、3 号、4 号、5 号，1 号杆最长，杆面与地面垂线的角度最小，击球距离最远。

（2）铁杆。

一般有 12 根，其中除 1～9 号铁杆外，还有一根用于近距离劈起击球的劈起杆（P），一根用于沙坑中击球的沙坑杆（S）和一根用于果岭上推球入洞的推杆；2 号、3 号、4 号铁杆为长铁杆，杆长且重，击球距离远；5 号、6 号、7 号铁杆为中铁杆，击球较高；8 号、9 号铁杆为短铁杆，常在近距离和不易击球的球位上及深草中使用；1 号杆一般很少使用。

全套杆如上共有 17 根。对初学者来说，不必配齐所有球杆，一般可选用 1 号、3 号木杆，3 号、5 号、7 号、9 号铁杆，劈起杆，沙坑杆和推杆。

## （二）高尔夫运动的服饰

高尔夫运动不仅是一项体育运动，而且是一种高雅的社交活动。早期的球手打球要穿燕尾服，着长筒靴；现今的高尔夫服装分为上衣和裤子两部分，上衣是长袖或短袖的运动衫款式，裤子（不论是长裤或短裤）是纯棉或纯毛的西裤或便装裤。总之，穿着要舒适得体、整洁干净，衣服应宽松，使身体能充分舒展，同时衣料质地柔软，吸汗能力强。

高尔夫鞋由皮革制成，鞋底上带有鞋钉或小的橡胶头，有利于保持身体平衡。皮革面可以防雨和露水；鞋底钉子扎出的洞，有利于草根部通过洞穴呼吸空气，起到保护草皮作用。

在高尔夫运动中，手套、帽子、伞、雨衣也是不可缺少的用品。

# 三、高尔夫运动基本技术

## （一）握杆

握杆时要掌握适当的力度，不可握得太紧，握杆太紧会导致前臂肌肉紧张，击球时无法发挥力量；如果太松，球杆会失去控制。球杆握好后双手要有一体感。握杆的方法主要有以下三种。（图 11-5-1）

### 1.重叠式

先用左手握住球杆，使球杆末端紧贴在左手手掌的小鱼际部，球杆与掌面成对角线状，斜交于手掌，左手食指至小指自然触到掌心，然后，左手持杆向右翻转至左手拇指与食指之间形成的 V 字尖角指向右肩，右手以握手姿势自下而上握住球杆，右手各手指的第一指关节着力附在杆上，使小指嵌入左手食指与中指之间，双手部分重叠，右手拇指紧紧扣压住杆把完成握杆动作。

### 2.连锁式

握杆方法与重叠式方法基本相同，只是右手的小指插入左手食指与中指之间，与左手食指勾锁在一起。

### 3.自然式

自然式又称棒球式握法，左手握杆方法与重叠式相同，两手手掌相向，但不重叠，用十指握住球杆，右手的小指与左手的食指相贴。

重叠式　　　　连锁式　　　　自然式

图 11-5-1

高尔夫挥杆
击球动作

## （二）挥杆击球动作

高尔夫的挥杆击球动作可以分解为击球准备、引杆、下挥杆击球、收杆几个

步骤。挥杆的轨迹应是一个较为均匀的大圆弧。（图 11-5-2）

图 11-5-2

### 1. 击球准备

将球放于目标线上，杆面与目标线垂直，球位于杆面甜蜜点的正前方，并放于两脚之间。两手握杆，自然下垂，球杆头部轻轻着地，背部挺直，由腰部向前微倾，头稍微下低，眼睛注视球的位置。臀部稍微提起，两膝微屈，两脚开立与肩同宽，两脚尖与目标线平行，体重位于两脚前脚掌上，各占 50%。

### 2. 引杆

上体向右旋转 90°（平行旋转），两手向上将杆举起，头部保持准备动作不变。左手保持垂直手背，须与右手背成一平面。右臂肘关节成 90°，右臂不可翘起，自然内夹，尽量将杆举至最高点，杆身与地面平行。屈腕时，应向拇指方向屈腕，双肩转动 90°，与目标线垂直。两手握杆不可太紧，左手握杆，右手只起到扶杆的作用。两膝转动，左膝向右侧内靠，右膝保持微屈，身体重心由两脚之间转移至右脚，右脚不可移动。身体重心转移至右脚时，体重分配为右脚占 80%，左脚占 20%。

### 3. 下挥杆击球

上体向左旋转，头部保持与准备动作一样，旋转时速度须与下体旋转配合。两手照上杆的轨迹向下挥杆，左手臂打直，不可变弯，保持杆身与手背在一条直线内。右手上臂自然向身体内侧靠，随身体转动的轨迹向下挥动。左手向下拉，右手随杆而动，使手有种杆头带动杆身的感觉。击球时，手背正对目标物，两肩不能抬起，维持同一高度。臀部转动带动上体旋转，两膝在同一个平面内向左移动。身体重心由右脚转移到左脚，左脚保持稳定，不可移动。右脚跟顺着身体重心移转时，顺势提起，右脚尖也同时左转立起。头会在击球位的后方，但须维持完全不动的位置，眼须注视球被击出的景象，待球击出后才能向左转动。

### 4. 收杆

击球后，杆向外顺势送出，保持杆的同平面击势，送出完全后再向后回收。上体正面旋转到与目标线垂直，头向左转并抬起，眼睛盯向球飞出去的目标方向，胸向前挺起。双手自然顺势将杆向后收，使杆身贴靠在后颈部，两肩与目标线垂直，面向目标。身体重心完全移至左脚，左脚保持不动，右脚脚尖着地，脚背朝向目标方向，右膝弯曲，右腿向前靠，使双腿自然靠近或相并。

# 附　录
## 学生体质健康测试

## 附录一　《国家学生体质健康标准（2014 年修订）》简介 [*]

### 一、说明

《国家学生体质健康标准》（以下简称《标准》）是国家学校教育工作的基础性指导文件和教育质量基本标准，是评价学生综合素质、评估学校工作和衡量各地教育发展的重要依据，是《国家体育锻炼标准》在学校的具体实施，适用于全日制普通小学、初中、普通高中、中等职业学校、普通高等学校的学生。

本标准的修订坚持健康第一，落实《国家中长期教育改革和发展规划纲要（2010—2020年）》《国务院办公厅转发教育部等部门关于进一步加强学校体育工作若干意见的通知》和《教育部关于印发〈学生体质健康监测评价办法〉等三个文件的通知》有关要求，着重提高《标准》应用的信度、效度和区分度，着重强化其教育激励、反馈调整和引导锻炼的功能，着重提高其教育监测和绩效评价的支撑能力。

本标准从身体形态、身体机能、身体素质等方面综合评定学生的体质健康水平，是促进学生体质健康发展、激励学生积极进行身体锻炼的教育手段，是国家学生发展核心素养体系和学业质量标准的重要组成部分，是学生体质健康的个体评价标准。

在本标准的适用对象中，大学一、二年级为一组，大学三、四年级为一组。

大学各组别的测试指标均为必测指标。其中，身体形态类中的身高、体重，身体机能类中的肺活量，以及身体素质类中的 50 米跑、坐位体前屈为各年级学生共性指标。

本标准的学年总分由标准分与附加分之和构成，满分为 120 分。标准分由各单项指标得分与权重乘积之和组成，满分为 100 分。附加分根据实测成绩确定，即对成绩超过 100 分的加分指标进行加分，满分为 20 分；大学的加分指标为男生引体向上和 1000 米跑，女生 1 分钟仰卧起坐和 800 米跑，各指标加分幅度均为 10 分。

---

[*] 节选自教育部印发的《国家学生体质健康标准（2014 年修订）》。

根据学生学年总分评定等级：90.0 分及以上为优秀，80.0 ～ 89.9 分为良好，60.0 ～ 79.9 分为及格，59.9 分及以下为不及格。

每个学生每学年评定一次，记入《〈国家学生体质健康标准〉登记卡》。特殊学制的学校，在填写登记卡时可以按规定和需求相应地增减栏目。学生毕业时的成绩和等级，按毕业当年学年总分的 50% 与其他学年总分平均得分的 50% 之和进行评定。

学生测试成绩评定达到良好及以上者，方可参加评优与评奖；成绩达到优秀者，方可获体育奖学分。测试成绩评定不及格者，在本学年度准予补测一次，补测仍不及格，则学年成绩评定为不及格。普通高等学校学生毕业时，《标准》测试的成绩达不到 50 分者按结业或肄业处理。

学生因病或残疾可向学校提交暂缓或免予执行《标准》的申请，经医疗单位证明，体育教学部门核准，可暂缓或免予执行《标准》，并填写《免予执行〈国家学生体质健康标准〉申请表》，存入学生档案。确实丧失运动能力、被免予执行《标准》的残疾学生，仍可参加评优与评奖，毕业时《标准》成绩需注明免测。

各学校每学年开展覆盖本校各年级学生的《标准》测试工作，《标准》测试数据经当地教育行政部门按要求审核后，通过"中国学生体质健康网"上传至"国家学生体质健康标准数据管理系统"。测试和数据上传时间由教育行政部门确定。

## 二、单项指标与权重

大学各年级单项指标与权重见附表 1-1。

附表 1-1　大学各年级单项指标与权重

| 测试对象 | 单项指标 | 权重 |
|---|---|---|
| 大学各年级 | 体重指数（BMI） | 15% |
| | 肺活量 | 15% |
| | 50米跑 | 20% |
| | 坐位体前屈 | 10% |
| | 立定跳远 | 10% |
| | 引体向上（男）/1分钟仰卧起坐（女） | 10% |
| | 1000米跑（男）/800米跑（女） | 20% |

注：体重指数（BMI）=体重（千克）/身高$^2$（米$^2$）。

## 三、评分表

《国家学生体质健康标准（2014 年修订）》中大学阶段的评分表见附表 1-2 至附表 1-8。

附表 1-2 体重指数（BMI）单项评分表 （单位：千克 / 米²）

| 等级 | 单项得分 | 大学男生 | 大学女生 |
|------|---------|---------|---------|
| 正常 | 100 | 17.9 ～ 23.9 | 17.2 ～ 23.9 |
| 低体重 | 80 | ≤ 17.8 | ≤ 17.1 |
| 超重 | | 24.0 ～ 27.9 | 24.0 ～ 27.9 |
| 肥胖 | 60 | ≥ 28.0 | ≥ 28.0 |

附表 1-3 大学男生各测试项目评分表 （大一、大二适用）

| 等级 | 单项得分 | 肺活量 / 毫升 | 50 米跑 / 秒 | 坐位体前屈 / 厘米 | 立定跳远 / 厘米 | 引体向上 / 次 | 耐力跑 1000 米 / （分：秒） |
|------|---------|------------|------------|----------------|----------------|------------|---------------------------|
| 优秀 | 100 | 5040 | 6.7 | 24.9 | 273 | 19 | 3:17 |
| | 95 | 4920 | 6.8 | 23.1 | 268 | 18 | 3:22 |
| | 90 | 4800 | 6.9 | 21.3 | 263 | 17 | 3:27 |
| 良好 | 85 | 4550 | 7.0 | 19.5 | 256 | 16 | 3:34 |
| | 80 | 4300 | 7.1 | 17.7 | 248 | 15 | 3:42 |
| | 78 | 4180 | 7.3 | 16.3 | 244 | | 3:47 |
| | 76 | 4060 | 7.5 | 14.9 | 240 | 14 | 3:52 |
| | 74 | 3940 | 7.7 | 13.5 | 236 | | 3:57 |
| | 72 | 3820 | 7.9 | 12.1 | 232 | 13 | 4:02 |
| | 70 | 3700 | 8.1 | 10.7 | 228 | | 4:07 |
| 及格 | 68 | 3580 | 8.3 | 9.3 | 224 | 12 | 4:12 |
| | 66 | 3460 | 8.5 | 7.9 | 220 | | 4:17 |
| | 64 | 3340 | 8.7 | 6.5 | 216 | 11 | 4:22 |
| | 62 | 3220 | 8.9 | 5.1 | 212 | | 4:27 |
| | 60 | 3100 | 9.1 | 3.7 | 208 | 10 | 4:32 |
| | 50 | 2940 | 9.3 | 2.7 | 203 | 9 | 4:52 |
| | 40 | 2780 | 9.5 | 1.7 | 198 | 8 | 5:12 |
| 不及格 | 30 | 2620 | 9.7 | 0.7 | 193 | 7 | 5:32 |
| | 20 | 2460 | 9.9 | -0.3 | 188 | 6 | 5:52 |
| | 10 | 2300 | 10.1 | -1.3 | 183 | 5 | 6:12 |

附表 1-4 大学男生各测试项目评分表 （大三、大四适用）

| 等级 | 单项得分 | 肺活量/毫升 | 50米跑/秒 | 坐位体前屈/厘米 | 立定跳远/厘米 | 引体向上/次 | 耐力跑1000米/（分：秒） |
|---|---|---|---|---|---|---|---|
| 优秀 | 100 | 5140 | 6.6 | 25.1 | 275 | 20 | 3:15 |
| | 95 | 5020 | 6.7 | 23.3 | 270 | 19 | 3:20 |
| | 90 | 4900 | 6.8 | 21.5 | 265 | 18 | 3:25 |
| 良好 | 85 | 4650 | 6.9 | 19.9 | 258 | 17 | 3:32 |
| | 80 | 4400 | 7.0 | 18.2 | 250 | 16 | 3:40 |
| 及格 | 78 | 4280 | 7.2 | 16.8 | 246 | | 3:45 |
| | 76 | 4160 | 7.4 | 15.4 | 242 | 15 | 3:50 |
| | 74 | 4040 | 7.6 | 14.0 | 238 | | 3:55 |
| | 72 | 3920 | 7.8 | 12.6 | 234 | 14 | 4:00 |
| | 70 | 3800 | 8.0 | 11.2 | 230 | | 4:05 |
| | 68 | 3680 | 8.2 | 9.8 | 226 | 13 | 4:10 |
| | 66 | 3560 | 8.4 | 8.4 | 222 | | 4:15 |
| | 64 | 3440 | 8.6 | 7.0 | 218 | 12 | 4:20 |
| | 62 | 3320 | 8.8 | 5.6 | 214 | | 4:25 |
| | 60 | 3200 | 9.0 | 4.2 | 210 | 11 | 4:30 |
| 不及格 | 50 | 3030 | 9.2 | 3.2 | 205 | 10 | 4:50 |
| | 40 | 2860 | 9.4 | 2.2 | 200 | 9 | 5:10 |
| | 30 | 2690 | 9.6 | 1.2 | 195 | 8 | 5:30 |
| | 20 | 2520 | 9.8 | 0.2 | 190 | 7 | 5:50 |
| | 10 | 2350 | 10.0 | −0.8 | 185 | 6 | 6:10 |

附表 1-5　大学女生各测试项目评分表　　　　　　（大一、大二适用）

| 等级 | 单项得分 | 肺活量/毫升 | 50米跑/秒 | 坐位体前屈/厘米 | 立定跳远/厘米 | 1分钟仰卧起坐/次 | 耐力跑800米/（分：秒） |
|---|---|---|---|---|---|---|---|
| 优秀 | 100 | 3400 | 7.5 | 25.8 | 207 | 56 | 3:18 |
| | 95 | 3350 | 7.6 | 24.0 | 201 | 54 | 3:24 |
| | 90 | 3300 | 7.7 | 22.2 | 195 | 52 | 3:30 |
| 良好 | 85 | 3150 | 8.0 | 20.6 | 188 | 49 | 3:37 |
| | 80 | 3000 | 8.3 | 19.0 | 181 | 46 | 3:44 |
| 及格 | 78 | 2900 | 8.5 | 17.7 | 178 | 44 | 3:49 |
| | 76 | 2800 | 8.7 | 16.4 | 175 | 42 | 3:54 |
| | 74 | 2700 | 8.9 | 15.1 | 172 | 40 | 3:59 |
| | 72 | 2600 | 9.1 | 13.8 | 169 | 38 | 4:04 |
| | 70 | 2500 | 9.3 | 12.5 | 166 | 36 | 4:09 |
| | 68 | 2400 | 9.5 | 11.2 | 163 | 34 | 4:14 |
| | 66 | 2300 | 9.7 | 9.9 | 160 | 32 | 4:19 |
| | 64 | 2200 | 9.9 | 8.6 | 157 | 30 | 4:24 |
| | 62 | 2100 | 10.1 | 7.3 | 154 | 28 | 4:29 |
| | 60 | 2000 | 10.3 | 6.0 | 151 | 26 | 4:34 |
| 不及格 | 50 | 1960 | 10.5 | 5.2 | 146 | 24 | 4:44 |
| | 40 | 1920 | 10.7 | 4.4 | 141 | 22 | 4:54 |
| | 30 | 1880 | 10.9 | 3.6 | 136 | 20 | 5:04 |
| | 20 | 1840 | 11.1 | 2.8 | 131 | 18 | 5:14 |
| | 10 | 1800 | 11.3 | 2.0 | 126 | 16 | 5:24 |

附表 1-6　大学女生各测试项目评分表　　　　（大三、大四适用）

| 等级 | 单项得分 | 肺活量/毫升 | 50米跑/秒 | 坐位体前屈/厘米 | 立定跳远/厘米 | 1分钟仰卧起坐/次 | 耐力跑800米/（分：秒） |
|---|---|---|---|---|---|---|---|
| 优秀 | 100 | 3450 | 7.4 | 26.3 | 208 | 57 | 3:16 |
| | 95 | 3400 | 7.5 | 24.4 | 202 | 55 | 3:22 |
| | 90 | 3350 | 7.6 | 22.4 | 196 | 53 | 3:28 |
| 良好 | 85 | 3200 | 7.9 | 21.0 | 189 | 50 | 3:35 |
| | 80 | 3050 | 8.2 | 19.5 | 182 | 47 | 3:42 |
| 及格 | 78 | 2950 | 8.4 | 18.2 | 179 | 45 | 3:47 |
| | 76 | 2850 | 8.6 | 16.9 | 176 | 43 | 3:52 |
| | 74 | 2750 | 8.8 | 15.6 | 173 | 41 | 3:57 |
| | 72 | 2650 | 9.0 | 14.3 | 170 | 39 | 4:02 |
| | 70 | 2550 | 9.2 | 13.0 | 167 | 37 | 4:07 |
| | 68 | 2450 | 9.4 | 11.7 | 164 | 35 | 4:12 |
| | 66 | 2350 | 9.6 | 10.4 | 161 | 33 | 4:17 |
| | 64 | 2250 | 9.8 | 9.1 | 158 | 31 | 4:22 |
| | 62 | 2150 | 10.0 | 7.8 | 155 | 29 | 4:27 |
| | 60 | 2050 | 10.2 | 6.5 | 152 | 27 | 4:32 |
| 不及格 | 50 | 2010 | 10.4 | 5.7 | 147 | 25 | 4:42 |
| | 40 | 1970 | 10.6 | 4.9 | 142 | 23 | 4:52 |
| | 30 | 1930 | 10.8 | 4.1 | 137 | 21 | 5:02 |
| | 20 | 1890 | 11.0 | 3.3 | 132 | 19 | 5:12 |
| | 10 | 1850 | 11.2 | 2.5 | 127 | 17 | 5:22 |

附表 1-7　大学生加分指标测试项目评分表一　　　　（单位：次）

| 加分 | 引体向上（男） | | 1分钟仰卧起坐（女） | |
|---|---|---|---|---|
| | 大一、大二 | 大三、大四 | 大一、大二 | 大三、大四 |
| 10 | 10 | 10 | 13 | 13 |
| 9 | 9 | 9 | 12 | 12 |
| 8 | 8 | 8 | 11 | 11 |

续表

| 加分 | 引体向上（男） | | 1分钟仰卧起坐（女） | |
|---|---|---|---|---|
| | 大一、大二 | 大三、大四 | 大一、大二 | 大三、大四 |
| 7 | 7 | 7 | 10 | 10 |
| 6 | 6 | 6 | 9 | 9 |
| 5 | 5 | 5 | 8 | 8 |
| 4 | 4 | 4 | 7 | 7 |
| 3 | 3 | 3 | 6 | 6 |
| 2 | 2 | 2 | 4 | 4 |
| 1 | 1 | 1 | 2 | 2 |

注：引体向上（男）、1分钟仰卧起坐（女）均为高优指标，学生成绩超过单项评分100分后，以超过的次数所对应的分数进行加分。

附表 1-8　大学生加分指标测试项目评分表二　　　　　　　　（单位：秒）

| 加分 | 1000米跑（男） | | 800米跑（女） | |
|---|---|---|---|---|
| | 大一、大二 | 大三、大四 | 大一、大二 | 大三、大四 |
| 10 | −35.00 | −35.00 | −50.00 | −50.00 |
| 9 | −32.00 | −32.00 | −45.00 | −45.00 |
| 8 | −29.00 | −29.00 | −40.00 | −40.00 |
| 7 | −26.00 | −26.00 | −35.00 | −35.00 |
| 6 | −23.00 | −23.00 | −30.00 | −30.00 |
| 5 | −20.00 | −20.00 | −25.00 | −25.00 |
| 4 | −16.00 | −16.00 | −20.00 | −20.00 |
| 3 | −12.00 | −12.00 | −15.00 | −15.00 |
| 2 | −8.00 | −8.00 | −10.00 | −10.00 |
| 1 | −4.00 | −4.00 | −5.00 | −5.00 |

注：1000米跑（男）、800米跑（女）均为低优指标，学生成绩低于单项评分100分后，以减少的秒数所对应的分数进行加分。

# 附录二　学生体质健康测试方法

## 一、身高

受试者赤足，以立正姿势站在身高计的底板上（上肢自然下垂，两脚脚跟并拢，脚尖分开约60°）。脚跟、骶骨部及两肩胛区与立柱相接触，躯干自然挺直，头部正直，耳屏上缘与眼眶下缘成水平位（附图2-1）。测试人员站在受试者右侧，使水平压板轻轻沿立柱下滑，轻压于受试者头顶。测试人员读数时，两眼应与压板水平面等高；记录员复诵后进行记录。测试结果以厘米为单位记录，保留1位小数。测试误差不得超过0.5厘米。

## 二、体重

测试时，体重秤应放在平坦的地面上。受试者赤足，男性受试者身着短裤（附图2-2）；女性受试者身着短裤、短袖衫，站在秤台中央。测试结果以千克为单位记录，保留1位小数。测试误差不超过0.1千克。

附图2-1　　附图2-2

## 三、肺活量

测试人员告知受试者不必紧张，以中等速度和力度尽全力吹气效果最好。令受试者手持吹气口嘴，面对肺活量计站立试吹1次或2次，首先看仪表有无反应，还要试口嘴或鼻处是否漏气，若漏气，则受试者应调整口嘴和用鼻夹（或自己捏鼻孔）；学会深吸气（避免耸肩提气，应该像闻花似的慢吸气）。测试时，受试者进行一两次较平日深一些的呼吸动作后，更深地吸一口气，屏住气向口嘴处慢慢呼出至不能再呼为止，防止此时从口嘴处吸气，测试中不得中途二次吸气。吹气完毕后，液晶屏上最终显示的数字即肺活量值。每位受试者测3次，每次间隔15秒，记录3次数值，选取最大值作为测试结果。以毫升为单位记录测试成绩，不计小数。

## 四、50米跑

受试者至少两人一组进行测试，采用站立式起跑。受试者听到跑的口令后开始起跑。发令员在发出口令的同时要摆动发令旗。计时员视旗动开表计时，在受试者躯干部位到达终点线的垂直面时停表。以秒为单位记录测试成绩，精确到小数点后1位，小数点后第二位数按非0进1原则进位，如10.11秒读成10.2秒并记录。

## 五、坐位体前屈

受试者两腿伸直，两脚平蹬测试纵板坐在平地上，两脚分开 10 ～ 15 厘米，上体前屈，两臂伸直，用两手中指指尖逐渐向前推动游标，直到不能前推为止（附图 2-3）。测试计的脚蹬纵板内沿平面为 0 点，向内为负值，向前为正值。以厘米为单位记录测试成绩，保留 1 位小数。测试两次，取最好成绩。

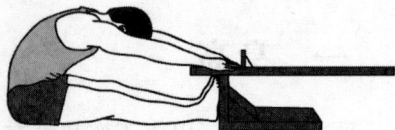

附图 2-3

## 六、立定跳远

受试者两脚自然分开站在起跳线后，脚尖不得踩线（最好用线绳做起跳线）。两脚原地同时起跳，不得有垫步或连跳动作。丈量起跳线后缘至最近着地点后缘垂直距离。每人试跳 3 次，记录其中最好一次成绩。测试成绩以米为单位，保留 2 位小数。

## 七、引体向上（男）

受试者跳起两手正握杠，两手与肩同宽，成直臂悬垂。静止后，两臂同时用力向上引体（身体不能有附加动作），上拉到下颌超过横杠上缘为完成 1 次。记录引体次数。

## 八、1 分钟仰卧起坐（女）

受试者仰卧于垫上，两腿稍分开，屈膝约成 90°，两手手指交叉抱于脑后。受试者坐起时，两肘触及或超过两膝为完成 1 次（附图 2-4）。仰卧时，两肩胛必须触垫。测试人员发出"开始"口令的同时开表计时，记录 1 分钟内完成次数。1 分钟到时，受试者虽已坐起，但肘关节未达到两膝者不计该次数，精确到个位。

附图 2-4

## 九、1000 米跑（男）/800 米跑（女）

受试者至少两人一组进行测试，采用站立式起跑。受试者听到"跑"的口令后开始起跑。发令员在发出口令的同时摆动发令旗，计时员看到旗动开表计时，当受试者的躯干部位到达终点线垂直面时停表。以分、秒为单位记录测试成绩，不计小数。